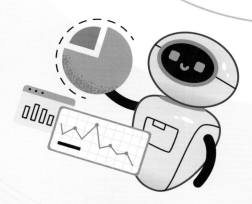

어른들을 위한 가장 쉬운

챗GPT

어른들을 위한 가장 쉬운

챗GPT

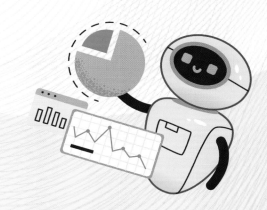

어른들을 위한 가장 쉬운

챗GPT

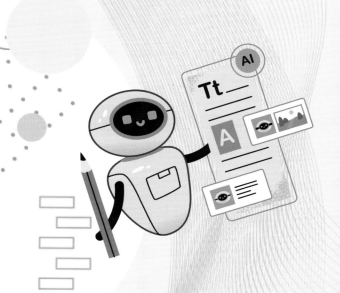

어른들을 위한 가장 쉬운

챗GPT

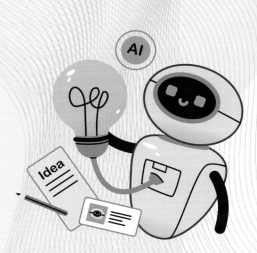

어른들을 위한 가장 쉬운 챗GPT

어른들을 위한 가장 쉬운 챗GPT

초판 인쇄일 2025년 3월 21일
초판 발행일 2025년 3월 28일

지은이 혜지원 기획팀
발행인 박정모
등록번호 제9-295호
발행처 도서출판 혜지원
주소 (413-120) 경기도 파주시 회동길 445-4(문발동 638) 302호
전화 031) 955-9221~5 팩스 031) 955-9220
홈페이지 www.hyejiwon.co.kr

기획·진행 이찬희
표지 디자인 김보리
본문 디자인 유니나
영업마케팅 김준범, 서지영
ISBN 979-11-6764-085-7
정가 18,000원

어른들을 위한 가장 쉬운

챗GPT

혜지원

머리말

챗GPT가 등장한 이후, 우리는 본격적인 AI 시대를 맞이했습니다. 요즘은 TV 뉴스나 신문에서도 AI 이야기가 자주 나오고, 다양한 AI 서비스가 빠르게 등장하고 있습니다. 사람들은 AI가 생활과 업무를 편리하게 바꾸고 있다고 말합니다. 하지만 컴퓨터나 스마트폰이 익숙하지 않은 어르신, AI에 대해서 잘 모르는 분들은 "AI가 무엇인지", "어떻게 활용해야 하는지" 막막하게 느끼실 수도 있습니다.

AI, 그중에서도 챗GPT와 같은 언어 생성형 AI는 사용자의 질문이나 요청에 맞춰 가장 적절한 답을 찾아주는 똑똑한 도구입니다. 이를 활용하면 어려운 글쓰기도 쉽게 할 수 있고, 모르는 것이 있을 때 바로 도움을 받을 수도 있습니다. 일상생활에서 궁금한 점을 해결하는 것은 물론, 건강 관리나 여행 계획을 짜고 외국어를 배우는 데도 유용하게 활용할 수 있습니다.

이 책은 AI를 처음 접하는 분들이 쉽게 이해하고 따라할 수 있도록 챗GPT 사용법을 차근차근 설명합니다. 수많은 AI 서비스 중에서도 가장 대표적인 챗GPT에 집중하였으며, 기본 사용법부터 실생활에서 활용하는 방법까지 하나씩 익힐 수 있도록 구성하였습니다. 특히 직접 활용할 수 있는 다양한 예시를 담아 실질적인 도움이 될 수 있도록 하였고, 일반 사용자를 위한 Plus 플랜까지의 기능을 다뤄 좀 더 쉽게 접근할 수 있게 하였습니다.

이 책에 나오는 챗GPT의 기능과 답변은 2025년 2월 기준입니다. AI 기술은 계속 발전하고 있고, 챗GPT도 앞으로 새로운 기능이 추가될 것입니다. 하지만 이 책에서 다루는 기본적인 사용법만 익히면 이후 변화가 있더라도 충분히 활용할 수 있습니다. 이 책으로 챗GPT의 사용법을 쉽게 이해하여 AI 시대를 살아가는 든든한 길잡이가 되길 바랍니다.

이 책을 읽는 법

이 책은 챗GPT에게 실제로 입력한 입력문(프롬프트)과 그 답변을 수록하였습니다. 독자분들이 읽기 쉽도록 편집을 한 부분이 있지만, 모든 답변은 실제로 챗GPT가 출력한 내용입니다. 챗GPT는 같은 질문을 하더라도 다양한 이유로 다른 답변을 합니다. 입력문을 그대로 입력할 필요 없이, 자신이 필요한 대로 입력한 후 그에 맞는 답변을 받으시면 됩니다.

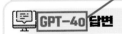 **사용자 입력문**

① 사용자가 챗GPT에 보낸 메시지입니다.

> 며칠 전부터 목이 따갑더니, 기침과 가래가 있었습니다. 약국에서 기침약을 사 먹었지만, 좀처럼 멈추지 않고 어제는 밤새 오한이 들었고, 머리가 계속 멍하며 전신에 근육통이 났습니다. 어떠한 병으로 의심됩니까? 또 어떤 병원에 방문하는 것이 좋을까요?

② 답변을 생성한 챗GPT 모델의 명칭입니다.

GPT-4o 답변

③ 사용자의 입력문에 챗GPT가 답변한 내용입니다.

> 설명해 주신 증상(목 따가움, 기침, 가래, 오한, 머리 멍함, 근육통)은 다음과 같은 질환과 연관될 수 있습니다:
>
> **가능한 질환:**
> 1. **감기 (일반적인 바이러스성 상기도 감염):** 초기에는 목이 따가움, 기침 등의 증상이 나타날 수 있습니다.
> 2. **독감 (인플루엔자):** 오한, 발열, 전신 근육통, 피로감 등이 나타나는 경우 독감일 가능성이 있습니다.
> 3. **기관지염:** 기침과 가래가 지속되는 경우, 특히 급성 기관지염일 가능성이 있습니다.
> 4. **COVID-19:** 코로나바이러스 감염도 유사한 증상을 보일 수 있으니 최근 접촉자나 위험지역 방문 여부도 고려해야 합니다.
> 5. **편도염:** 목 따가움이 심하고 발열이 동반된다면 가능성이 있습니다.
>
> **병원 선택:**
> 1. **내과:** 일반적으로 가장 먼저 방문해야 할 곳입니다. 감기, 독감, 기관지염 등의 진단 및 치료를 받을 수 있습니다.
> 2. **이비인후과:** 목 따가움이 주요 증상이라면 이비인후과에서 편도염이나 인후염을 확인하는 것도 좋습니다.

목차

제 08장 맞춤형 기능 사용하기   283

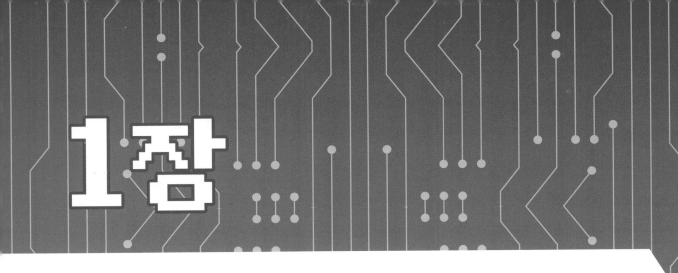

1장

챗GPT 이해하기

챗GPT가 무엇인지 알아보고
AI(인공지능) 서비스를 이용할 때 꼭 알아야 할 기본 사항들을 배워봅시다.

Section 01

챗GPT가 무엇인가요?

챗GPT가 무엇이며 사용하기 위해 필요한 건 무엇인지 알아봅시다.

1) 챗GPT와 AI의 기본 개념

AI(인공지능)란 컴퓨터가 사람처럼 생각하고 배우며 문제를 해결할 수 있게 만든 기술입니다. 챗GPT(ChatGPT)는 미국의 회사 OpenAI에서 개발하고 서비스하는 인공지능(AI) 모델이자 서비스로, 문장을 입력하면 거기에 맞춰 응답을 해주는 '대화형 인공지능'입니다.

특히 사람이 입력하는 문장을 그대로 이해할 수 있는 '자연어 처리(NLP)' 능력이 뛰어나 이전까지의 다른 서비스와 달리 사용자가 컴퓨터를 위한 언어를 별도로 배울 필요가 없는 것이 가장 큰 장점입니다.

2) 챗GPT를 사용하기 위해 필요한 것

❶ 인터넷 접속

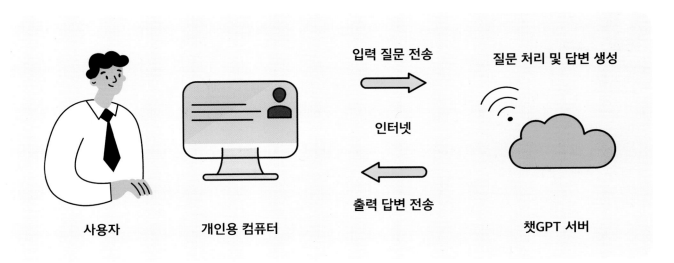

챗GPT에 질문을 입력하면 인터넷을 통해 OpenAI가 운영하는 서버에 접속해 챗GPT가 그 질문을 처리해서 우리에게 답변을 전송해줍니다. 챗GPT를 사용하기 위해서는 반드시 **인터넷에 연결되어 있어야** 합니다.

❷ 이메일 주소

챗GPT를 제대로 사용하기 위해서는 회원 가입을 해야 합니다. 이를 위해서는 이메일 주소가 필요합니다. 이미 구글, 마이크로소프트, 애플 계정이 있다면 이를 통해서도 가입과 이용이 가능합니다. 가장 간편한 이용을 위해서는 구글 계정과 이메일을 만드는 것을 추천합니다. 이에 대해서는 **구글 계정 만들고 로그인하기(26p)**에서 자세히 다루도록 하겠습니다.

Section 02

AI로 무엇을 할 수 있나요?

챗GPT를 비롯한 AI 서비스를 통해 일상 생활에 다양한 도움을 받을 수 있습니다.

사용자는 챗GPT에게 필요한 정보를 질문하고 답을 얻는 것부터 시작해서 일정 관리, 쇼핑, 건강 관리 등 다양한 분야에서 도움을 받을 수 있습니다. 외국어를 번역하거나 공부에 도움을 받을 수 있으며, 업무에 필요한 문서를 작성하거나 데이터를 정리하는 데 사용할 수도 있습니다. 원하는 그림이나 노래를 만들 수도 있으며, 음성으로 친구처럼 대화를 나눌 수도 있습니다.

또한 챗GPT를 비롯한 다양한 AI 모델들은 사용자와 직접 대화를 나누는 것뿐만이 아니라 AI를 활용한 다양한 서비스의 기반이 되기도 합니다.

사용할 때의 주의사항

챗GPT를 사용하기 전에 주의사항을 알아봅시다.

1) AI의 한계 이해하기

AI는 계속해서 발전하고 있는 기술입니다. 많은 분들이 챗GPT를 이용해보고는 기대했던 바와 달리 제대로 된 답변을 얻지 못해 곧 관심을 잃곤 합니다. 하지만 현재 AI 기술의 한계를 제대로 이해하고, 거기에 맞춰 이용하는 방법을 익힌다면 큰 도움을 받을 수 있습니다.

❶ 사전 학습으로 인한 한계

챗GPT는 많은 분량의 데이터를 미리 학습한 모델을 출시하고, 각 모델을 사용하여 답변을 제공합니다. 모델은 발표된 시점에서 더 이상 새로운 정보를 학습하지 않습니다. 따라서 챗GPT는 실시간으로 벌어지는 뉴스나 최신 정보에 대한 지식이 없습니다. 학습한 데이터 안에 정보가 없으면 인터넷을 검색하여 답변을 하지만, 정확하지 않을 수 있습니다.

이를 보조하기 위해 챗GPT를 비롯한 AI 기업들은 꾸준히 새로운 데이터를 학습한 신모델을 발표합니다. 최신 정보를 원할 때에는 가능한 최신 모델을 사용하고, 공식 웹사이트를 확인하거나 최신 뉴스 검색을 통해 내용의 정확성을 확인하는 것이 좋습니다.

모델명	발표 시기	최종 학습 시기
GPT-4	2023년 3월	2021년 9월
GPT-4o, 4o mini	2024년 5월	2024년 6월
o1, o1 pro	2024년 9월	2023년 10월
o3-mini	2024년 12월	불명
GPT-4.5	2025년 2월	2023년 10월

[챗GPT 현용 모델의 발표 시기와 최종 학습 시기]

❷ 환각 문제

> **2025년에 출시된 애플의 최신 스마트폰 모델은 무엇인가요?**
>
> 2025년 9월, 애플은 아이폰 17 시리즈를 공개했습니다. 이번 라인업에는 아이폰 17, 아이폰 17 프로, 아이폰 17 프로 맥스, 그리고 새로운 모델인 아이폰 17 에어가 포함되었습니다.
>
> **아이폰 17 에어**
>
> 아이폰 17 에어는 두께 약 6mm의 초슬림 디자인으로, 6.6인치 디스플레이를 탑재했습니다. A19 칩셋과 48MP 단일 후면 카메라를 장착했으며, 알루미늄 프레임과 애플이 설계한 5G 모뎀을 사용합니다. 이 모델은 플러스 모델을 대체하며, 중간 가격대의 옵션으로 제공됩니다. CINCO DÍAS
>
> **아이폰 17 프로 및 프로 맥스**
>
> 프로 라인업은 디자인과 소재에서 변화를 보였습니다. 이전의 티타늄 프레임 대신 알루미늄 프레임을 사용하고, 후면은 상단 알루미늄과 하단 유리로 구성된 혼합 구조를 채택했습니다. 또한, 카메라 모듈은 더 큰 직사각형 알루미늄 디자인으로 변경되었습니다. CINCO DÍAS
>
> **아이폰 SE 4세대**
>
> 2025년 초에는 보급형 모델인 아이폰 SE 4세대가 출시될 예정입니다. 이 모델은 '애플 인텔리전스'라는 최신 AI 기술을 탑재하여 사용자 경험을 향상시킬 것으로 기대됩니다. DIGITAL MÓVIL
>
> 이러한 새로운 모델들은 디자인 혁신과 기술 발전을 통해 다양한 사용자 요구를 충족시키고자 합니다.

[아직 발표되지 않은 아이폰 17에 대한 환각을 답변하는 예시]

환각(할루시네이션, hallucination)이란 AI가 실제로 존재하지 않거나 사실이 아닌 정보를 생성하는 현상을 말합니다. AI는 학습된 데이터에 기반하여 답변을 하게 되어 있습니다. 따라서 데이터에 포함되지 않은 정보를 요구했을 때는 정확하지 않은 답변을 할 수 있습니다.

챗GPT가 공개되었을 당시 모르는 정보에 대해서도 어떠한 답변이든 하도록 되어 있었습니다. 그에 따라 황당한 답변이나 잘못된 정보를 제공하는 경우가 훨씬 많았습니다. 지금은 모르는 내용에 대해서는 모른다고 답변하게 하거나 인터넷을 검색하여 답변하게 하는 등 여러 가지 개선이 이뤄지고 있습니다.

❸ 사용량 제한

챗GPT와 같은 대형 모델은 작동과 유지에 많은 비용이 들기 때문에 사용량에 제한을 두고 있습니다. 각 모델마다 정해진 횟수의 응답을 제공하면 일정 시간이 지날 때까지 사용이 제한되거나 성능이 떨어지는 모델로 전환됩니다. Plus 플랜을 구독하면 사용량이 좀 더 늘어나며, Pro 플랜을 구독하거나, 기업이 사용하는 엔터프라이즈 플랜을 사용할 경우는 제한이 없습니다.

2) 저작권과 이용 윤리 문제

현재 대부분의 국가에서 AI로 생성한 결과물은 저작권 보호 대상으로 인정되지 않습니다. 이는 저작권법이 '인간의 창작적 표현'을 보호하는 것을 목적으로 하기 때문입니다. 하지만 인간이 기획과 제작에 많은 부분을 참여하고 AI를 단순히 도구로 사용한 경우는 제작자의 저작권을 인정하고 있습니다.

현재는 인공지능과 관련된 많은 부분들이 아직 법적으로 정비되지 않은 상태입니다. 따라서 혼란과 충돌을 피하기 위해 나름의 윤리 기준에 따라 AI 서비스를 사용할 필요가 있습니다.

❶ AI 생성물 표기

AI를 사용하여 만든 이미지나 문장을 작품 활동이나 상업적인 결과물에 사용할 경우, 이를 표기하고 사용한 AI 서비스의 이름을 함께 적는 것이 좋습니다. 판권이나 설명에 아래와 같은 문장을 표기하면 됩니다.

> • 책에 쓸 경우의 예시:
> 이 책에는 생성형 AI(챗GPT, DALL·E)를 사용하여 제작한 내용이 포함되어 있습니다.
>
> • 그림을 만들 경우의 예시:
> DALL·E로 생성하고 포토샵으로 리터치함

최근의 각종 공모전이나 상업적인 활동의 경우, AI 생성물의 활용을 완전히 금지하는 경우도 있습니다. AI 서비스를 활용하기 전에 그러한 규정을 잘 확인하고 이용해야 합니다.

❷ 기존 저작권 존중

AI 서비스 중에서는 저작권이 있는 자료를 학습한 경우도 있습니다. 따라서 생성된 결과물이 상업적인 저작권을 침해할 가능성이 있습니다. 이러한 사태를 방지하기 위해서는 다음과 같은 점을 고려할 수 있습니다.

- 이미지 생성 서비스의 경우, 학습된 기반 자료가 저작권에 문제가 없는 모델인지 확인합니다.

- 명령어를 입력할 때, 다른 작품이나 창작자의 방식을 그대로 따라해 줄 것을 요청하지 않습니다.

- 원작자의 명시적인 허가 없이 다른 작품을 생성 서비스의 기반 자료로 입력하지 않습니다.

- 비상업적인 목적의 활용임을 밝히거나, AI 서비스로 생성했음을 명시합니다.

❸ 책임 있는 활용

앞에서 설명한 것처럼 AI 서비스로 생성한 내용은 부정확하거나 저작권에 문제가 있을 수 있습니다. AI 서비스를 다양한 목적으로 활용할 수 있으나, 내용물의 문제점을 인식하고 책임감 있게 활용해야 합니다.

최근 AI 서비스로 생성한 결과물이나 계정을 통한 스팸 게시글, 가짜 뉴스, 딥페이크 성범죄, 사기 범죄가 새로운 문제로 떠오르고 있습니다. AI는 유용한 도구이지만, 그것을 사용하는 것은 사람입니다. 이용자 개개인이 윤리적인 책임감을 가지고 정당한 목적을 위해서 AI를 사용하여야만 합니다.

AI 기본 개념 알아보기

챗GPT를 비롯한 AI 서비스에 대한 정보를 찾을 때 생소한 기술 개념이나 단어를 만나곤 합니다. 생성형 AI와 함께 쓰이는 다양한 용어들을 알면, AI에 대한 뉴스나 정보를 더 잘 이해할 수 있습니다.

그래픽 처리 장치 (GPU, Graphics Processing Unit)

흔히 '그래픽 카드'라고 부르며, 그래픽 구현에 필요한 복잡한 연산을 도와주는 특별한 컴퓨터 부품입니다. GPU는 원래 고사양 게임을 구동하기 위해 만들어졌지만, 인공지능 작업에도 뛰어난 성능을 보입니다. 새로운 AI 모델을 개발하고 운영하기 위해서는 고성능 GPU가 대량으로 필요로 합니다.

대규모 언어 모델 (LLM, Large Language Model)

수많은 책과 문서를 읽고 학습한 인공지능입니다. 마치 사람처럼 질문에 답하고, 글을 쓰고, 정보를 요약할 수 있습니다. 이 책에서 다루는 챗GPT가 대표적인 예시입니다.

딥러닝 (Deep Learning)

컴퓨터가 많은 정보를 보고 스스로 배우는 방식입니다. 마치 아이가 여러 강아지 사진을 보면서 강아지의 특징을 스스로 파악하듯이, 컴퓨터도 수많은 데이터를 보고 패턴을 찾아냅니다. 예를 들어 스마트폰 카메라가 얼굴을 인식하거나, AI 스피커가 음성을 이해하는 데 이 기술이 사용됩니다.

머신러닝 (Machine Learning)

컴퓨터가 경험을 통해 학습하는 방식입니다. 넷플릭스가 내가 본 영화들을 분석해서 새로운 영화를 추천해주거나, 유튜브가 내가 좋아할 만한 동영상을 추천해주는 것이 대표적인 예입니다.

빅데이터 (Big Data)

우리가 인터넷이나 스마트폰을 사용하면서 만들어내는 엄청난 양의 정보를 말합니다. 예를 들어 온라인 쇼핑몰에서는 고객들의 구매 기록을 분석해서 할인 상품을 추천하고, 병원에서는 많은 환자들의 진료 기록을 분석해 질병을 예측하는 데 활용합니다.

생성형 AI (Generative AI)

사람이 요청하면 글, 그림, 음악 등을 만들어내는 인공지능입니다. 예를 들어 "제주도 바다를 배경으로 한 풍경화를 그려줘"라고 하면 그림을 그려주고, "감기 예방법에 대한 글을 써줘"라고 하면 관련 글을 작성해줍니다.

자연어 처리 (NLP, Natural Language Processing)

컴퓨터가 사람의 말을 이해하고 대화하는 기술입니다. 스마트폰의 음성비서가 우리 말을 알아듣고 답하거나, 파파고 같은 번역기가 외국어를 번역하는 것이 대표적인 예입니다.

토큰 (Token)

인공지능이 글을 이해할 때 사용하는 가장 작은 단위입니다. 예를 들어 "오늘 날씨가 좋아요"라는 문장은 "오늘", "날씨", "가", "좋아요"처럼 작은 단위로 나뉩니다. 마치 우리가 글을 읽을 때 단어를 하나씩 인식하는 것과 비슷합니다.

프롬프트 (Prompt)

인공지능에게 일을 시키기 위한 명령어나 질문입니다. 예를 들어 "오늘 날씨 어때?"처럼 간단한 질문부터 "경제 용어를 초등학생도 이해할 수 있게 설명해줘"와 같은 구체적인 요청까지 모두 프롬프트라고 합니다. 원하는 답변을 더 잘 얻을 수 있게끔 프롬프트를 정교하게 작성하는 기술을 '프롬프트 엔지니어링'이라고 하며, 프롬프트 작성 전문가를 '프롬프트 엔지니어'라고 합니다.

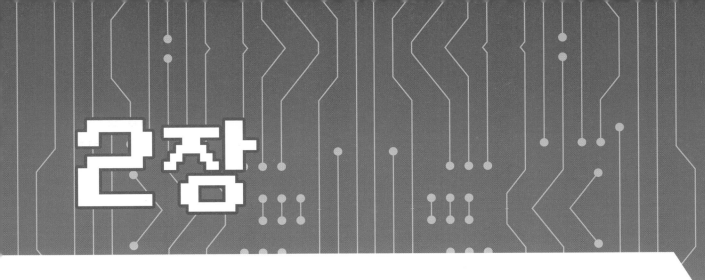

2장

챗GPT
시작하기

컴퓨터와 스마트폰으로
챗GPT에 가입하고 실행하는 방법을 알아봅시다.

Section 01
컴퓨터로 챗GPT 접속하기

구글 크롬 브라우저로 컴퓨터에서 챗GPT를 실행해봅시다.

1) 구글 크롬 설치하기

윈도우에 기본적으로 설치되는 엣지(Edge)와 같이 다른 인터넷 브라우저로도 챗GPT를 사용할 수 있습니다. 하지만 챗GPT를 사용하는 데에는 구글에서 제작한 '구글 크롬'을 추천합니다. 챗GPT 활용에 도움이 되는 각종 확장 프로그램을 이용할 수 있으며, 브라우저에 로그인된 Google 계정으로 바로 챗GPT에 가입하고 이용할 수 있기 때문입니다.

01 네이버에서 '구글 크롬'을 검색한 뒤, [Chrome 웹브라우저] 링크를 클릭합니다.

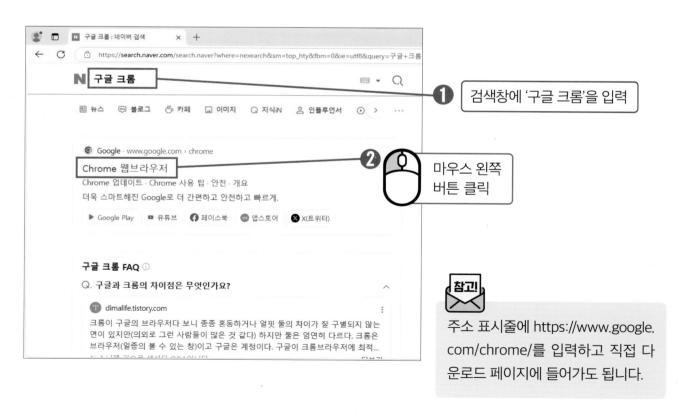

① 검색창에 '구글 크롬'을 입력

② 마우스 왼쪽 버튼 클릭

> **참고!**
> 주소 표시줄에 https://www.google.com/chrome/를 입력하고 직접 다운로드 페이지에 들어가도 됩니다.

02 구글 크롬 다운로드 페이지에 접속하여 [Chrome 다운로드] 버튼을 클릭합니다.

03 '다운로드' 폴더에 다운로드된 ChromeSetup.exe 파일을 더블클릭해 실행합니다.

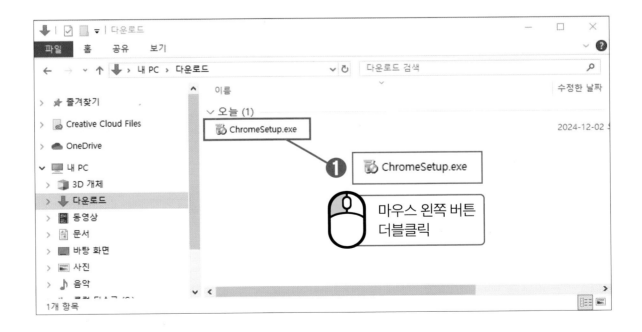

04 다음과 같은 창이 뜰 경우, [예] 버튼을 클릭합니다. 나오지 않을 경우 다음으로 넘어갑니다.

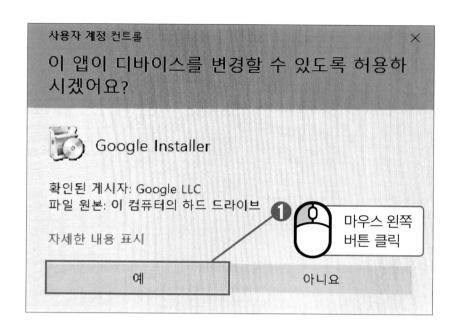

05 설치는 자동으로 진행됩니다.

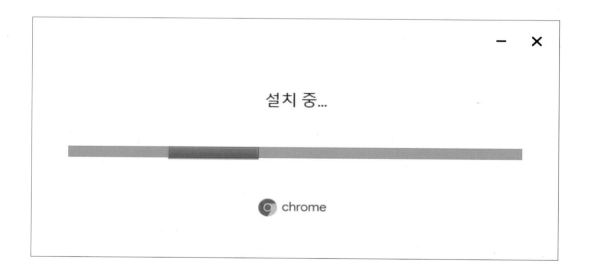

06 설치가 완료되면 자동으로 구글 크롬이 실행되며 로그인 화면이 나옵니다. 여기서 [로그인] 버튼을 클릭합니다.

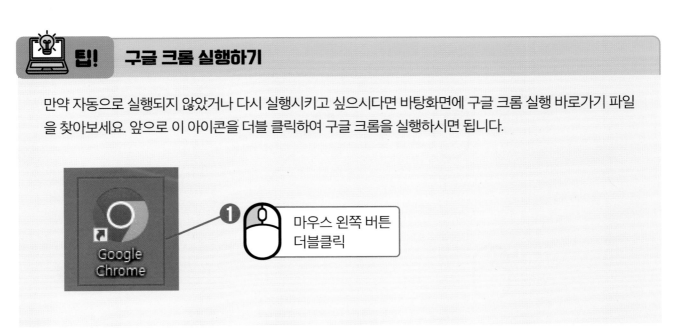

팁! 구글 크롬 실행하기

만약 자동으로 실행되지 않았거나 다시 실행시키고 싶으시다면 바탕화면에 구글 크롬 실행 바로가기 파일을 찾아보세요. 앞으로 이 아이콘을 더블 클릭하여 구글 크롬을 실행하시면 됩니다.

2) 구글 계정 만들고 로그인하기

01 구글에 이미 가입되어 있다면 가입된 이메일 주소 혹은 휴대전화 번호를 입력 후, 비밀번호를 입력하여 구글에 로그인합니다.

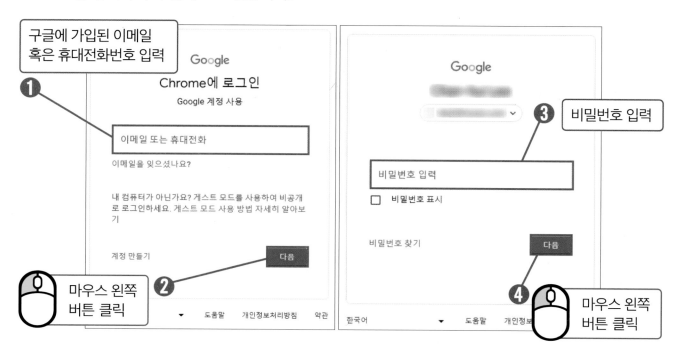

02 구글에 계정이 없을 경우, '계정 만들기'를 클릭한 후, '개인용'을 클릭합니다.

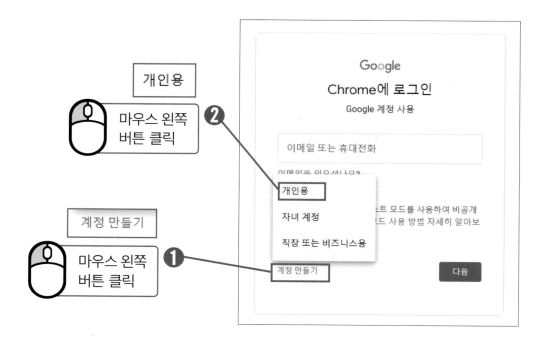

03 성과 이름을 입력하고, [다음] 버튼을 클릭합니다. 영어로 입력해야 합니다.

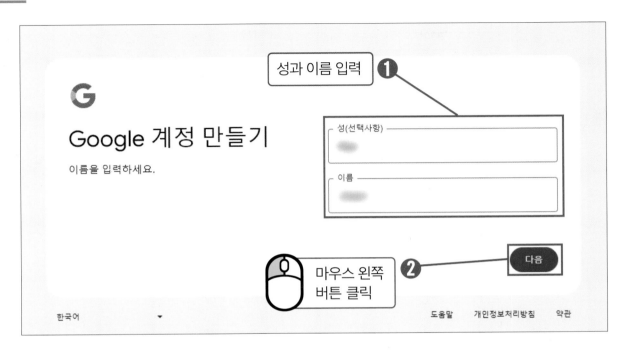

04 생년월일과 성별을 입력하고 [다음] 버튼을 클릭합니다.

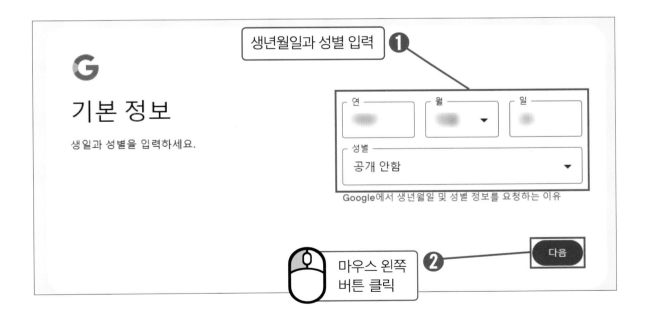

05 새롭게 만들 지메일(Gmail) 주소의 이름을 입력한 후, [다음] 버튼을 누릅니다.

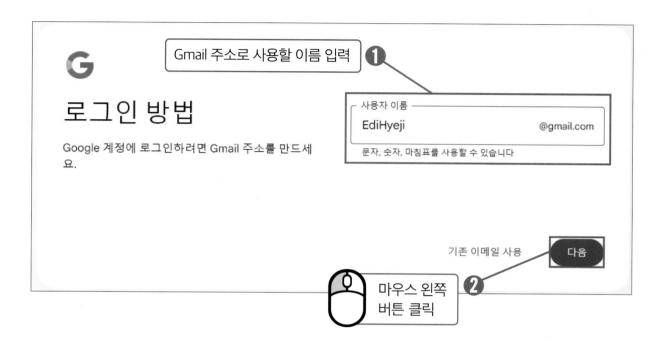

06-1 만약 기존에 사용하던 이메일을 로그인 이메일로 사용하려면 **05**에서 '기존 이메일 사용' 을 클릭한 뒤, 사용할 이메일 주소를 입력합니다.

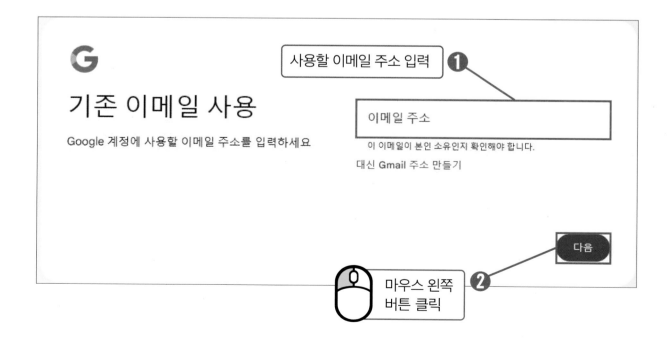

06-2 입력한 이메일 주소로 도착한 인증 메일의 코드를 입력한 후, [다음] 버튼을 클릭하면 해
당 주소로 구글 계정을 사용할 수 있습니다.

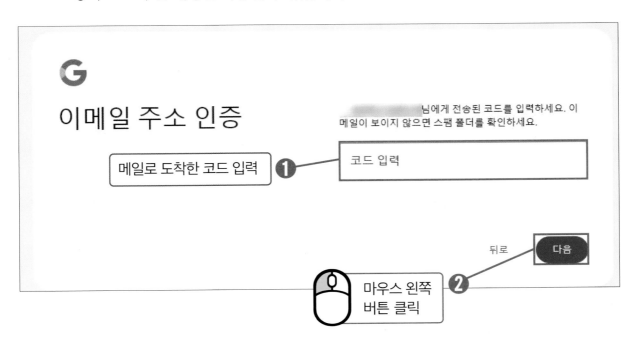

07 영어 알파벳, 숫자, 기호를 조합하여 사용할 비밀번호를 입력합니다.

08 휴대전화 번호를 입력한 뒤 [다음] 버튼을 클릭합니다.

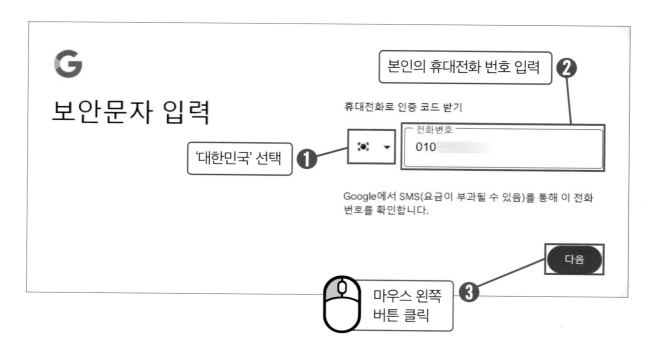

09 문자 메시지로 도착한 인증 코드를 입력한 후, [다음] 버튼을 누릅니다.

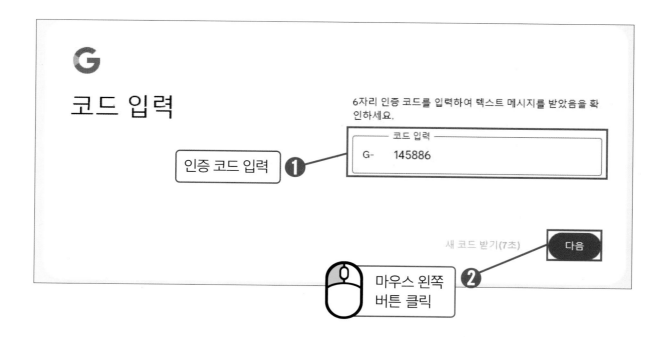

10 계정에 문제가 생길 시 알림을 받을 복구 이메일 주소를 입력한 뒤 [다음] 버튼을 클릭합니다. 자신이 사용하는 다른 이메일 주소를 입력하면 됩니다. 만약 다른 메일 주소가 없다면 [건너뛰기]를 클릭하면 됩니다.

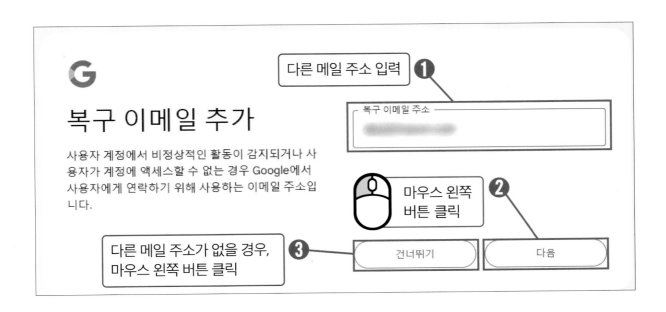

11 입력한 정보가 정확한지 확인한 후 [다음] 버튼을 클릭합니다.

12 '개인 정보 보호 및 약관' 화면이 나오면 아래로 스크롤한 후, 동의 체크 박스에 둘 다 체크한 뒤, [계정 만들기] 버튼을 누릅니다.

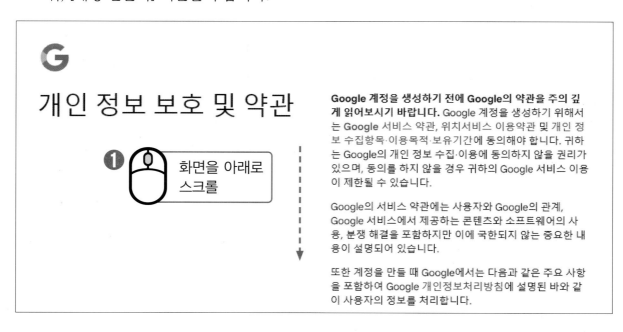

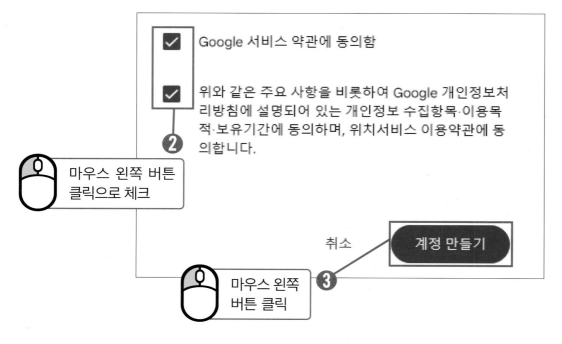

13 생성된 구글 계정으로 크롬에 로그인되면 첫 화면이 나타납니다. 앞으로 구글 크롬은 이 계정으로 계속 사용할 수 있습니다.

14 만약 크롬에서 해당 계정을 로그아웃하고 싶다면, 주소 입력창 오른쪽의 사람 아이콘(👤)을 클릭하면 메뉴를 열 수 있습니다. 이곳에서 [로그아웃]을 클릭하면 됩니다.

마우스 왼쪽 버튼 클릭 ❶

마우스 왼쪽 버튼 클릭 ❷

3) 챗GPT 접속하기

01 설치한 구글 크롬을 실행시키고, 첫 페이지의 구글 검색창에 ChatGPT를 검색합니다.

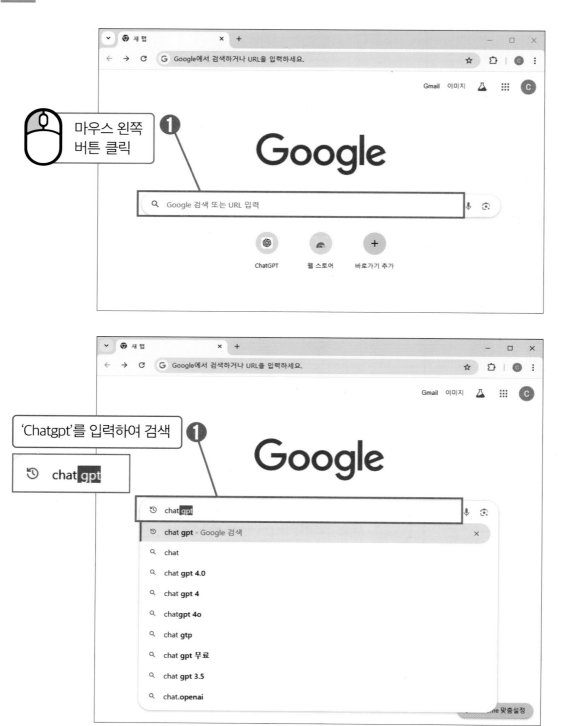

02 검색 결과 중 ChatGPT를 찾아 클릭합니다.

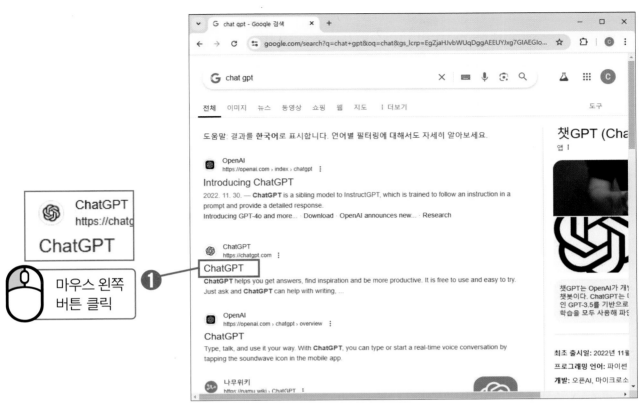

마우스 왼쪽
버튼 클릭 ❶

참고!

브라우저 주소입력창에 chatgpt.com을 입력하여 바로 접속할 수도 있습니다.

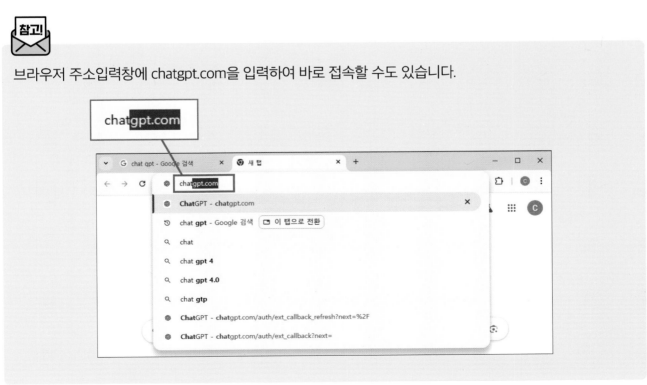

4) 챗GPT 계정 만들고 로그인하기

01 챗GPT에 접속한 뒤 [회원 가입] 버튼을 클릭합니다.

02 계정 만들기 페이지가 뜹니다. [Google로 계속하기] 버튼을 클릭합니다.

03 '계정 선택' 페이지에서 챗GPT에서 사용할 구글 계정을 고른 후, 'OpenAI 서비스로 로그인' 페이지에서 [계속] 버튼을 클릭합니다.

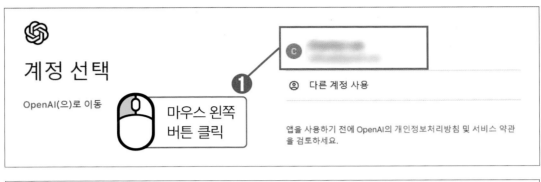

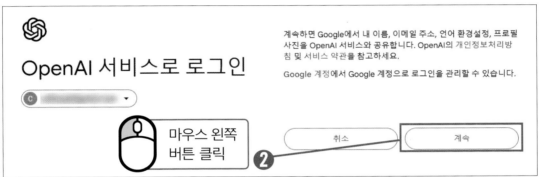

04 챗GPT에서 사용할 계정 이름(별명)과 생년월일을 입력한 후, [동의함] 버튼을 클릭합니다.

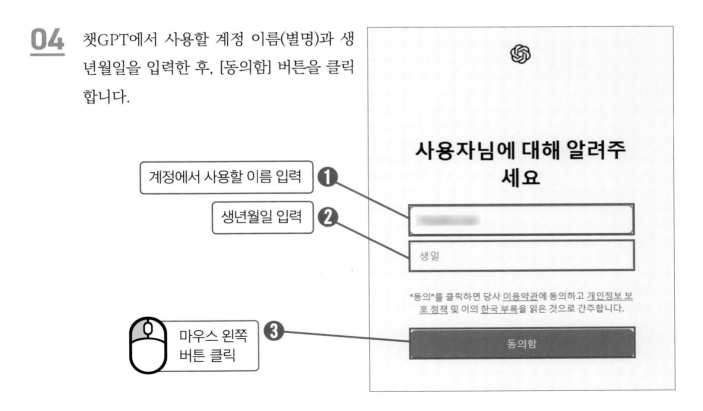

05 가입한 계정으로 챗GPT에 로그인됩니다.

구글 크롬 주소 입력창 옆에 있는 별 표시를 클릭하면 지금 열린 페이지를 북마크(즐겨찾기)로 추가할 수 있습니다. '북마크바' 폴더에 북마크를 추가하면 주소표시줄 아래에 바로가기가 추가되어 언제든 간편하게 접속할 수 있습니다.

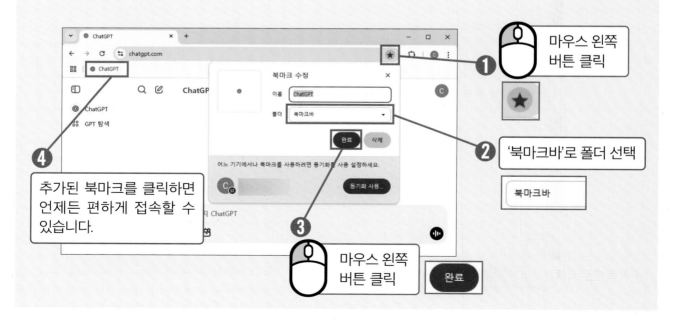

Section 02

스마트폰으로 챗GPT 접속하기

....

안드로이드 폰을 기준으로 챗GPT 애플리케이션을 설치하는 방법을 안내하겠습니다.

1) 챗GPT 공식 어플 다운받기

01 [구글 Play 스토어]를 실행합니다.

손가락으로 터치

02 검색창에 [Chatgpt]를 검색하여 들어갑니다.

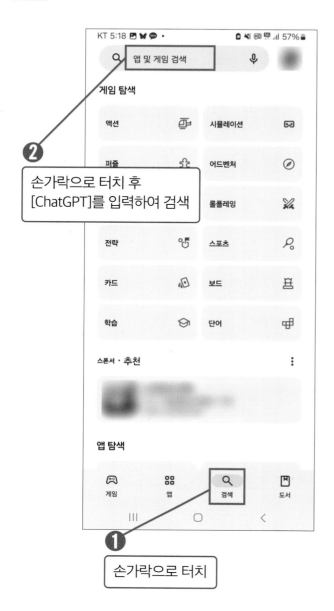

손가락으로 터치 후
[ChatGPT]를 입력하여 검색

손가락으로 터치

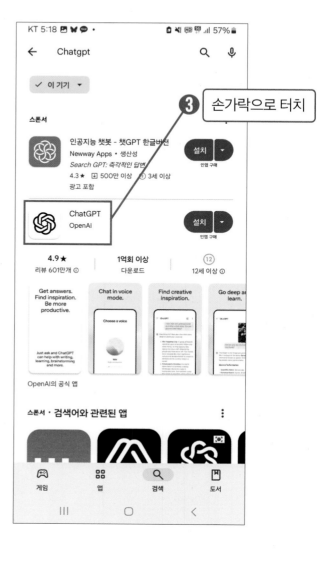

손가락으로 터치

참고!

유사한 이름을 사용하는 애플리케이션이 많으니, OpenAI가 제공하는 공식 앱이 맞는지 꼭 확인합니다.

03 [ChatGPT] 애플리케이션 페이지에 들어간 후 [설치] 버튼을 터치하여 앱을 설치합니다.

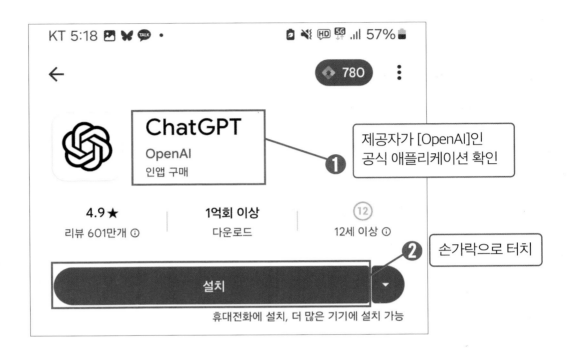

04 설치가 완료되면 ChatGPT 애플리케이션 버튼을 메뉴에서 찾아 실행합니다.

2) 스마트폰에서 챗GPT 가입하기

❶ 구글 계정 만들기

ChatGPT 애플리케이션에서 구글 계정으로 로그인하기 위해 구글 계정을 만드는 방법을 안내합니다. 이미 구글 계정이 있다면 다음 장으로 넘어가시면 됩니다.

01 설치한 ChatGPT 애플리케이션을 실행시키고 [Google로 계속하기] 버튼을 터치합니다.

02 구글 로그인 페이지가 나오면 [계정 만들기]를 터치하여 [개
인용]을 고릅니다. 그 후 [다음] 버튼을 터치합니다.

03 이름과 생년월일을 입력하고 [다음]을 터치합니다. 이름은 영어로 입력해야 합니다.

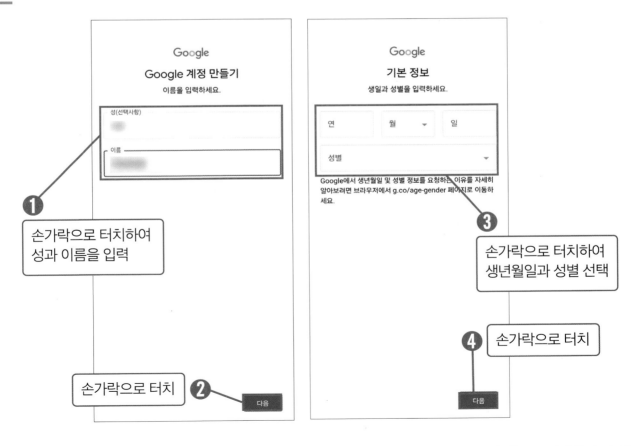

04 구글 계정에서 사용할 이메일(Gmail) 주소를 생성한 뒤, 비밀번호를 만들고 [다음] 버튼을 터치합니다.

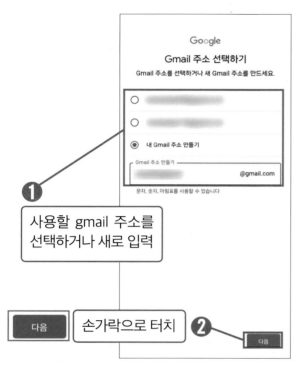

사용할 gmail 주소를
선택하거나 새로 입력

손가락으로 터치

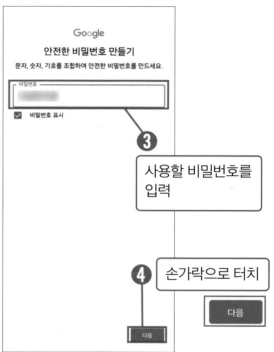

사용할 비밀번호를
입력

손가락으로 터치

05 생성된 계정 정보를 최종적으로 확인한 후 [다음] 버튼을 터치합니다.

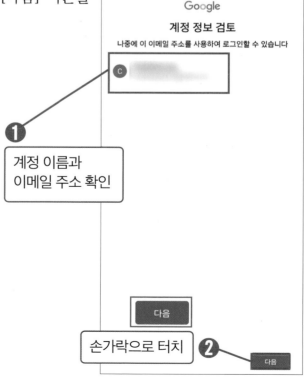

계정 이름과
이메일 주소 확인

손가락으로 터치

06 '개인 정보 보호 및 약관' 페이지가 나오면 아래로 스크롤한 뒤, 체크박스를 터치하여 동의한 뒤 [계정 만들기] 버튼을 터치하면 구글 계정 만들기가 완료됩니다.

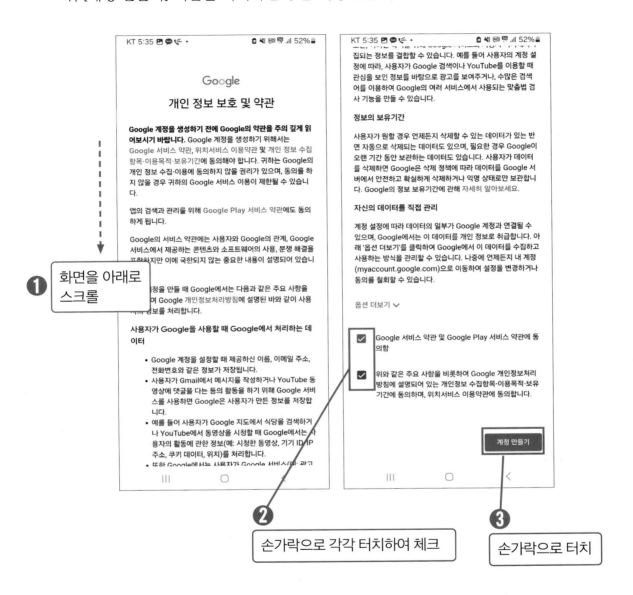

❷ 구글 계정으로 챗GPT 가입하고 로그인하기

01 ChatGPT 앱을 실행하고 [Google로 계속하기]를 터치합니다.

02 '계정 선택' 페이지가 열리며 휴대폰에 저장되어 있는 모든 구글 계정이 표시됩니다. 챗GPT 에 가입할 계정을 선택하고, 'OpenAI 서비스로 로그인' 페이지가 뜨면 [계속] 버튼을 터치 합니다.

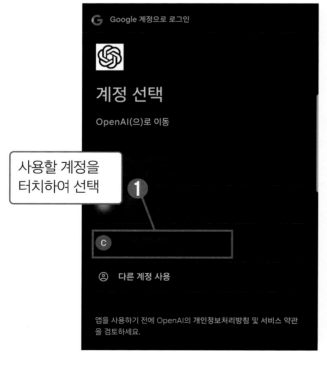

03 챗GPT에서 사용할 이름과 생년월일을 입력하고 [계속]을 터치하면 구글 계정으로 챗GPT에 로그인됩니다.

참고!

ChatGPT 애플리케이션을 다운받지 않더라도 네이버, 모바일 크롬, 삼성 인터넷 등 모바일 인터넷 브라우저를 통해 다른 인터넷 사이트처럼 chatgpt.com 주소로 접속하여 사용할 수도 있습니다. 가입과 로그인에는 동일하게 구글 계정을 사용하면 됩니다.

이용 가격 알아보기

Section 03

챗GPT를 사용할 때 무료와 유료의 차이, 그리고 그 차이의 원인인 여러 모델들에 대해 알아봅시다.

1) 모델 알아보기

챗GPT의 무료, 유료 플랜의 차이는 기본적으로 어떠한 모델을 얼마나 사용할 수 있느냐입니다. 그렇기에 각 플랜에 따른 이용 가격을 알아보기 전에 챗GPT에서 사용하는 각 모델에 대한 정보를 알아보겠습니다.

2022년 11월 챗GPT가 처음 일반에 공개되었을 때는 GPT-3.5라는 모델을 사용하였습니다. 하지만 이 모델은 오래되어 이제 챗GPT에서 사용하지 않습니다. OpenAI는 계속해서 신모델을 발표하며 챗GPT의 주력 모델을 교체하고 있습니다.

2025년 2월 시점에서 사용되는 모델들은 다음과 같습니다.

❶ GPT-4

2023년 3월에 발표된 모델로, 기존에 사용되었던 GPT-3.5 모델보다 상위의 유료 모델로 추가되었습니다. GPT-3.5보다 향상된 언어 처리 능력, 최대 컨텍스트 길이, 이미지 인식 기능 등이 장점이었으나, 현재는 새로운 모델의 발표로 인하여 따로 선택해야만 사용 가능한 구형(Legacy) 모델이 되었습니다.

❷ GPT-4o

2024년 5월에 발표된 GPT-4의 업그레이드 모델로, 현재의 기본이자 주력 모델입니다. 이 모델부터 최대 128,000토큰의 컨텍스트를 처리 가능하기에 단순한 대화뿐만 아니라 책이나 논문 같은 매우 긴 분량의 자료도 활용할 수 있게 되었습니다. 계속해서 성능 업데이트가 이뤄지고 있습니다.

❸ GPT-4o mini

2024년 7월 발표된 모델로, GPT-4o를 경량화한 모델입니다. 4o보다 성능은 떨어지지만 핵심 기능은 유지하며, 빠르고 신속하게 작동하는 것을 목표로 합니다. 복잡한 과정이 필요 없는 단순한 작업이나 반복 작업에 유용하며, 이용자가 챗GPT에서 제한된 사용량을 전부 소진했을 시 기본적으로 사용할 수 있게끔 제공됩니다.

❹ o1

2024년 9월에 o1-preview라는 이름으로 추가되었다가 12월에 preview란 단어를 빼고 정식으로 출시된 모델입니다. 이 버전부터는 이름에 GPT란 단어가 붙지 않습니다.

이전까지의 모델이 단순히 더 많은 데이터를 학습시켜 성능을 향상시켰다면, o1은 답변을 할 때마다 시간을 들여 추론 과정을 거치게 하여 더 뛰어난 답변을 제공합니다. 복잡한 수학, 과학 문제 풀이, 코딩과 같은 작업에 특화되어 있습니다.

GPT-4o에서 지원하는 여러 도구(이미지 생성, 검색 활용 등)는 아직 사용하지 못하기 때문에 일반적인 작업은 GPT-4o를 사용하고, 더 뛰어난 추론 성능이 필요할 때만 o1을 사용하는 것이 좋습니다.

❺ o3-mini

2024년 12월에 발표된 모델로, o1 모델처럼 강력한 추론에 더해 빠른 답변을 위한 경량화가 이뤄진 모델입니다. 무료 사용자도 입력창 하단의 [이성] 버튼을 클릭하여 제한된 용량만큼 사용이 가능하며, 유료 사용자는 더 성능이 뛰어난 o3-mini-high 모델을 사용할 수 있습니다.

무엇을 도와드릴까요?

ChatGPT에게 메시지를 쓰세요

\+ 🌐 검색 💡 이성

마우스 왼쪽 버튼을 클릭
하여 o3-mini 모델 사용

모델명	최대 컨텍스트	최대 출력 토큰	발표 시기	학습 데이터	사용 가능 플랜
GPT-4	8,192	8,192	2023년 3월	2021년 9월	Plus, Pro
GPT-4o	128,000	16,384	2024년 5월	2024년 6월	Free, Plus, Pro
GPT-4o mini	128,000	16,384	2024년 7월	2023년 10월	Free, Plus, Pro
o1	128,000	32,768	2024년 12월	2023년 10월	Plus, Pro
o3-mini	200,000	100,000	2025년 1월	불명	Free, Plus, Pro
o3-mini-high	200,000	100,000	2025년 1월	불명	Plus, Pro

[2025년 2월 기준 챗GPT에서 사용 가능한 모델 목록]

❻ GPT-4.5와 GPT-5

2025년 2월 28일에는 GPT-4o의 업그레이드 버전인 GPT-4.5 모델의 시험 버전이 발표되었고, 3월부터 Pro와 Plus 플랜 유저들이 제한적으로 사용할 수 있게 되었습니다. 또한 2025년에는 일반 모델과 추론 모델을 통합한 GPT-5 모델 출시가 예정되어 있습니다.

 팁! **최대 컨텍스트와 최대 출력 토큰이란?**

'**최대 컨텍스트**'는 모델이 한 번에 처리할 수 있는 입력과 대화 기록의 최대 길이를 의미합니다. 컨텍스트 길이가 길수록 긴 문서를 분석하거나 대화 기록을 더 많이 유지할 수 있어 복잡한 대화를 이어가기 유리합니다. 128,000토큰 모델은 논문이나 긴 책 같은 방대한 내용을 처리할 수 있는 분량입니다.

최대 출력 토큰은 모델이 한 번의 요청에서 생성할 수 있는 응답의 최대 길이를 의미합니다. 출력 토큰이 많을수록 긴 문장, 코드, 또는 상세한 설명을 생성할 수 있습니다.

간단히 말해, 최대 컨텍스트는 모델이 기억할 수 있는 정보의 양이며, 최대 출력 토큰은 한 번에 생성할 수 있는 응답의 길이입니다. 긴 대화를 이어가거나 복잡한 작업을 요청하려면 컨텍스트와 출력 토큰 모두 긴 모델을 사용하는 것이 효과적입니다.

2) 모델 간 답변 비교

같은 질문에 대하여 챗GPT의 여러 모델들이 실제로 어떤 답변을 출력하는지 살펴봅시다.

❶ 간단한 질문에 대한 모델별 답변

앞으로 개인에게 AI 활용 능력이 어떤 이점을 줄 수 있을지 간단하게 답변해줘.

GPT-4

앞으로 개인에게 AI 활용 능력은 다양한 이점을 줄 수 있습니다. 우선, 일상생활에서 효율성을 증가시키고 시간을 절약할 수 있습니다. 예를 들어, 스케줄 관리, 개인 재정 관리, 건강 모니터링 등을 자동화할 수 있습니다.

또한, 직장에서는 데이터 분석, 문서 자동화, 고객 서비스 개선 등에 AI를 활용하여 생산성을 높이고, 창의적인 문제 해결에 더 많은 시간을 할애할 수 있습니다.

교육 분야에서는 개인화된 학습 경험을 제공하여 학습 효율을 높일 수 있으며, 연구와 개발에서는 복잡한 데이터를 분석하고 새로운 발견을 하는 데 AI가 중요한 역할을 할 수 있습니다.

마지막으로, AI 활용 능력은 경력 발전에도 큰 도움이 될 수 있습니다. AI 기술을 이해하고 활용할 수 있는 능력은 다양한 직업 분야에서 중요한 자산이 되며, 새로운 기회를 탐색하는 데 유리할 수 있습니다. AI 기술의 보급과 발전으로 이러한 능력은 점차 중요해질 것입니다.

GPT-4o

AI 활용 능력은 개인에게 다음과 같은 이점을 줄 수 있습니다:

1. **생산성 향상**: 반복적인 작업 자동화, 정보 검색, 데이터 분석 등을 통해 시간을 절약하고 효율성을 높일 수 있습니다.
2. **문제 해결 능력 강화**: 복잡한 문제를 더 빠르고 정확하게 해결할 수 있도록 AI 도구를 활용할 수 있습니다.
3. **창의성 증대**: 콘텐츠 제작, 아이디어 브레인스토밍, 디자인 도구 활용 등 창의적인 작업에서 도움을 받을 수 있습니다.
4. **맞춤형 학습과 성장**: 개인화된 학습 플랜을 설계하거나 새로운 기술을 빠르게 배울 수 있도록 지원받을 수 있습니다.
5. **경쟁력 강화**: AI 기술을 익히면 직업 시장에서 차별화된 스킬로 인정받아 더 많은 기회를 얻을 가능성이 높아집니다.

AI를 잘 활용하면 다양한 분야에서 더 나은 결과를 빠르게 만들어낼 수 있는 능력이 핵심 자산이 됩니다.

GPT-4o mini

개인이 AI를 활용하면 여러 가지 이점을 얻을 수 있습니다. 예를 들어, 업무 효율성을 높일 수 있고, 자동화된 작업을 통해 시간을 절약할 수 있습니다. 또한, 데이터 분석과 패턴 인식을 통해 더 나은 의사결정을 할 수 있으며, 개인화된 추천 시스템을 통해 자신에게 맞는 서비스나 제품을 빠르게 찾을 수 있습니다. AI는 또한 창의적인 작업, 예를 들어 글쓰기나 디자인, 음악 작곡 등의 분야에서도 개인의 능력을 확장시킬 수 있습니다.

o1

개인이 AI 활용 능력을 갖추면, 일상 업무나 직무 수행에서 시간을 절약하고, 더 정확한 의사결정을 내릴 수 있으며, 다양한 정보와 기술에 쉽게 접근해 경쟁력을 높일 수 있다. 또한, 새로운 분야나 상황에 빠르게 적응하고 문제를 해결하는 능력이 강화되어, 개인의 직업 안정성과 성장 기회 확대에 도움을 준다.

o3-mini

개인이 AI를 활용할 수 있는 능력은 다양한 이점을 제공합니다. 예를 들어:

- **업무 효율성 향상**: 반복되는 작업을 자동화하고, 데이터를 빠르게 분석해 의사결정을 지원합니다.
- **정보 접근 및 분석**: 방대한 양의 정보를 신속하게 처리하여 필요한 인사이트를 얻을 수 있습니다.
- **창의력 증진**: 아이디어 생성이나 문제 해결 과정에서 새로운 관점을 제시해 창의적인 결과물을 도출할 수 있습니다.
- **개인화된 학습 및 성장**: 개인의 학습 스타일에 맞춘 자료 제공과 피드백을 통해 자기계발에 도움을 줍니다.
- **생활의 편리성**: 일상 업무부터 취미 생활까지 다양한 분야에서 맞춤형 지원을 받아 삶의 질을 높일 수 있습니다.

❷ 수학 문제에 대한 모델별 답변

좀 더 복잡한 처리를 요구하는 새로운 질문을 입력해보겠습니다.

🖥️ 사용자 입력문

한 박스 안에 사과와 배가 들어 있고, 사과는 배의 두 배이며, 사과 중 절반은 벌레 먹었고 배 중 1/3은 상했다고 할 때, 최종적으로 멀쩡한 과일이 30개 남았다면, 처음 박스에는 과일이 총 몇 개 있었는지 한 문장으로 추론하라.

GPT-4o

처음 박스에는 과일이 총 60개 있었다.

o1

사과를 배의 두 배라고 할 때 배의 개수를 P, 사과의 개수를 A라 하면 A=2P이다.

멀쩡한 과일은 상하지 않은 사과 수(A/2)와 상하지 않은 배 수(2P/3)의 합이므로, A/2 + 2P/3 = 30이다.

여기에 A=2P를 대입하면 (2P)/2 + 2P/3 = P + 2P/3 = (3P+2P)/3 = 5P/3 = 30 이므로 P=18이고, A=36 이다.

따라서 처음 박스에 있던 과일은 A+P=36+18=54개이다.

o3-mini

몇 초 동안 이성 처리 완료 >

사과가 36개, 배가 18개였으므로 총 54개의 과일이 처음 박스에 들어 있었다.

GPT-4o는 수학 계산에 틀려 잘못된 답을 알려줍니다. o1과 o3-mini는 답변에 앞서 논리적으로 계산 과정을 구축하여 답변하므로, 이전 모델보다 연산이나 추론이 필요한 문제에 더 뛰어납니다.

❸ GPT-4o와 o1의 답변 비교

GPT-4o와 이전의 모델들은 기본적으로 'AI 도우미'로서 친절한 답변을 하게 되어 있지만, o1이나 o3 같은 모델은 추론 과정을 거쳐 문제를 푸는 데 특화되어 있기 때문에 별다른 지시가 없다면 답변이 딱딱해지는 경향이 있습니다. 좀 더 일상적인 대화를 원한다면 4o를 사용하다가, 어려운 문제의 해결에만 o1을 사용하는 것이 좋습니다.

사용자 입력문

올 겨울 휴가에 서울 근교에서 갈 만한 곳을 딱 한 곳만 추천하고 간단한 여행 계획을 짜줘.

모델별 답변

GPT-4o

추천 장소: 남양주 다산생태공원

서울 근교에서 자연과 여유를 즐길 수 있는 곳으로, 한강을 따라 펼쳐진 경관이 아름다운 생태공원입니다. 겨울에도 고즈넉한 분위기와 산책로, 맛있는 근처 음식점 덕분에 편안한 하루를 보낼 수 있습니다.

간단한 여행 계획

오전:

1. 08:30 - 서울 출발 (자가용 또는 지하철 경의중앙선 이용)
2. 09:30 - 다산생태공원 도착
   - 한강변 산책로를 따라 걷고, 공원의 겨울 풍경 감상.
   - 다산 정약용 생가 근처를 탐방하며 역사적 이야기도 접해보기.

점심: 3. 12:30 - 근처 한강뷰 레스토랑에서 점심
   - 추천: 강변 근처에 위치한 브런치 카페나 한식당 (예: 두물머리 인근 식당).

오후: 4. 14:00 - 주변 관광
   - 수종사 방문: 남양주 유명한 절로, 겨울 풍경이 아름답고 조용히 사색하기 좋음.
   - 다산기념관 관람: 역사에 관심 있다면 가볼 만한 장소.
5. 16:00 - 카페 타임
   - 한강 뷰 카페에서 따뜻한 음료와 함께 휴식.

저녁: 6. 17:30 - 서울로 귀가

겨울철 한적한 자연을 느끼며, 적당히 활동적인 하루를 보낼 수 있는 완벽한 장소입니다!

추천지: 남이섬
간단한 여행 계획

1. 이동 및 도착 (오전 9시~10시)

- 서울 시내에서 남이섬으로 이동:
- ITX 청춘열차를 타고 가평역까지 이동(약 1시간 소요) 후, 가평역에서 택시나 셔틀 버스로 남이섬 선착장 이동(약 10~15분).
- 선착장에서 남이섬으로 가는 페리 탑승(5~10분 소요)
- 총 소요시간: 약 1시간 30분 ~ 2시간 내외.

2. 오전 산책 & 겨울 풍경 감상 (오전 10시~오후 12시)

- 겨울철 맑은 공기 속 조용한 숲길 산책
- 메타세콰이어 길의 설경 감상 및 사진 촬영
- 남이섬 카페에서 따뜻한 음료 한 잔으로 몸 녹이기

3. 점심 식사 (오후 12시~오후 1시)

- 남이섬 내 레스토랑 혹은 식당가에서 지역 맛집 메뉴 즐기기(예: 닭갈비, 전골류)
- 식사 후 남이섬 내 아기자기한 상점 둘러보기

4. 오후 액티비티 (오후 1시~오후 3시)

- 겨울철 섬 내 다양한 조형물과 문화 전시 관람
- 자전거 대여(날씨와 상황에 따라 가능)나 산책로 따라 추가 탐방
- 빙판 위 미니 놀이기구 체험(날씨에 따라 빙어낚시나 겨울 이벤트 진행 시 참가 가능)

5. 귀경 (오후 3시~오후 5시)

- 남이섬 선착장으로 이동 후 페리 탑승
- 가평역으로 돌아가 ITX 청춘열차나 버스 타고 서울로 복귀

하루 코스로 무리 없이 다녀오기 좋으며, 겨울의 맑은 공기와 눈 덮인 낭만적인 경관을 가까운 거리에서 만끽할 수 있는 코스이다.

3) 플랜에 따른 차이 알아보기

OpenAI는 2025년 2월 시점에서 챗GPT에 대하여 총 5가지 플랜을 제공하고 있습니다. 각각의 플랜은 다른 가격으로 제공되며, 유료 이용을 위해서는 해외 결재가 가능한 카드(VISA, Mastercard 등)를 등록하여 매달 이용료를 납부하여야 합니다. 플랜에 따라 사용할 수 있는 모델과 기능, 사용 가능한 횟수에 차이가 있습니다.

❶ 무료(Free) 플랜

[무료 플랜이 이용 가능한 모델]

챗GPT 회원 가입 시 기본적으로 사용하는 플랜입니다. 이용비는 무료이며, 사용 횟수와 기능에 큰 제한이 있습니다.

2025년 2월 시점에서 무료 플랜은 자동적으로 GPT-4o 모델을 사용합니다. 하지만 제한된 사용량을 넘으면 좀 더 가벼운 모델인 GPT-4o mini로 전환됩니다. 또한 o3-mini 모델을 제한적으로 사용 가능합니다.

무료 플랜에서 이미지 생성은 하루 2장으로 제한되며, 맞춤형 챗봇인 GPTs 또한 GPT-4o 모델 사용량 내에서만 사용할 수 있습니다. 그 외에 데이터 분석, 파일 및 이미지 업로드, 인터넷 검색 등의 고급 기능도 사용량이 제한될 수 있습니다.

❷ Plus 플랜

[Plus 플랜이 이용 가능한 모델들]

Plus 플랜은 개인 사용자들이 일반적으로 사용하는 유료 플랜으로, 가격은 한 달에 20달러입니다.

Plus 플랜 이용자는 3시간마다 GPT-4o 모델에 80개, GPT-4 모델에 40개의 메시지를 보낼 수 있습니다. 또한 o1 모델에 주당 50개의 메시지를 보낼 수 있으며, o3-mini 모델에는 하루에 150개의 메시지를 보낼 수 있습니다. o3-mini-high 모델에도 하루 50개의 메시지를 보낼 수 있습니다. 모든 메시지를 소진하더라도 GPT-4o mini 모델을 무료로 계속 사용할 수 있습니다. 또한 2025년 3월부터는 GPT-4.5 모델을 사용할 수 있습니다.

파일, 이미지 업로드와 이미지 생성, 데이터 분석 기능을 무료 플랜보다 더 많이 사용할 수 있으며,

고급 음성 및 영상 입력, 프로젝트 생성, GPTs 챗봇 생성, 영상 생성 서비스인 Sora 사용 등 Plus 플랜부터 사용 가능한 많은 기능들이 있습니다. 또한 챗GPT에 추가되는 새로운 기능은 Plus 사용자부터 이용이 가능합니다.

이 책에서 설명되는 기능 대부분은 Free 플랜과 Plus 플랜 사용자를 기준으로 합니다.

❸ Pro 플랜

Pro 플랜은 2024년 12월 5일 발표된 가장 비싸고 강력한 플랜으로, 가격은 한 달에 200달러입니다. 이 플랜은 가장 뛰어난 모델을 최대한 많이 이용하려는 전문 연구자나 관련 기술자를 위한 플랜입니다.

Pro 플랜 이용자는 o1, o3-mini, GPT-4o 등의 모델을 사용량 제한 없이 무제한으로 사용할 수 있으며, 고급 음성 대화 기능 또한 제한 없이 사용할 수 있습니다. 또한 좀 더 많은 시간(최대 3분)을 들여 복잡한 문제를 처리할 수 있는 o1 Pro 모드, 강력한 검색 연동 기능인 심층 리서치, AI 오퍼레이터 기능 등을 사용할 수 있습니다.

Pro 플랜은 현재 OpenAI가 설정한 가장 높은 비용의 플랜이기 때문에 앞으로 추가되는 새롭고 강력한 기능에 더 빠르고 제한 없이 접근할 수 있으며, 새로운 모델 지원 또한 가장 적극적으로 이뤄질 것으로 기대됩니다. 2025년 2월 28일 발표된 GPT-4.5 모델도 Pro 플랜 구독자부터 사용 가능합니다.

❹ Team 플랜과 Enterprise 플랜

챗GPT는 개인 사용자뿐만 아니라 소규모 팀 단위나 회사 등 조직에서 사용할 수 있는 Team 플랜과 Enterprise 플랜을 운영 중입니다. 두 플랜 모두 작업의 공유와 그 과정에서의 데이터 보안에 큰 신경을 쓴 플랜으로, 특히 Enterprise 플랜의 경우 챗GPT를 무제한으로 활용할 수 있습니다. Team 플랜은 사용 인원에 따라 금액을 지불하지만, Enterprise 플랜은 OpenAI와 협상을 통해 적절한 가격을 매기게 됩니다. Enterprise와 유사하지만 교육 기관이나 연구 기관을 위한 Edu 플랜도 운영 중입니다.

[Team 플랜 안내]

[Enterprise 플랜 신청 화면]

❺ API 활용

API를 통해서 GPT를 사용할 경우, 플랜과 별도로 각 모델 사용량에 따라 가격이 책정되며, 사용량 기반으로 비용을 지불하게 됩니다. 기업과 개발자들은 OpenAI API를 통해 GPT-4, GPT-4o, o1 등의 모델을 자신이 개발하는 프로그램이나 서비스와 연동할 수 있습니다. 챗GPT 외의 프로그램이나 애플리케이션에서 'GPT 모델을 사용한다'고 할 경우, API를 활용한 서비스라 보시면 됩니다.

API의 활용은 이 책에서 다루는 범위를 넘어가는 내용이기에 상세한 설명은 생략하도록 하겠습니다.

유료 플랜 가입하기

개인 사용자가 가장 많이 이용하는 Plus 플랜에 가입하는 방법을 안내하겠습니다. 무료 플랜으로도 주력 모델을 사용할 수 있기 때문에 챗GPT 사용량이 많거나 고급 기능을 사용하고자 하는 경우에만 Plus 플랜에 가입합시다.

01 챗GPT 첫 화면 왼쪽 하단의 [플랜 업그레이드]를 클릭하거나 대화창의 'ChatGPT'를 클릭하여 모델 목록을 펼친 후 [ChatGPT Plus]를 클릭합니다.

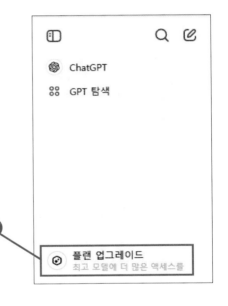

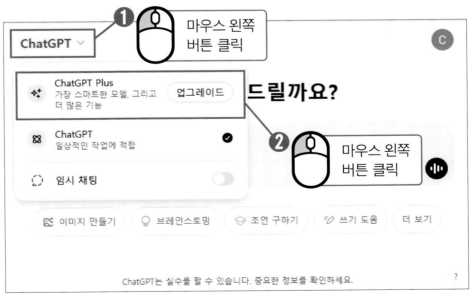

02 '플랜 업그레이드' 페이지가 나옵니다. 여기서 [Plus 이용하기] 버튼을 클릭합니다.

03 구독 결제 페이지가 표시됩니다. 카드 정보를 입력합니다.

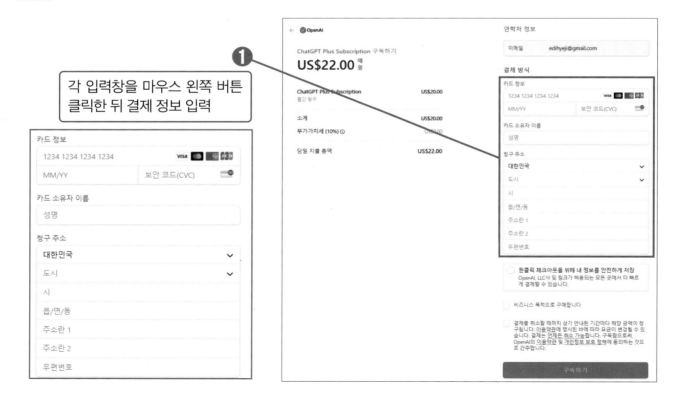

참고

챗GPT 플랜 구독료에는 각 플랜의 가격뿐만이 아니라 결제하는 국가의 법률에 따라 정해진 부가가치세(한국 기준 10%)가 합산됩니다. 따라서 한국에서 Plus 플랜을 구독할 때에는 매달 22달러를 지불해야 합니다.

참고

현재 챗GPT 유료 플랜 구독을 위해서는 VISA나 Matercard와 같이 해외 결제가 가능한 신용카드가 필수입니다. 플랜에 가입하기 전에 자신의 카드가 해외 결제가 가능한 카드인지 확인해주세요.

04 결제 정보를 입력하고 이용약관 및 개인정보 보호 정책 동의에 체크한 뒤, [구독하기] 버튼을 누르면 자동적으로 결제가 이뤄지며 Plus 구독이 완료됩니다. 구독료는 구독을 처음 시작한 날짜를 기준으로 자동이체됩니다.

카드 정보

VISA

카드 소유자 이름

청구 주소

대한민국

원클릭 체크아웃을 위해 내 정보를 안전하게 저장
OpenAI, LLC사 및 링크가 허용되는 모든 곳에서 더 빠르게 결제할 수 있습니다.

비즈니스 목적으로 구매합니다

마우스 왼쪽 버튼 클릭 ❶

☑ 결제를 취소할 때까지 상기 안내된 기간마다 해당 금액이 청구됩니다. 이용약관에 명시된 바에 따라 요금이 변경될 수 있습니다. 결제는 언제든 취소 가능합니다. 구독함으로써, OpenAI의 이용약관 및 개인정보 보호 정책에 동의하는 것으로 간주합니다.

마우스 왼쪽 버튼 클릭 ❷

구독하기 🔒

05 첫 화면으로 돌아와서 모델 목록을 펼쳐 보면 무료 플랜에서는 이용할 수 없었던 여러 모델들이 생긴 것을 볼 수 있습니다. 이렇게 되면 Plus 플랜 구독이 완료된 것입니다.

Section 05

유료 플랜 해지하기

등록된 카드 정보로 매달 자동적으로 구독료가 빠져나가는 만큼, 챗GPT를 더 이상 사용하지 않거나 유료 기능이 필요 없다면 구독을 해지하여야 합니다. 해지 방법을 안내해 드리겠습니다.

01 오른쪽 상단 프로필 아이콘을 클릭한 뒤 [플랜 업그레이드]를 클릭하거나, 화면 왼쪽 하단의 [플랜 보기]를 클릭합니다.

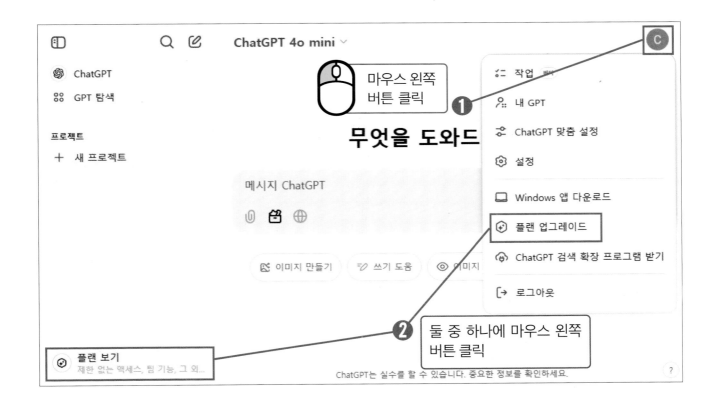

02 플랜 업그레이드 페이지가 나타납니다. 여기서 Plus 하단에 있는 '내 구독을 관리하세요'를 클릭합니다.

03 구독 관리 페이지가 나타납니다. 여기서 [구독 취소]를 클릭합니다.

04 구독 취소 확인 화면이 열리면 다시 [구독 취소]를 클릭합니다.

05 구독 취소 사유를 묻는 설문 문항이 나타납니다. 이미 구독은 취소되었기 때문에 이 설문을 작성하지 않고 종료하셔도 됩니다.

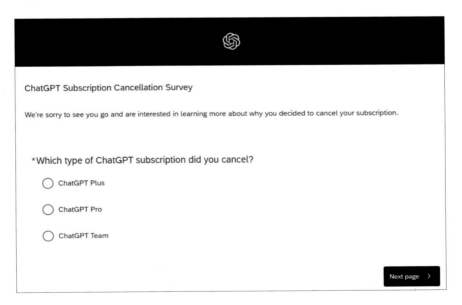

구독을 취소하더라도 이미 결제한 구독 기간이 끝나기 전까지는 Plus 플랜을 계속해서 사용할 수 있습니다.

Section 06 화면 구성 알아보기

시작 화면과 설정 메뉴에 대해 알아봅시다.

1) 시작 화면 구성

챗GPT 시작 화면의 기본적인 인터페이스를 설명해 드리겠습니다.

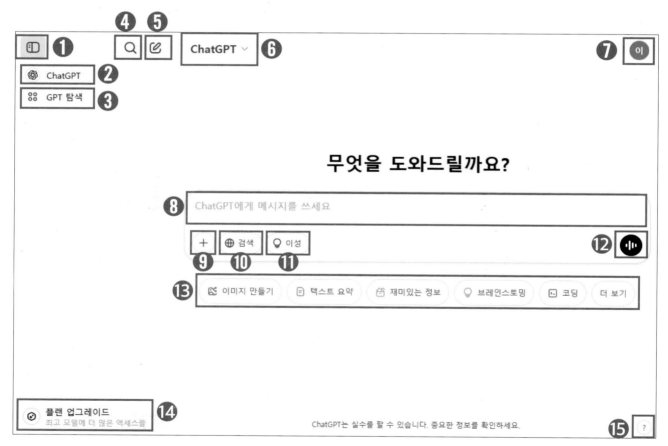

[챗GPT 시작 화면]

❶ ⬚ 사이드바 여닫기:

화면 왼쪽에 회색으로 된 사이드바를 열고 닫는 버튼입니다. 사이드바에는 등록된 GPT 챗봇과 기존 대화들이 나타납니다. 대화에 집중하기 위해 좀 더 큰 화면이 필요하다면 사이드바를 닫고, 챗봇이나 기존 대화를 보고 싶다면 사이드바를 열면 됩니다.

❷ ⓢ ChatGPT **시작화면:** 챗GPT 시작화면으로 돌아옵니다.

❸ 🔡 GPT 탐색 **GPT 탐색:**

챗GPT를 특정 목적에 맞게 개조해놓은 챗봇인 GPT를 찾고 사용할 수 있습니다.

❹ 🔍 채팅 검색: 기존에 했던 대화를 검색할 수 있습니다.

❺ ✏️ 새 채팅: 지금의 대화에서 나와서 새로운 대화를 시작합니다.

❻ ChatGPT ⌄ 모델 보기: 대화에 사용할 챗GPT 모델을 선택하고 전환할 수 있습니다.

❼ 이 메뉴:

계정과 플랜에 대한 각종 설정을 하거나 로그아웃을 할 수 있는 메뉴를 열 수 있습니다.

❽ ChatGPT에게 메시지를 쓰세요

메시지 입력창: 문장을 입력하여 챗GPT와 대화를 시작할 수 있는 입력창입니다.

⑨ **[+]** **파일 업로드 및 기타:**

이미지, 문서, 스프레드시트 등의 파일을 업로드하여 챗GPT에게 인식시킬 수 있습니다. 자신의 컴퓨터 외에도 구글 드라이브, 마이크로소프트 원드라이브와 연결하여 파일을 업로드할 수 있습니다.

⑩ **[⊕ 검색]** **검색:**

챗GPT가 인터넷을 검색하여 검색 결과에 따른 답변을 우선하게끔 합니다. 클릭하여 켜고 끌 수 있습니다.

⑪ **[💡 이성]** **이성:**

무료 사용자에게만 나타나는 버튼으로, o3-mini 모델을 사용하여 시간을 들여 추론 후 답변을 제공합니다.

⑫ **🎙** **음성 모드 사용:**

음성을 통해 챗GPT와 실시간으로 대화할 수 있습니다. 음성 모드를 사용하기 위해서는 마이크와 스피커가 필요합니다.

⑬

예시 질문: 챗GPT에 할 수 있는 예시 질문들입니다.

⑭ **[◎ 플랜 업그레이드 / 최고 모델에 더 많은 액]** **플랜 업그레이드:** 유료 플랜을 결제하거나 관리할 수 있습니다.

⑮ **[?]** **도움말:** 도움말과 업데이트, 이용 정책과 단축키 등을 확인할 수 있습니다.

Plus 유저의 경우, [이성] 버튼 대신 이미지 생성과 캔버스 등 추가 도구를 사용할 수 있는 버튼이 나타납니다. 이 도구들에 대해선 뒤에서 설명하겠습니다.

2) 메뉴 구성

챗GPT의 메뉴는 다음과 같이 구성되어 있습니다. 하나씩 살펴보겠습니다.

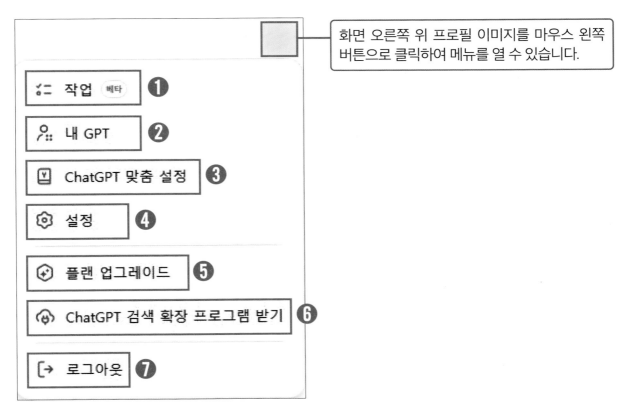

화면 오른쪽 위 프로필 이미지를 마우스 왼쪽 버튼으로 클릭하여 메뉴를 열 수 있습니다.

❶ **작업:** 챗GPT에게 특정 시간에 정해진 행동을 자동적으로 실행하게끔 지시할 수 있습니다. 유료 유저에게만 표시되는 기능입니다(312p 참고).

❷ **내 GPT:** 유료 플랜 유저의 경우, 자신이 제작한 GPT 목록을 엽니다. 무료 플랜 유저의 경우는 GPT 탐색 메인 화면으로 연결됩니다.

❸ 챗GPT 맞춤 설정: 좀 더 사용자에게 맞는 답변을 하도록 정보를 입력해둘 수 있습니다. 자세한 것은 8장에서 다루도록 하겠습니다.

❹ 설정: 설정 메뉴로 들어갑니다.

❺ 플랜 업그레이드: 유료 플랜을 구독하거나 관리합니다.

❻ 챗GPT 검색 확장 프로그램 받기: 인터넷 브라우저 주소창에서 바로 챗GPT를 사용한 인터넷 검색을 할 수 있도록 해주는 확장 프로그램을 설치합니다.

❼ 로그아웃: 지금 로그인된 챗GPT 계정에서 로그아웃합니다.

3) 설정 메뉴 살펴보기

[메뉴] → [설정]으로 들어가면 설정 화면이 열립니다. 설정 메뉴는 무료 플랜 유저의 경우 총 7가지, 유료 플랜 유저의 경우 9가지입니다.

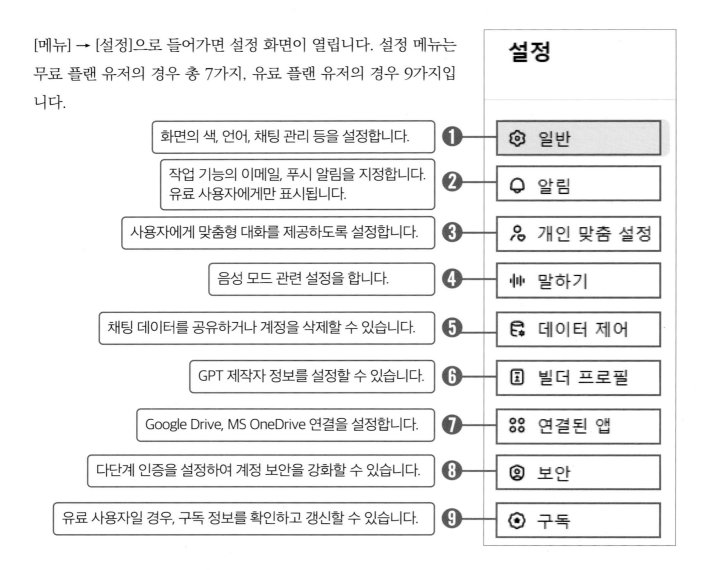

화면의 색, 언어, 채팅 관리 등을 설정합니다. — ❶ ⚙ 일반

작업 기능의 이메일, 푸시 알림을 지정합니다. 유료 사용자에게만 표시됩니다. — ❷ 🔔 알림

사용자에게 맞춤형 대화를 제공하도록 설정합니다. — ❸ 👤 개인 맞춤 설정

음성 모드 관련 설정을 합니다. — ❹ ⅷ 말하기

채팅 데이터를 공유하거나 계정을 삭제할 수 있습니다. — ❺ 🖿 데이터 제어

GPT 제작자 정보를 설정할 수 있습니다. — ❻ 🖹 빌더 프로필

Google Drive, MS OneDrive 연결을 설정합니다. — ❼ 🖳 연결된 앱

다단계 인증을 설정하여 계정 보안을 강화할 수 있습니다. — ❽ ⊚ 보안

유료 사용자일 경우, 구독 정보를 확인하고 갱신할 수 있습니다. — ❾ ◉ 구독

설정

여기서는 기본이 되는 [일반] 항목만을 살펴보고, 다른 설정 메뉴의 경우는 각 장에서 필요할 때 다시 설명하기도 합니다.

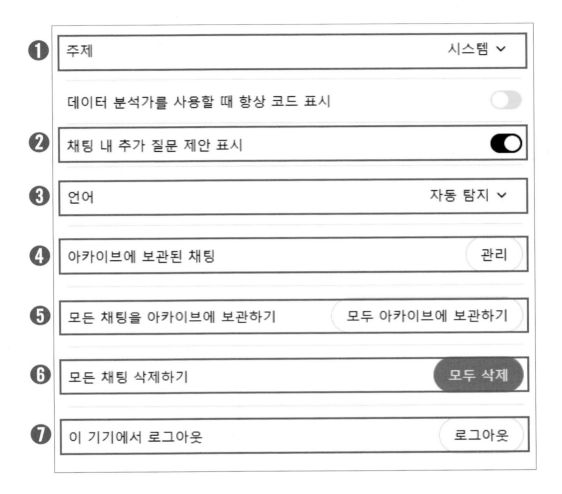

❶ **주제:** [다크 모드]와 [라이트 모드]를 전환할 수 있습니다. [시스템]으로 되어 있으면 구글 크롬에 설정된 사양을 따릅니다. 흔히 사용하는 '테마' 설정을 떠올리면 됩니다.

[라이트 모드]

[다크 모드]

❷ **언어:** 챗GPT에 표시되는 기본적인 언어를 설정합니다. 기본적으로 브라우저에 설정된 언어를 자동 탐지하기 때문에 한국어로 설정됩니다. 여기서 설정한 언어는 어디까지나 챗GPT의 기능과 인터페이스가 표시되는 언어이며, **실제 대화에서 사용하는 언어는 사용자가 입력하는 내용에 따라 결정됨을 주의해야 합니다.**

챗GPT는 별도로 설정하지 않았다면 영어로 질문하면 영어로, 한국어로 질문하면 한국어로, 일본어로 질문하면 일본어로 대답합니다.

❸ **채팅 내 추가 질문 제안 표시:** 채팅 진행 중 챗GPT가 다음 질문을 제안하는 기능을 활성화하거나 비활성화합니다. 활성화하더라도 가끔씩만 표시됩니다.

❹ **아카이브에 저장된 채팅:** 아카이브(저장소)에 넣어 둔 채팅을 확인하고 관리할 수 있습니다.

❺ **모든 채팅을 아카이브에 보관하기:** 현재 사이드바에 있는 모든 이전 채팅 내역을 별도의 아카이브(저장소)로 옮깁니다.

❻ **모든 채팅 삭제하기:** 아카이브에 보관된 것을 포함하여 이때까지의 모든 채팅 내역을 삭제합니다.

❼ **이 기기에서 로그아웃:** 지금 사용하는 컴퓨터에서 챗GPT를 로그아웃합니다.

개인용 컴퓨터가 아니라 타인의 컴퓨터나 공용 컴퓨터에서 로그인했다면, 혹시라도 다른 사람이 사용하지 못하게 사용을 끝낼 때 꼭 로그아웃하는 것이 좋습니다.

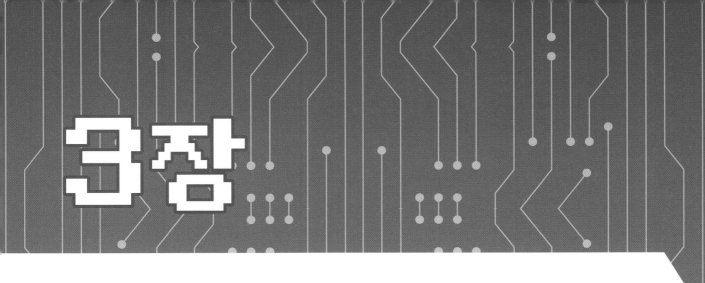

3장

기본적인 대화 방법 익히기

기본적인 내용과 설정을 확인했으므로,
이제 본격적으로 챗GPT와의 대화를 시작해봅시다.

처음 질문하기

챗GPT는 사용자의 입력에 따라 답변을 출력합니다. 대화를 시작할 때 입력한 메시지에 따라 그 대화의 기본적인 성격이나 목적이 정해질 수 있습니다. 우선 대화를 시작하는 법을 안내하겠습니다.

01 첫 화면에서 'ChatGPT에게 메시지를 쓰세요'라 되어 있는 입력창을 마우스로 클릭합니다.

02 입력창에 커서가 깜빡거리면, 그곳에 질문을 입력하고 Enter 를 누르거나 오른쪽 아래에 있는 화살표 아이콘(↑)을 클릭합니다.

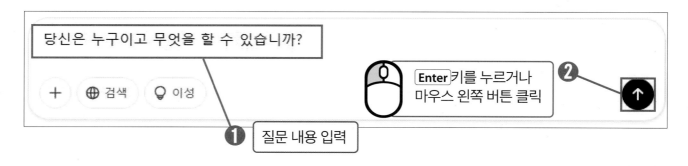

03 대화 화면에 사용자가 입력한 질문과 챗GPT의 답변이 표시됩니다.

당신은 누구이고 무엇을 할 수 있습니까?

나는 ChatGPT이며, 다양한 질문에 답하고 정보를 제공할 수 있습니다. 내가 할 수 있는 일은 다음과 같습니다:

☑ **정보 제공** – 역사, 과학, 기술, 문화 등 다양한 주제에 대한 정보를 제공합니다.

☑ **문서 작성 및 편집** – 글쓰기, 번역, 요약, 문법 수정 등을 도와드립니다.

☑ **코드 작성 및 디버깅** – 프로그래밍 관련 질문에 답하고 코드 예제를 제공할 수 있습니다.

☑ **창작 활동** – 이야기, 시, 노래 가사, 아이디어 브레인스토밍 등을 도와드릴 수 있습니다.

☑ **학습 및 공부 지원** – 개념 설명, 문제 해결, 요점 정리 등을 도와드립니다.

어떤 도움이 필요하신가요? 😊

Section 02

대화를 이어나가기

첫 질문과 답변 이후에도 계속해서 대화를 이어나가는 방법을 살펴봅시다.

01 답변이 나오면 화면 아래 메시지 입력창에 다시 다음 질문을 입력하고 Enter를 누르거나 오른쪽 아래에 있는 화살표 아이콘(↑)을 클릭합니다.

나는 ChatGPT이며, 다양한 질문에 답하고 정보를 제공할 수 있습니다. 내가 할 수 있는 일은 다음과 같습니다:

- ☑ **정보 제공** – 역사, 과학, 기술, 문화 등 다양한 주제에 대한 정보를 제공합니다.
- ☑ **문서 작성 및 편집** – 글쓰기, 번역, 요약, 문법 수정 등을 도와드립니다.
- ☑ **코드 작성 및 디버깅** – 프로그래밍 관련 질문에 답하고 코드 예제를 제공할 수 있습니다.
- ☑ **창작 활동** – 이야기, 시, 노래 가사, 아이디어 브레인스토밍 등을 도와드릴 수 있습니다.
- ☑ **학습 및 공부 지원** – 개념 설명, 문제 해결, 요점 정리 등을 도와드립니다.

어떤 도움이 필요하신가요? 😊

🗐 👍 👎 🔊 ✏ ↻ ⌄

OpenAI가 무엇인지 간략하게 설명해 주세요. ──❶ 다음 질문 내용 입력

(+) (⊕ 검색) (💡 이성)

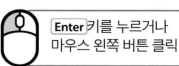

❷ Enter 키를 누르거나
마우스 왼쪽 버튼 클릭

---

02 새로운 질문에 대한 답변이 이어서 출력되었습니다. 화면을 위로 스크롤해봅시다.

OpenAI가 무엇인지 간략하게 설명해 주세요.

OpenAI는 인공지능(AI) 연구 및 개발을 전문으로 하는 기업입니다. 2015년에 엘론 머스크, 샘 올트먼 등 여러 기업가와 연구자들이 AI 기술을 안전하고 유익하게 발전시키기 위해 설립했습니다.

주요 목표는 **"모두에게 이로운 인공지능(AI)을 개델을 연구하고, GPT(ChatGPT), DALL·E(이미지 생성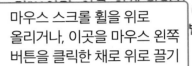습니다.

마우스 스크롤 휠을 위로 올리거나, 이곳을 마우스 왼쪽 버튼을 클릭한 채로 위로 끌기 ❶

현재 OpenAI는 마이크로소프트와 협력하여 AI 기술을 상용화하고 있으며, ChatGPT와 같은 서비스로 많은 사람들이 AI를 활용할 수 있도록 지원하고 있습니다.

03 위에 이전 대화가 그대로 남아 있는 것을 볼 수 있습니다. 이렇게 같은 대화 안에서 계속해서 대화를 해나갈 수 있습니다.

☑ **문서 작성 및 편집** – 글쓰기, 번역, 요약, 문법 수정 등을 도와드립니다.
☑ **코드 작성 및 디버깅** – 프로그래밍 관련 질문에 답하고 코드 예제를 제공할 수 있습니다.
☑ **창작 활동** – 이야기, 시, 노래 가사, 아이디어 브레인스토밍 등을 도와드릴 수 있습니다.
☑ **학습 및 공부 지원** – 개념 설명, 문제 해결, 요점 정리 등을 도와드립니다.

어떤 도움이 필요하신가요? 😊

OpenAI가 무엇인지 간략하게 설명해 주세요.

OpenAI는 인공지능(AI) 연구 및 개발을 전문으로 하는 기업입니다. 2015년에 엘론 머스크, 샘 올트먼 등 여러 기업가와 연구자들이 AI 기술을 안전하고 유익하게 발전시키기 위해 설립했습니다.

ChatGPT에게 메시지를 쓰세요

04 같은 대화 안에서 과거 이야기에 대해 다시 물어보면 그에 맞는 대답을 하는 것을 볼 수 있습니다. 이를 통해 이어지는 대화를 기억하며 거기에 맞게 대답한다는 것을 알 수 있습니다.

> 아까 네가 ChatGPT로 할 수 있는 것으로 소개해 준 게 크게 몇 가지 종류지?

내가 할 수 있는 일은 크게 **다섯 가지**로 분류할 수 있어요.

1 **정보 제공** – 다양한 주제에 대한 지식과 최신 정보를 전달
2 **문서 작성 및 편집** – 글쓰기, 번역, 요약, 문법 수정 등
3 **코드 작성 및 디버깅** – 프로그래밍 관련 질문 답변 및 코드 생성
4 **창작 활동** – 이야기, 시, 노래 가사, 아이디어 제공 등
5 **학습 및 공부 지원** – 개념 설명, 문제 해결, 요점 정리 등

어떤 부분이 가장 필요하신가요? 😊

 팁! **입력창에 긴 내용 입력하기**

좀 더 긴 내용을 입력하고 싶은데, 문서를 작성할 때처럼 Enter 키를 누르면 입력한 내용이 바로 전송되어 버립니다. 그럴 때는 Shift + Enter 를 눌러보세요. 메시지가 전송되지 않고, 마치 문서를 작성할 때처럼 줄바꿈이 됩니다.

무엇을 도와드릴까요?

저는 다섯 가지 재료를 가지고 있습니다. 이것으로 맛있는 점심 식사를 만들고 싶으니, 레시피를 추천해 주세요.

1. 계란 한 판
2. 라면
3. 피자치즈
4. 순두부

＋ 🌐 검색 💡 이성

긴 메시지를 입력할 때 입력창 옆에 뜨는 '캔버스에서 열기(✏️)' 버튼을 클릭하면 좀 더 긴 글을 자유롭게 입력할 수 있는 창이 열립니다.

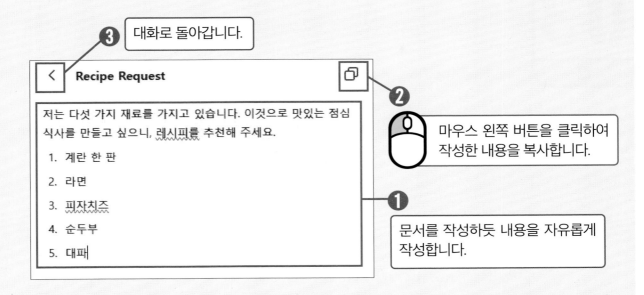

문서를 작성하듯 자유롭게 긴 글을 작성한 후, 캔버스 창 오른쪽 위에 있는 '복사(🗗)' 버튼을 클릭한 뒤, 왼쪽 위 '닫기(< 혹은 ✕)' 버튼을 클릭해 입력창으로 돌아옵니다. 그 후 입력창에 마우스 오른쪽 버튼을 눌러 '붙여넣기'를 클릭하거나 Ctrl + V 키를 눌러 입력창에 내용을 붙여넣을 수 있습니다.

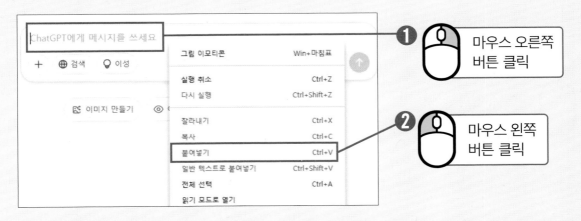

캔버스 기능은 단순히 긴 글을 쓰는 것뿐만 아니라 글을 쓰는 데 전반적인 도움을 받을 수 있는 기능입니다. 이 기능에 대해서는 5장(206p)에서 더 상세하게 소개하겠습니다.

Section 03

새로운 대화 시작하기

진행하던 대화를 중단하고, 새로운 대화를 시작해봅시다.

01 대화 화면 상단 혹은 사이드바 상단에 있는 [새 채팅] 버튼(⌯)을 클릭합니다.

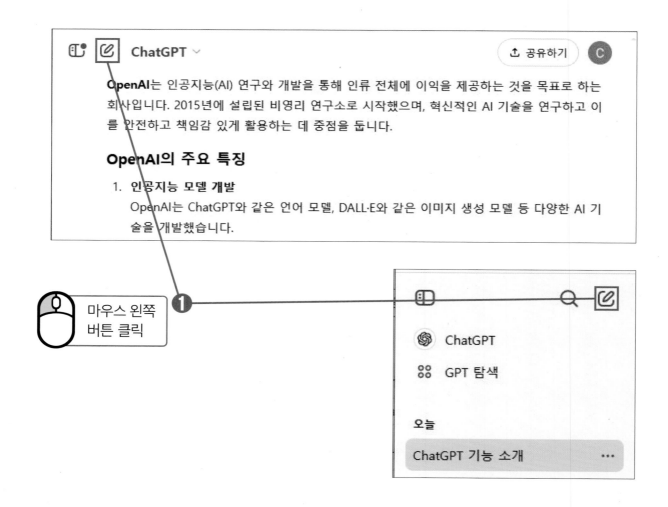

02 새로운 대화가 열렸습니다. 이전 대화는 사이드바에 저장됩니다.

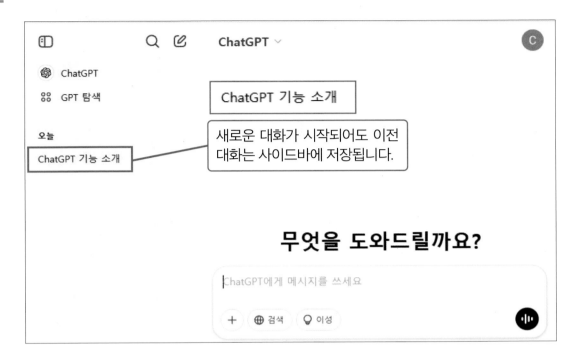

ChatGPT 기능 소개

새로운 대화가 시작되어도 이전 대화는 사이드바에 저장됩니다.

03 새로운 대화를 시작하면 사이드바에 현재 대화가 New Chat으로 추가됩니다. 첫 답변이 이뤄지면 자동으로 대화에 제목이 붙습니다.

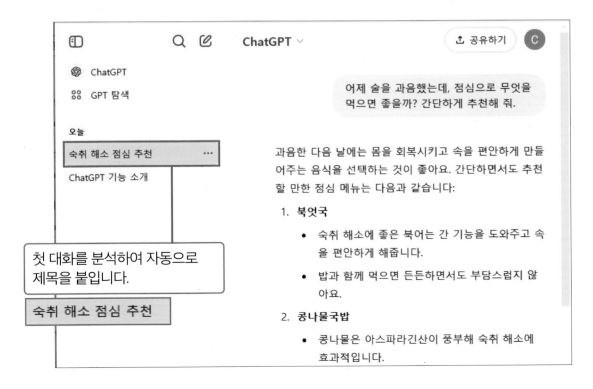

첫 대화를 분석하여 자동으로 제목을 붙입니다.

숙취 해소 점심 추천

대화 요약하기

대화가 길어져 모델의 최대 컨텍스트를 넘길 경우, 모델은 과거의 대화부터 잊기 시작합니다. 이를 방지하기 위해서는 주기적으로 새 대화를 시작하는 것이 좋습니다. 만약 새로운 대화를 시작하면서도 이전 대화의 내용을 기억하길 바란다면, 대화 전체 내용의 요약을 요청하는 것도 좋은 방법입니다.

<u>01</u> 대화 요약을 요청한 뒤 답변을 복사합니다.

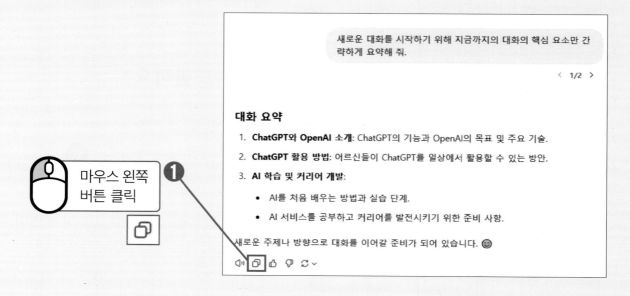

<u>02</u> 입력창에 마우스 오른쪽 버튼을 누른 뒤 [붙여넣기]를 선택하거나 [컨트롤] + [v] 키를 입력하여 복사한 내용을 붙여넣습니다. 그 후 이어서 대화할 내용을 입력하면 이전 내용을 활용하여 대화를 이어 나갈 수 있습니다.

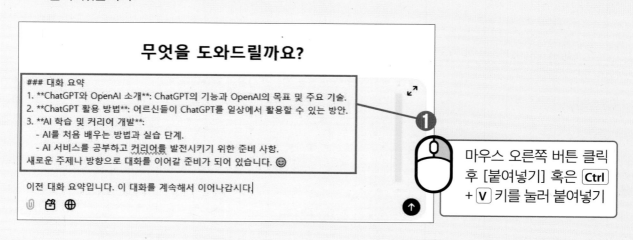

대화 기억하기

[개인 맞춤 설정]에서 [메모리]를 활용하도록 되어 있을 경우, 챗GPT가 자체적으로 내 대화 내용에 따라 내 흥미나 관심사, 대화 내용을 기억하기도 합니다. 이 경우 앞으로 이뤄지는 모든 대화에서 챗GPT는 기억한 내용을 참고하며 답변을 하게 됩니다.

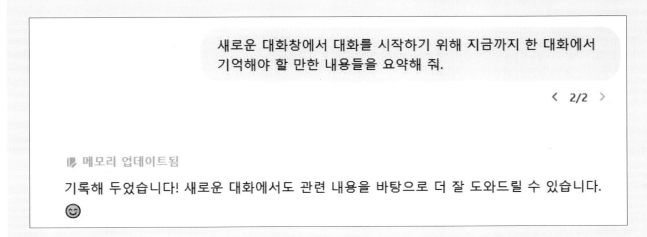

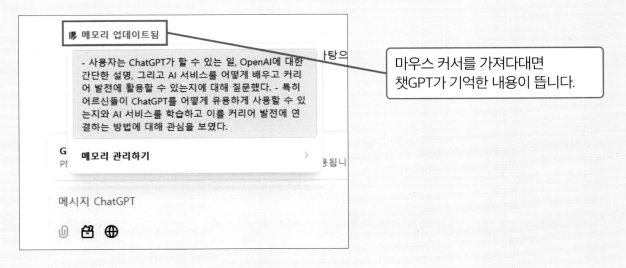

마우스 커서를 가져다대면 챗GPT가 기억한 내용이 뜹니다.

다른 답변 요청하기

챗GPT는 같은 질문에도 매번 답변이 변합니다. 여러 가지 다른 답변을 요청하는 다양한 방법을 알아봅시다.

1) 다시 시도하기

사용자의 질문에 대한 챗GPT의 답변이 만족스럽지 못할 수도 있습니다. 그럴 때는 같은 질문에 대하여 답변을 다시 요청할 수 있습니다.

01 답변 아래쪽에 '모델 바꾸기(↻ ∨)' 버튼을 클릭합니다.

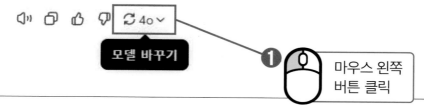

이번 주말에 읽기 좋은 책을 한 권 추천해 줘.

이번 주말에 읽기 좋은 책으로 **김훈의 『칼의 노래』**를 추천합니다.
이 책은 이순신 장군의 삶과 내면을 섬세하게 그려낸 작품으로, 역사적 사실을 바탕으로 인간적인 고뇌와 희생, 그리고 충성과 책임감을 깊이 있게 탐구합니다. 문장이 간결하면서도 강렬하여 읽는 내내 몰입감을 느낄 수 있습니다.

특히, 휴식과 사색을 원하거나 한국 역사와 문학을 좋아한다면 매우 좋은 선택이 될 거예요. 😊
혹시 다른 장르나 스타일을 원하신다면 말씀해주세요!

모델 바꾸기

❶ 마우스 왼쪽 버튼 클릭

02 모델 바꾸기 메뉴가 열립니다. 답변 모델을 교체하고 싶다면 다른 모델을 선택합니다. 단순히 다른 답변을 요청하고 싶은 것이라면 [다시 시도하기]를 클릭합니다.

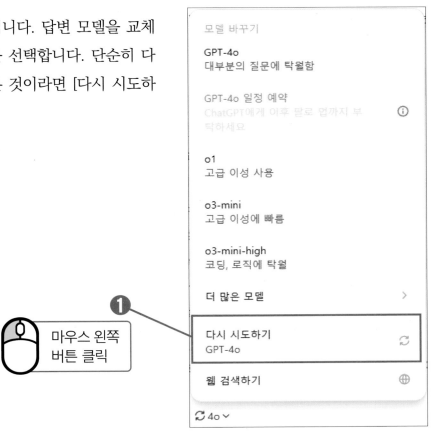

마우스 왼쪽
버튼 클릭

03 같은 질문에 대하여 다른 답변이 제공됩니다. 답변 아래에 있는 화살표(❮ 또는 ❯) 버튼을 눌러 이전 답변들을 살펴볼 수 있습니다.

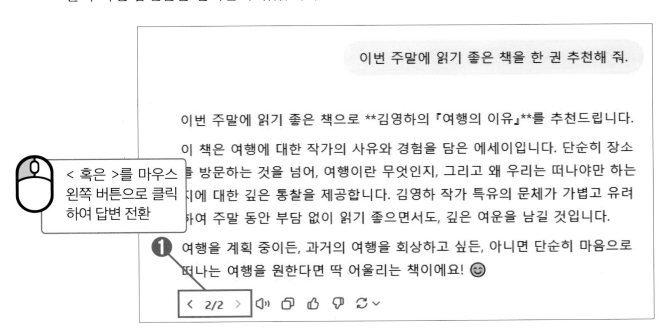

< 혹은 >를 마우스
왼쪽 버튼으로 클릭
하여 답변 전환

2) 다른 답변에서 재시작하기

대화를 계속 진행하다가 돌아와서 다른 답변을 기점으로 새로운 대화를 시작할 수도 있습니다.

01 화면을 스크롤해 원하는 부분으로 돌아와 원하는 답변을 선택합니다.

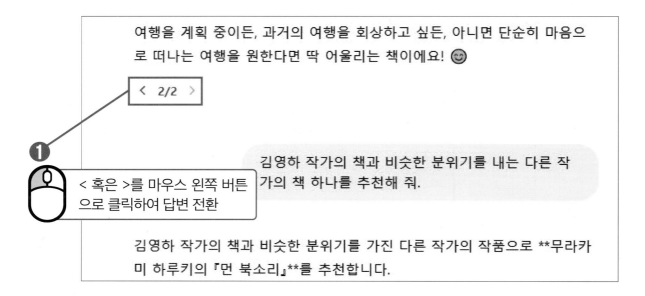

02 다른 답변을 선택하면 그때까지 나눴던 대화가 사라지고 선택한 답변에서 새로운 대화를 이어갈 수 있습니다.

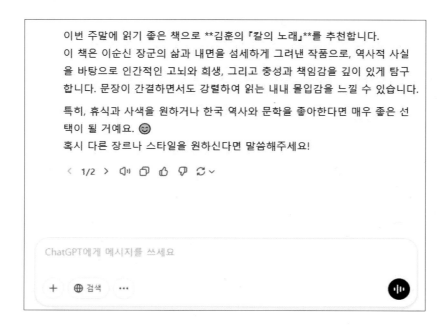

03 다른 답변에서 새로운 대화를 시작하더라도, 이전 대화는 남아 있습니다. 다른 답변을 선택한 곳으로 돌아가, 이전 답변을 선택하면 그때 나눴던 대화들이 다시 표시됩니다.

> 여행을 계획 중이든, 과거의 여행을 회상하고 싶든, 아니면 단순히 마음으로 떠나는 여행을 원한다면 딱 어울리는 책이에요! 😊
>
> ‹ 2/2 ›

> 김영하 작가의 책과 비슷한 분위기를 내는 다른 작가의 책 하나를 추천해 줘.

> 김영하 작가의 책과 비슷한 분위기를 가진 다른 작가의 작품으로 **무라카미 하루키의 『먼 북소리』**를 추천합니다.

 팁! 　**더 좋은 답변 선택하기**

챗GPT는 사용자의 피드백을 받아 계속해서 학습합니다. 질문을 입력했을 때 간혹 두 가지 답변을 제공하는 경우가 있습니다.

> 이순신을 다룬 다른 책이 있을까?
>
> ‹ 3/3 ›
>
> **ChatGPT 신규 버전에 피드백을 주고 계십니다**
> 어떤 응답이 더 마음에 드시나요? 응답을 불러오는 데 약간 시간이 걸릴 수 있습니다.
>
> **응답 1**
>
> 이순신 장군을 다룬 책들은 많습니다. 역사적 사실을 기반으로 한 작품부터 소설, 에세이까지 다양한 형태로 출간되었는데요, 아래 몇 권을 추천드립니다:
>
> **1. 『난중일기』 (이순신 저)**
> - 이순신 장군이 직접 쓴 일기입니다. 그의 일상, 전쟁 중의 고민과 결단, 가족에 대한 사랑 등이 담겨 있어 그의 인간적인 면모를 엿볼 수 있습니다. 역사적 가치가 높아 꼭 읽어볼 만한 책입니다.
>
> **2. 『명량』 (김훈 저)**
> - 김훈 작가가 『칼의 노래』와는 다른 시각에서 명량해전을 중심으로 이순신 장군의 리더십과 심리를 그려낸 작품입니다. 좀 더 서사적인 접근을 원한다면 이 책도 흥미로울 거예요.
>
> **응답 2**
>
> 이순신을 다룬 다른 책으로는 다음과 같은 작품들이 있습니다:
>
> 1. **『난중일기』** (이순신)
>   이순신 장군이 직접 쓴 일기로, 그의 일상, 전투 준비, 군사 운영, 그리고 깊은 내면의 고뇌와 가족에 대한 애정을 엿볼 수 있습니다. 역사적 기록의 생생함과 진솔함이 돋보이는 필독서입니다.
>
> 2. **『명량』** (최성현)
>   이순신 장군의 명량해전을 중심으로 그의 리더십과 전략, 그리고 인간적인 면모를 재조명한 책입니다. 전투의 치열함과 감동을 함께 느낄 수 있는 이야기입니다.
>
> 3. **『불멸의 이순신』** (유홍준)
>   이순신의 생애와 업적을 현대적인 시각에서 풀어낸 작품으로, 장군의 리더십과 역사적 의미를 더 깊이 이해할 수 있습니다.

이 경우, 스크롤을 아래로 내려서 원하는 답변을 선택해 [이 응답이 더 좋아요] 버튼을 누르면 해당 답변을 기반으로 대화를 이어갈 수 있습니다.

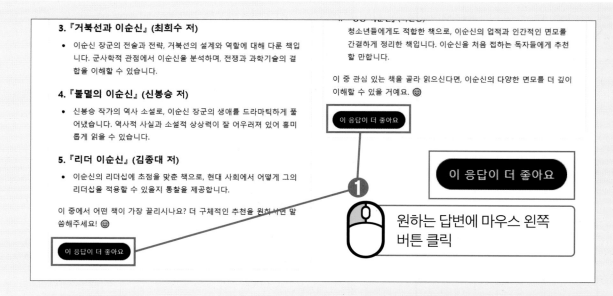

여기서 선택하지 않은 답변 또한 생성된 답변으로 취급되기에, 화살표를 통해 이동할 수 있습니다.

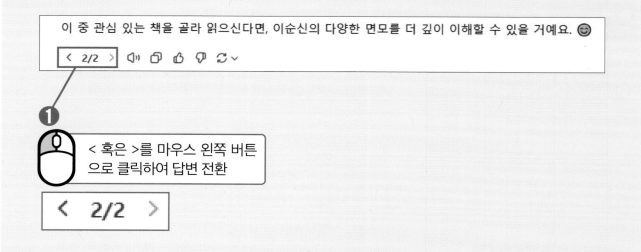

Section 05

질문 다시 쓰기

원하는 답변을 얻지 못했을 때, 단순히 추가로 질문을 하거나 다른 답변을 요구하는 것보다는, 질문을 바꿔보는 것이 효과적일 수 있습니다.

01 입력한 질문에 마우스 커서를 가져다대면 옆에 연필 모양의 '메시지 편집(✏)' 버튼이 나타납니다. 이 버튼을 클릭합니다.

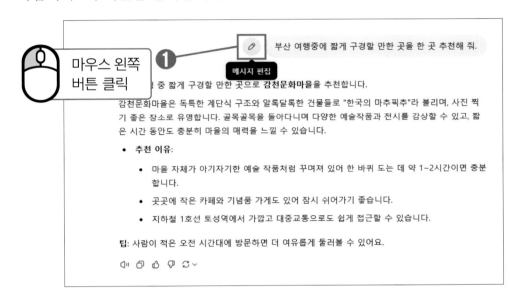

02 질문이 메시지 입력창으로 변합니다.

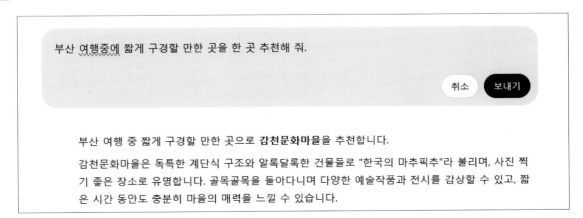

03 원하는 답변을 얻기 위해 질문을 수정하고 [보내기] 버튼을 클릭합니다.

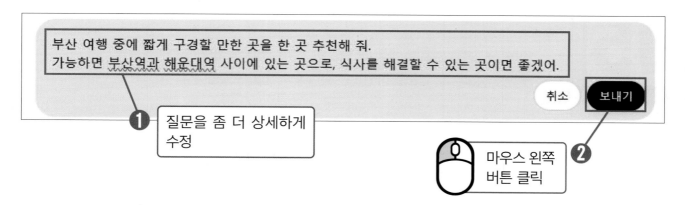

부산 여행 중에 짧게 구경할 만한 곳을 한 곳 추천해 줘.
가능하면 부산역과 해운대역 사이에 있는 곳으로, 식사를 해결할 수 있는 곳이면 좋겠어.

취소   보내기

❶ 질문을 좀 더 상세하게 수정

❷ 마우스 왼쪽 버튼 클릭

04 수정한 질문에 따라 새로운 답변이 생성됩니다.

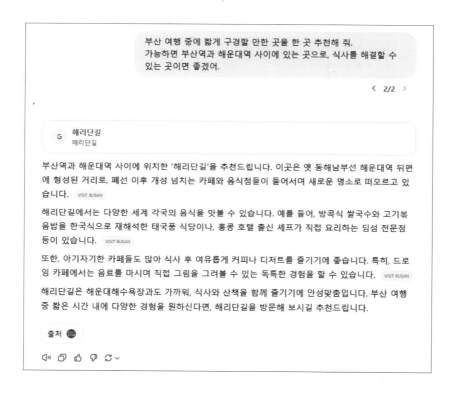

부산 여행 중에 짧게 구경할 만한 곳을 한 곳 추천해 줘.
가능하면 부산역과 해운대역 사이에 있는 곳으로, 식사를 해결할 수 있는 곳이면 좋겠어.

‹ 2/2 ›

G 해리단길
해리단길

부산역과 해운대역 사이에 위치한 '해리단길'을 추천드립니다. 이곳은 옛 동해남부선 해운대역 뒤편에 형성된 거리로, 폐선 이후 개성 넘치는 카페와 음식점들이 들어서며 새로운 명소로 떠오르고 있습니다. VISIT BUSAN

해리단길에서는 다양한 세계 각국의 음식을 맛볼 수 있습니다. 예를 들어, 방콕식 쌀국수와 고기볶음밥을 한국식으로 재해석한 태국풍 식당이나, 홍콩 호텔 출신 셰프가 직접 요리하는 딤섬 전문점 등이 있습니다. VISIT BUSAN

또한, 아기자기한 카페들도 많아 식사 후 여유롭게 커피나 디저트를 즐기기에 좋습니다. 특히, 드로잉 카페에서는 음료를 마시며 직접 그림을 그려볼 수 있는 독특한 경험을 할 수 있습니다. VISIT BUSAN

해리단길은 해운대해수욕장과도 가까워, 식사와 산책을 함께 즐기기에 안성맞춤입니다. 부산 여행 중 짧은 시간 내에 다양한 경험을 원하신다면, 해리단길을 방문해 보시길 추천드립니다.

출처 🌐

05 다른 답변 요청하기와 마찬가지로, 질문 아래에 생긴 화살표를 클릭하면 다른 질문과 그에 따른 답변을 여전히 살펴볼 수 있습니다.

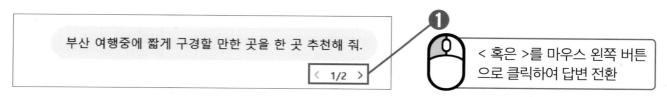

부산 여행중에 짧게 구경할 만한 곳을 한 곳 추천해 줘.

‹ 1/2 ›

❶ ‹ 혹은 ›를 마우스 왼쪽 버튼으로 클릭하여 답변 전환

파일 업로드해서 대화하기

사용자는 챗GPT에 다양한 파일을 업로드하여 인식시키고 이에 대한 대화를 나눌 수 있습니다.

1) 파일 업로드하기

챗GPT에 파일을 업로드하는 방법을 알아보겠습니다.

01 메시지 입력창 아래에 있는 더하기 모양의 '파일 업로드 및 기타(+)' 버튼을 클릭합니다.

02 아래와 같은 메뉴가 열립니다. [컴퓨터에서 업로드]를 클릭합니다.

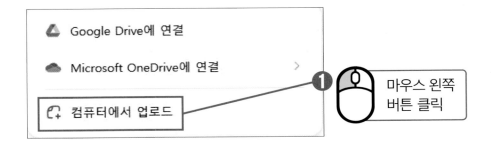

3장 기본적인 대화 방법 익히기 / 93

03 '열기' 창이 열리면 업로드할 파일을 찾아서 선택한 후, [열기] 버튼을 클릭합니다.

04 업로드한 파일들이 메시지 입력창 위에 추가됩니다.

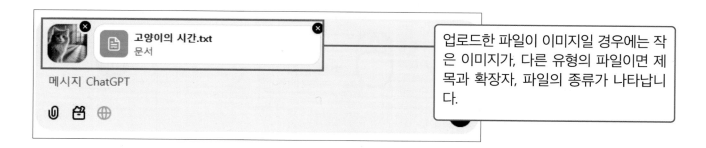

업로드한 파일이 이미지일 경우에는 작은 이미지가, 다른 유형의 파일이면 제목과 확장자, 파일의 종류가 나타납니다.

05 업로드한 파일을 사용하여 진행할 작업을 지시합니다.

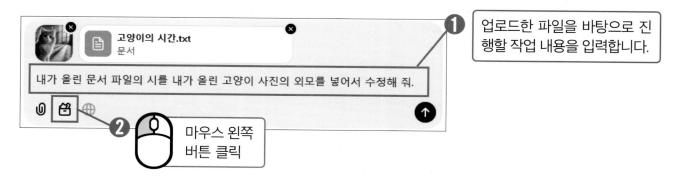

업로드한 파일을 바탕으로 진행할 작업 내용을 입력합니다.

06 업로드한 이미지와 문서를 챗GPT가 인식하여 작업을 수행했습니다.

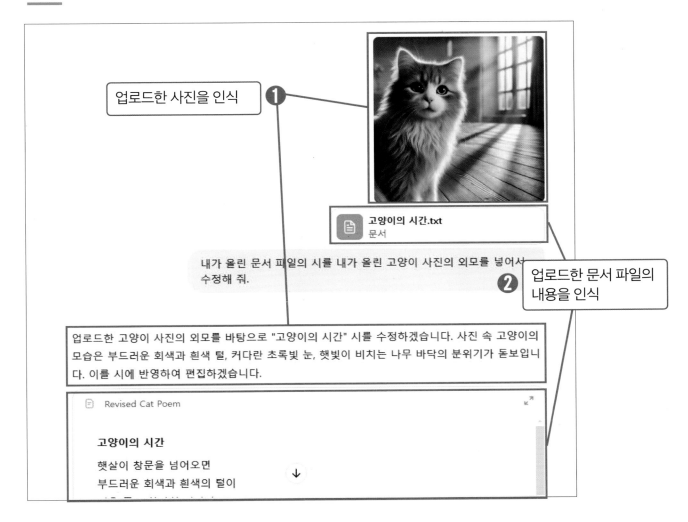

업로드한 사진을 인식 **①**

고양이의 시간.txt
문서

내가 올린 문서 파일의 시를 내가 올린 고양이 사진의 외모를 넣어서
수정해 줘. **②**

업로드한 문서 파일의
내용을 인식

업로드한 고양이 사진의 외모를 바탕으로 "고양이의 시간" 시를 수정하겠습니다. 사진 속 고양이의 모습은 부드러운 회색과 흰색 털, 커다란 초록빛 눈, 햇빛이 비치는 나무 바닥의 분위기가 돋보입니다. 이를 시에 반영하여 편집하겠습니다.

Revised Cat Poem

고양이의 시간

햇살이 창문을 넘어오면
부드러운 회색과 흰색의 털이

07 업로드한 원본 문서 파일과 챗GPT가 수정한 내용을 비교해봅시다. 빨간 글씨로 표시된 부분을 보면 AI가 사진을 분석해서 고양이의 외모를 정확하게 인식했으며, 이를 바탕으로 문서 파일의 내용을 수정했음을 볼 수 있습니다.

🖥️ [고양이의 시간.txt] 원본 내용

고양이의 시간

햇살이 창문을 넘어오면
고양이는 몸을 펴고 꿈결을 흔든다.
길쭉한 꼬리가 공기 속에 문장을 그리며
묵묵히 세계를 관찰한다.

고요 속에서만 들리는
그들의 속삭임을 너는 아는가?
발끝 소리조차 없는 발자국이
마루 위에 물결처럼 퍼질 때,
그건 고양이의 비밀 언어다.

밤이 오면 별빛을 삼키고
황금 눈이 불을 밝힌다.
어둠 속에서도 빛나는 존재로
그들은 세상의 경계를 걷는다.

사냥꾼처럼 날렵하지만,
털 한올에 담긴 온기로
네 품에서 또다시 어린아이처럼 잠드는
이 묘한 생명체.

고양이는 단지 고양이가 아니다.
그것은 바람이고, 꿈이고,
어쩌면 우리 마음속
잊혀진 자유의 잔상일지도.

고양이의 시간

햇살이 창문을 넘어오면
부드러운 회색과 흰색의 털이
빛을 품고 찬란히 빛난다.
길쭉한 꼬리가 공기 속에 문장을 그리며
묵묵히 세계를 관찰한다.

초록빛 눈동자에 담긴 고요 속에서만 들리는
그들의 속삭임을 너는 아는가?
발끝 소리조차 없는 발자국이
햇살 내려앉은 나무 바닥 위에 물결처럼 퍼질 때,
그건 고양이의 비밀 언어다.

밤이 오면 별빛을 삼키고
황금빛 대신 초록 불빛이 빛난다.
어둠 속에서도 빛나는 존재로
그들은 세상의 경계를 걷는다.

사냥꾼처럼 날렵하지만,
부드러운 털끝에 담긴 온기로
네 품에서 또다시 어린아이처럼 잠드는
이 묘한 생명체.

고양이는 단지 고양이가 아니다.
그것은 바람이고, 꿈이고,
어쩌면 우리 마음속
잊혀진 자유의 잔상일지도.

폴더에서 파일을 클릭한 채 드래그해서 챗GPT로 끌어오면 더 간편하게 업로드가 가능합니다.

2) 다운로드할 수 있는 파일 요청하기

챗GPT에 파일을 업로드할 수 있을 뿐만 아니라 챗GPT가 만든 파일을 다운로드할 수도 있습니다. 챗GPT는 자체적으로 기본적인 파일, 문서 변환과 작성 기능을 가지고 있습니다.

01 특정 유형의 파일을 만들어 다운로드할 수 있는 링크를 제공해달라고 지시합니다.

> 수정한 시의 첫머리에 사진을 넣어서 워드 파일로 만들어 다운로드할 수 있게 해 주세요.

02 챗GPT가 다운로드 링크를 제공합니다. 링크를 클릭하면 파일이 다운로드됩니다.

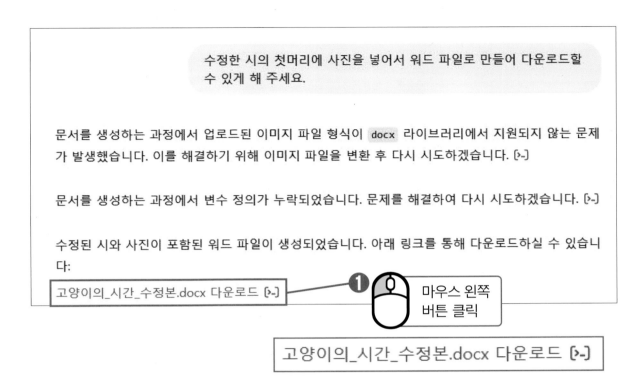

수정한 시의 첫머리에 사진을 넣어서 워드 파일로 만들어 다운로드할 수 있게 해 주세요.

문서를 생성하는 과정에서 업로드된 이미지 파일 형식이 docx 라이브러리에서 지원되지 않는 문제가 발생했습니다. 이를 해결하기 위해 이미지 파일을 변환 후 다시 시도하겠습니다. [>-]

문서를 생성하는 과정에서 변수 정의가 누락되었습니다. 문제를 해결하여 다시 시도하겠습니다. [>-]

수정된 시와 사진이 포함된 워드 파일이 생성되었습니다. 아래 링크를 통해 다운로드하실 수 있습니다:

고양이의_시간_수정본.docx 다운로드 [>-]

① 마우스 왼쪽 버튼 클릭

고양이의_시간_수정본.docx 다운로드 [>-]

03 다운로드 폴더에 파일이 저장됩니다.

04 다운로드된 파일을 실행하면 지시한 대로 파일이 생성되었음을 확인할 수 있습니다.

 팁! **챗GPT가 인식할 수 있는 파일 확장자**

챗GPT는 세계적으로 많이 사용되는 대부분의 파일들을 인식할 수 있지만, 주로 한국에서만 사용하는 문서 파일인 한글 문서(hwp)는 인식할 수 없습니다. 한글 문서 내용을 인식시키기 위해서는 한글 파일을 hwp 파일이 아니라 워드 파일(doc)이나 PDF 파일로 저장하거나 변환해서 업로드해야 합니다.
다음은 챗GPT가 인식할 수 있는 파일 종류와 확장자입니다.

- **텍스트 및 문서 파일:** txt, md, rtf, docx, xlsx, pptx, odt, ods, odp, pdf, csv, json, xml, html, htm
- **스프레드시트 및 데이터 파일:** xlsx, xlsm, csv, tsv, parquet, h5, hdf5, sqlite, db
- **이미지 파일:** png, jpg, jpeg, bmp, tiff, svg, webp, gif
- **오디오 및 비디오 파일:** mp3, wav, aac, mp4, avi, mkv, mov, webm
- **압축 파일:** zip, tar, gz, 7z, rar
- **프로그래밍 및 데이터 분석 파일:** py, ipynb, r, rmd, m, yaml, yml, ini
- **기타 파일:** log, md

모델에 따라 인식할 수 있는 파일의 종류가 다를 수 있습니다. 예를 들어 o1 모델은 이미지 파일만을 인식할 수 있습니다.

3) 스마트폰으로 사진 업로드하기

스마트폰으로 챗GPT를 사용할 때는 스마트폰으로 찍은 사진을 바로 챗GPT에 업로드하여 대화를 할 수 있습니다.

01 스마트폰 버전 챗GPT 메시지 입력창 옆에 + 버튼을 터치하면 사진과 파일을 업로드할 수 있는 메뉴가 나타납니다. 이 중에서 카메라(📷) 메뉴를 터치합니다.

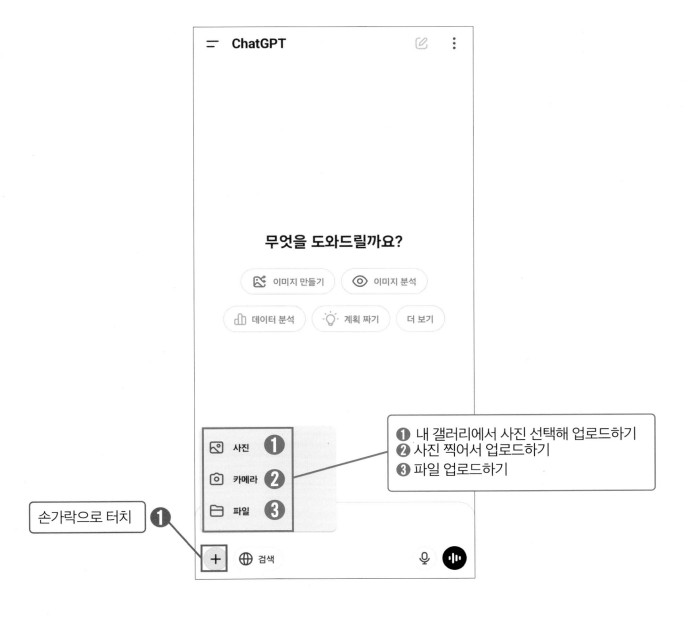

02 다음과 같은 창이 뜨면 [계속]과 [앱 사용 중에만 허용]을 눌러 사진 촬영과 갤러리 접근을 허가합니다.

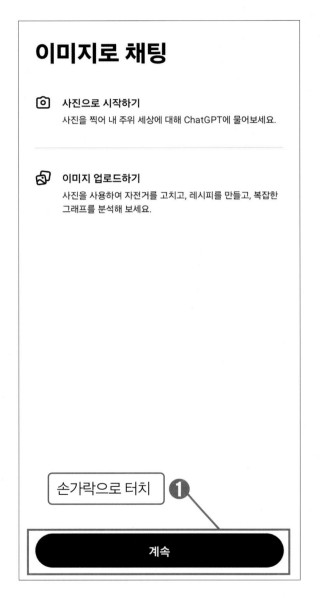

03 사진을 촬영하면 입력창에 업로드됩니다. 사진을 바탕으로 한 질문을 입력합니다.

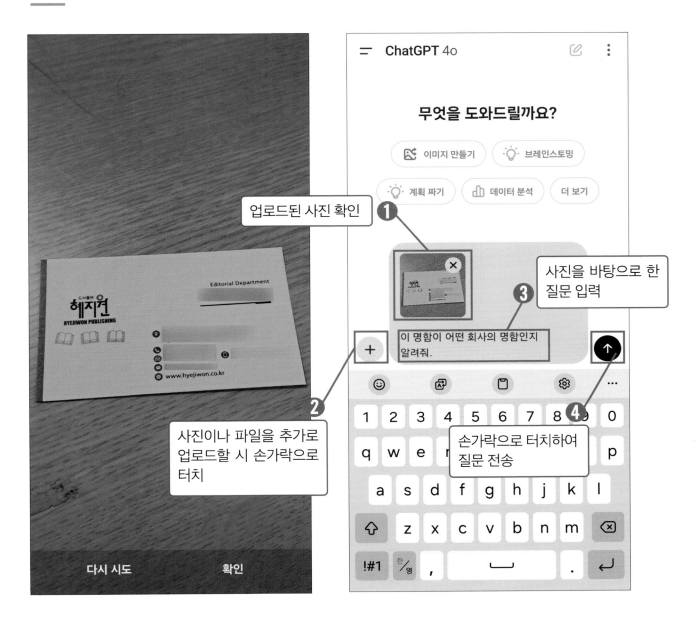

업로드된 사진 확인

사진을 바탕으로 한 질문 입력

사진이나 파일을 추가로 업로드할 시 손가락으로 터치

손가락으로 터치하여 질문 전송

04 챗GPT가 사진을 분석하여 답변합니다.

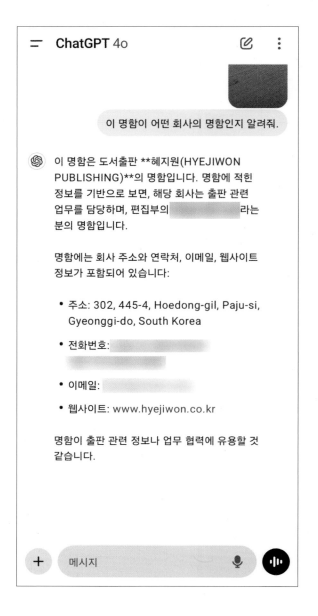

05 사진 촬영과 업로드를 사용하면 다음과 같이 다양한 상황에서 챗GPT에게 바로 질문이 가능합니다.

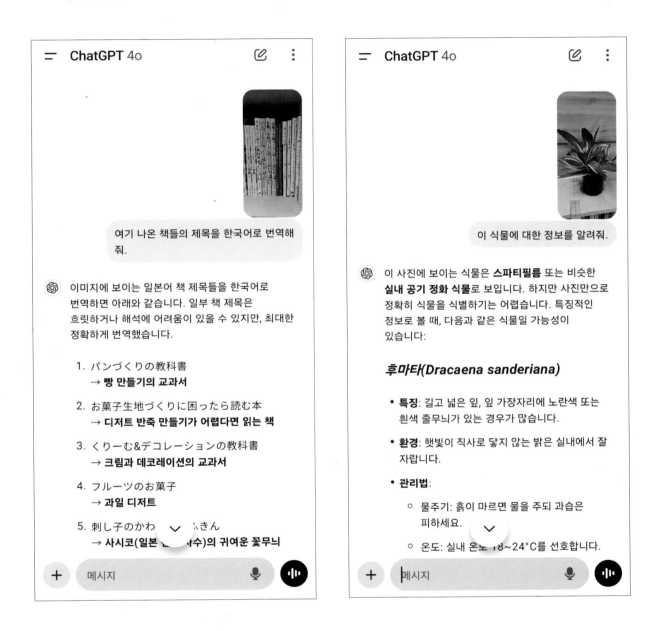

무료 플랜 사용자는 사진이나 파일을 분석하는 '데이터 분석' 작업 한도가 금방 소진됩니다. 이 기능을 자주 사용한다면 Plus 플랜 가입을 고려해보시는 것이 좋습니다.

음성으로 대화하기

챗GPT의 '고급 음성 모드'는 음성으로 대화를 나누면서 실시간으로 챗GPT와 대화하는 기능입니다. 마이크와 스피커가 있으면 컴퓨터로도 가능하지만, 여기선 일상에서 더 쉽게 사용할 수 있는 스마트폰 버전의 사용법을 소개하겠습니다.

1) 고급 음성 모드 시작하기

'고급 음성 모드'를 실행하는 방법을 알아보겠습니다.

01 챗GPT 첫 화면에서 메시지 입력창 옆에 있는 '음성 모드 사용(◖◗)' 버튼을 터치합니다.

02 고급 음성 모드 안내가 나오면 [계속] 버튼을 터치하고, 챗GPT에서 음성 녹음 기능을 사용 가능하도록 [앱 사용 중에만 허용]을 터치합니다.

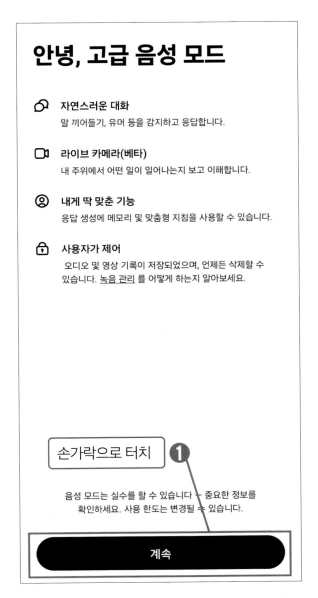

03 다양한 성격과 목소리를 가진 음성이 제공됩니다. 화면을 양 옆으로 밀어 마음에 드는 음성을 골라 [완료] 버튼으로 선택합니다.

04 고급 음성 모드가 실행되었습니다. 음성으로 대화를 나누며 챗GPT를 사용할 수 있습니다. 챗GPT는 사용자의 음성을 실시간으로 인식하고, 선택한 음성을 사용해 대답합니다. 오른쪽 상단 '음성 선택( )' 버튼을 터치하면 언제든 음성을 교체할 수 있습니다.

 참고!

대화를 시작하면 챗GPT가 영어로 대답을 할 수도 있습니다. 그럴 때는 당황하지 말고 "한국어로 이야기해 줘."라고 요청하세요.

참고!

음성 모드는 실제 대화처럼 짧은 응답을 실시간으로 제공하는 것을 목표로 하기에 대답이 일반 대화와는 차이가 납니다. 또한 각 음성마다 지정된 성격이 있어, 그에 맞춘 대답을 합니다. 길고 상세한 대화를 원한다면 음성 모드보다는 일반 채팅을 사용하는 게 좋습니다.

2) 카메라를 사용하며 실시간 대화하기

고급 음성 모드 사용 중에는 사진을 촬영하거나 업로드하여 대화하는 것뿐만 아니라, 영상을 촬영하며 실시간으로 소통하는 '라이브 카메라' 모드를 사용할 수 있습니다.

01 고급 음성 모드 사용 중 화면 하단의 카메라 모양 버튼을 터치합니다.

02 카메라로 촬영 중인 영상이 화면 중앙에 표시됩니다.

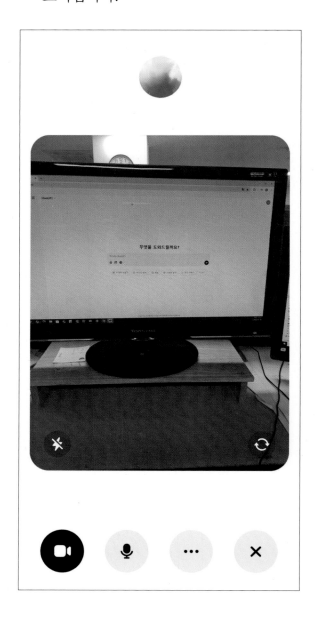

03 이 상태에서 카메라에 보이는 대상에 대하여 대화를 나눌 수 있습니다. 음성 채팅을 종료하면 음성으로 나눈 대화의 대화록이 남습니다.

❶ 손가락으로 터치하여 음성 채팅 종료

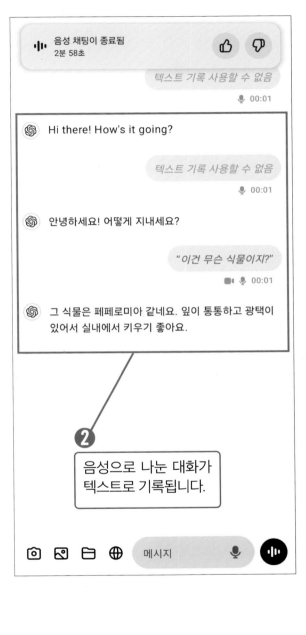

❷ 음성으로 나눈 대화가 텍스트로 기록됩니다.

일반 채팅 중에도 메시지 창 옆에 있는 마이크 모양 버튼을 클릭하면 음성 입력으로 메시지를 입력할 수 있습니다.

3) 화면 공유하며 대화하기

카메라로 찍는 영상만이 아니라 스마트폰으로 보고 있는 화면 자체를 챗GPT가 인식해서 대화를 할 수 있습니다.

01 음성 모드에 들어간 후, '상세 메뉴(···)' 버튼을 터치하고 [화면 공유]를 터치합니다. 'ChatGPT으로 녹화 또는 전송을 시작하시겠습니까?'라는 메시지가 뜨면 [시작하기]를 터치합니다.

02 '화면 공유 중'이라는 화면이 뜹니다. 이 상태에서는 스마트폰 상단 상태 표시줄에 챗GPT 마크가 표시됩니다.

챗GPT가 화면을 공유하고 있다는 표시입니다.

03 이 상태에서 홈 화면으로 돌아온 뒤, 다른 작업을 하면서 실시간으로 음성 대화를 나눌 수 있습니다. 챗GPT는 내 화면에 보이는 것을 실시간으로 인식해서 대답할 수 있습니다.

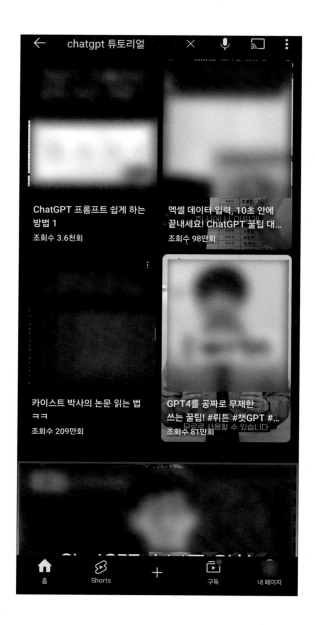

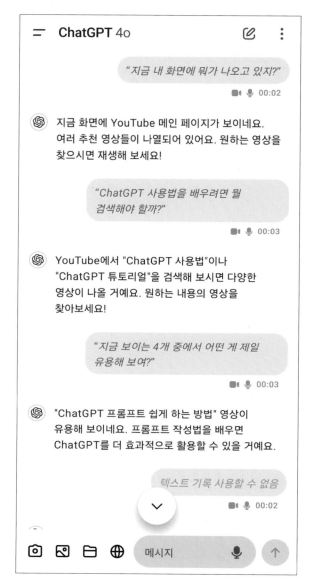

대화 목록 관리하기

챗GPT와 나눈 과거 대화들을 관리하는 법에 대해 알아보겠습니다.

챗GPT와 나눈 대화들은 삭제하지 않으면 모두 남아 있어서 언제든 다시 볼 수 있습니다. 이는 사이드바에 목록 형식으로 남습니다.

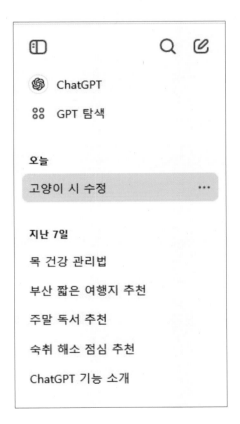

사이드바에서 이전 대화를 선택하면 언제든 그 대화를 다시 보고 이어서 이야기할 수 있습니다.

이전에 나눈 모든 대화가 남아 있기 때문에 사이드바가 너무 길어지면 정작 필요한 대화를 찾기 어려워질 수 있습니다. 이런 대화들을 좀 더 효율적으로 저장하고 관리하는 방법을 알아보겠습니다.

1) 대화를 아카이브에 보관하기

더 이상 사용하지 않는 대화를 별도의 저장 공간인 '아카이브'에 옮길 수 있습니다. 아카이브에 보관된 대화는 사이드바에서 사라지지만, 언제든 다시 불러올 수 있습니다.

01 사이드바에 등록된 대화 옆에 '옵션(•••)' 버튼을 클릭하면 메뉴가 열립니다. [아카이브에 보관]을 클릭합니다.

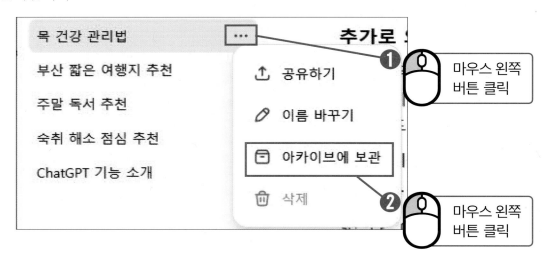

02 아카이브에 보관한 대화가 사이드바에서 사라집니다.

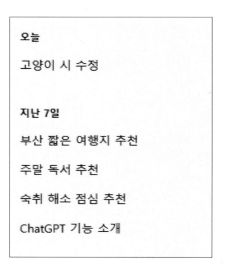

03 화면 오른쪽 상단 프로필 이미지를 클릭하여 메뉴를 연 뒤 [설정]을 클릭합니다.

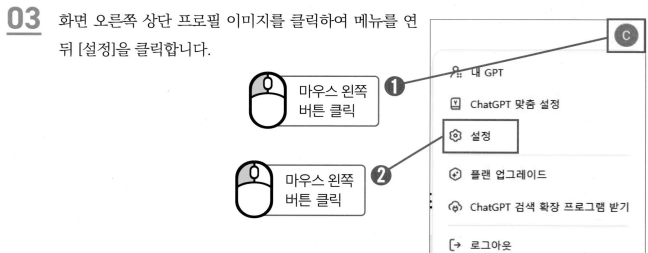

04 설정창이 열리면 [일반] 탭에서 '아카이브에 보관된 채팅'의 [관리] 버튼을 클릭합니다.

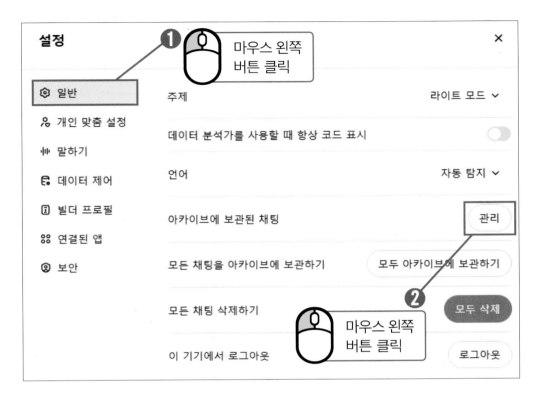

05 아카이브에 보관된 채팅을 확인할 수 있습니다. 채팅을 확인하거나, 아카이브 보관을 취소하거나, 삭제할 수 있습니다.

설정에서 '모든 채팅 삭제하기'를 실행할 경우, 아카이브에 저장된 채팅까지 모두 삭제되니 주의해야 합니다.

2) 대화 이름 바꾸기

챗GPT는 첫 질문과 답변에 따라 대화에 자동으로 제목을 붙입니다. 이 제목은 자동으로 갱신되지 않기 때문에, 긴 대화를 관리하기 쉽게 하기 위해서는 새로 적절한 제목을 붙일 필요가 있습니다.

01 '옵션(•••)' 버튼을 클릭하여 메뉴를 열고 [이름 바꾸기]를 클릭합니다.

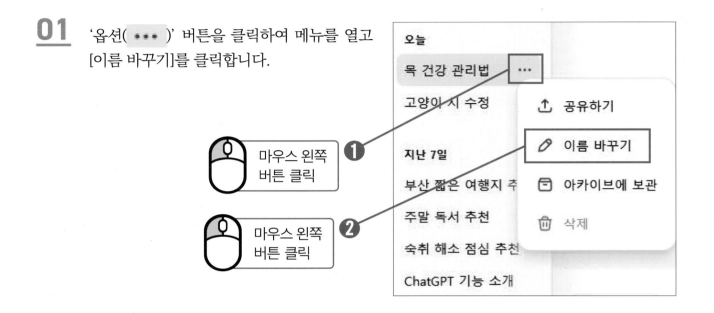

02 대화 제목이 입력창으로 바뀝니다. 원하는 새로운 이름을 입력하고 [Enter] 키를 누릅니다.

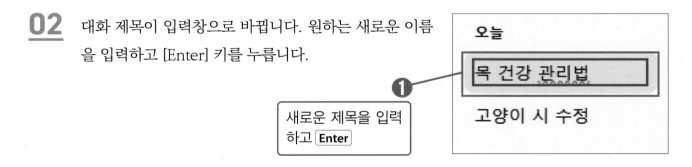

03 대화의 이름이 바뀌었습니다.

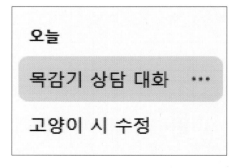

3) 대화 삭제하기

더 이상 확인하지 않는 대화를 완전히 삭제하는 방법을 알아보겠습니다.

01 '옵션(•••)' 버튼을 클릭하여 메뉴를 열고
[삭제]를 클릭합니다.

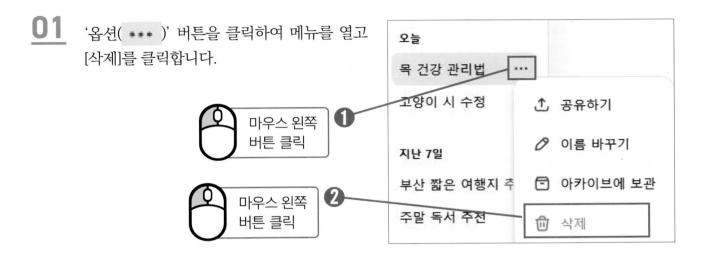

02 대화를 정말로 삭제할 것인지 확인하는 창이 나옵니다. [삭제] 버튼을 클릭합니다.

03 대화가 완전히 삭제되었습니다.

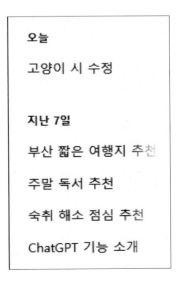

Section 09

대화 공유하기

챗GPT에서 나눈 대화를 다른 사람에게 공유하는 방법을 알아보겠습니다.

<u>01</u> '옵션(•••)' 버튼을 클릭하여 메뉴를 열고 [공유하기]를 클릭합니다.

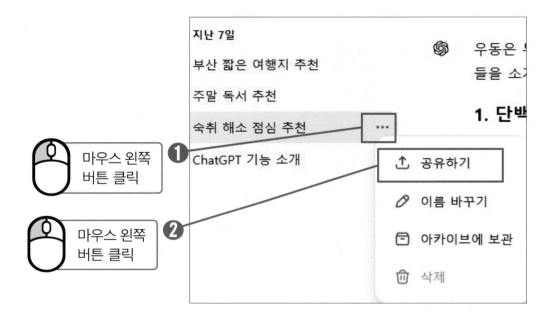

<u>02</u> '채팅의 공개 링크 공유' 창이 뜹니다. [링크 만들기] 버튼을 클릭합니다.

03 링크 주소가 생성됩니다. [링크 복사하기]를 클릭하면 대화의 주소를 복사해 다른 곳에 올리거나 전달할 수 있습니다.

04 복사한 링크로 접속하면 공유된 대화의 사본이 나타납니다. 공유받은 사람은 이 대화를 계속 이어갈 수 있습니다.

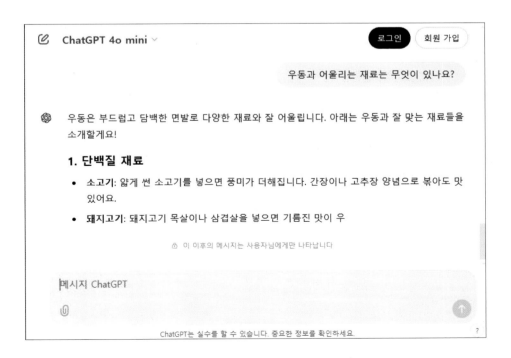

Section 10

더 좋은 답을 얻기

챗GPT에서 더 좋은 답을 얻기 위한 다양한 테크닉들을 알아봅시다.

챗GPT는 사용자가 입력한 내용을 바탕으로 답변을 작성합니다. 따라서 좋은 답을 얻기 위해서는 답변하기 좋은 질문이나 요구를 해야만 합니다. 이렇게 'AI가 이해하기 쉽고, 더 좋은 답변을 하는 명령어를 작성하는 기술'을 '프롬프트 엔지니어링'이라고 합니다.

챗GPT는 고급 모델의 사용량이 사용자마다 정해져 있으며, 무료 사용 시에는 이 제한이 더 큽니다. 좋은 질문으로 만족할 만한 답변을 얻는 프롬프트 작성 요령을 안다면, 제한된 사용량을 더 효율적으로 사용할 수 있습니다.

이 부분은 챗GPT를 더 잘 사용하기 위한 요령을 알려드리는 부분입니다. 내용이 어렵다면 다른 부분을 먼저 따라해 보신 후에 참고해보세요.

1] 기본적인 요령

❶ 명확하고 구체적인 명령 작성하기

질문이 명확하지 않거나 지나치게 포괄적이면, 챗GPT는 방향을 잡기 어려워 일반적이고 덜 유용한 답변을 제공할 가능성이 높습니다. 반면, 구체적이고 세부적인 요구 사항을 포함하면 원하는 정보를 빠르게 얻을 수 있습니다.

나쁜 질문 예시	"영어 잘하려면 어떻게 해?"
좋은 질문 예시	"비즈니스 영어 프레젠테이션 능력을 향상시키기 위한 효과적인 학습 방법은 무엇인가요?"

❷ 맥락 제공하기

챗GPT는 배경 정보를 바탕으로 사용자에게 더 도움이 되는 맞춤형 정보를 제공하고자 합니다. 그렇기 때문에 질문의 맥락을 이해할 수 있는 정보를 제공한다면 더 유용한 답변을 제공합니다.

나쁜 질문 예시	"요리법 알려줘."
좋은 질문 예시	"당질 제한 다이어트를 하는 중입니다. 저를 위해 하루 1,500칼로리 이하로 섭취할 수 있는 저탄수화물 스파게티 요리법을 알려주세요."

❸ 목표를 명확히 하기

질문에 포함된 목표가 명확할수록 챗GPT는 그에 맞는 답변을 제공합니다. 사용자가 무엇을 원하는지 분명히 해야 합니다.

나쁜 질문 예시	"운동 루틴 추천해줘."
좋은 질문 예시	"주 3회 30분씩 운동할 수 있는 초보자를 위한 근력 운동 루틴을 알려주세요."

❹ 형식 및 출력 형태 요청하기

원하는 답변의 형식을 지정하면 더 유용하게 활용할 수 있는 답변을 제공해줍니다. 특히 챗GPT는 표나 그래프를 그릴 수 있기 때문에 데이터 분석을 요구할 경우, 그 결과를 시각적으로 제공해줄 수 있습니다.

나쁜 질문 예시	"설명 좀 해봐."
좋은 질문 예시	"이 정보를 표로 정리해주세요."

❺ 예제나 기준 제시하기

답변의 스타일, 수준, 또는 방향성을 제시하면 챗GPT가 기대에 부합하는 답변을 제공할 가능성이 높아집니다.

나쁜 질문 예시	"알아서 잘 써줘."
좋은 질문 예시	"중학생 수준으로 기술적 용어를 간단히 풀어서 설명해주세요."

❻ 제한 조건 또는 범위 설정하기

제한 조건이 없으면 답변이 너무 광범위하거나 필요 이상으로 길어질 수 있습니다. 제한을 명시하면 원하는 분량이나 형식에 맞춰 제공됩니다.

나쁜 질문 예시	"더 설명해 봐."
좋은 질문 예시	"100자 이내로 간단히 설명해주세요."

❼ 질문 분할하기

복잡한 질문은 여러 개의 작은 질문으로 나누어 더 체계적이고 구체적인 답변을 받을 수 있습니다.

나쁜 질문 예시	"새로 살 스마트폰을 추천해줘."
좋은 질문 예시	"스마트폰을 새로 사고자 해. 1. 안드로이드폰과 아이폰 중 뭐가 좋을까? 2. 2022년 이후 출시된 모델 중 추천할 만한 게 있을까?"

❽ 추가 작업 요청하기

처음 답변이 만족스럽지 않을 경우, 추가 작업 요청을 통해 더 나은 답변을 받을 수 있습니다. 추가 요청은 명확하고 구체적으로 작성해야 합니다.

나쁜 질문 예시	"더 알려줘."
좋은 질문 예시	"이 내용을 더 간단하게 요약하고, 실제 사례를 소개해주세요."

❾ 피드백 제공하기

답변이 만족스럽지 않을 경우, 피드백을 제공하면 챗GPT가 답변을 수정하거나 보완하도록 할 수 있습니다.

나쁜 질문 예시	"다시 써 줘."
좋은 질문 예시	"한국의 사정에 맞는 좀 더 깊이 있는 답변을 원해요."

⑩ 도구 활용 요청하기

챗GPT는 텍스트 답변 외에도 검색, 코드 작성, 그래프 생성 등 다양한 도구를 활용할 수 있습니다. 도구 사용에 대한 명확한 요청을 전달하세요.

2) 답변을 개선하는 고급 기법

챗GPT 사용자들 사이에서 간단하게 답변의 질을 개선시키는 걸로 알려진 기법이 몇 가지 존재합니다. 이러한 기법 몇 가지를 소개해 드리겠습니다.

❶ 생각의 사슬 (CoT, Chain of Thought) 기법

'생각의 사슬'이란 복잡한 문제를 단계적으로 해결하기 위해 논리적 사고의 흐름을 서술하도록 하는 기법입니다. 이 기법은 인간의 사고 과정을 모방하여 순차적으로 문제를 해결해 최종적인 결론을 내리게 합니다. 이 기법은 특히 논리적 사고나 수학적 계산이 필요한 질문에서 유용하며, 주어진 근거에 따라 사고하기 때문에 질문에 어긋나는 답변이 나올 가능성도 줄여 줍니다. CoT를 적용하기 위해서는 아래와 같은 문구를 질문에 덧붙이면 됩니다.

> · 이 문제를 단계별로 해결해주세요.
>
> · 사고 과정을 자세히 서술하며 답변해주세요.
>
> · 생각의 흐름에 따라 단계적으로 질문을 분석하고 답을 제시해주세요.
>
> · CoT 기법에 사용하여 답변해주세요.

CoT를 적용한 질문은 다음과 같이 작성할 수 있습니다.

50대 남성이 건강 관리를 위해 런닝을 하려 할 때, 주의해야 할 점과 준비해야 할 것들이 무엇이 있는지 **단계적으로 분석하여 사고과정을 간단히 해설하며 답변해주세요.**

o1 모델과 o3-mini 모델의 경우, 각 답변 위에 다음 이미지처럼 추론 시간과 과정이 표시됩니다. 그 부분을 클릭하면 어떠한 과정을 거쳐 답변을 생각했는지에 대한 간략한 설명이 영어로 표시됩니다.

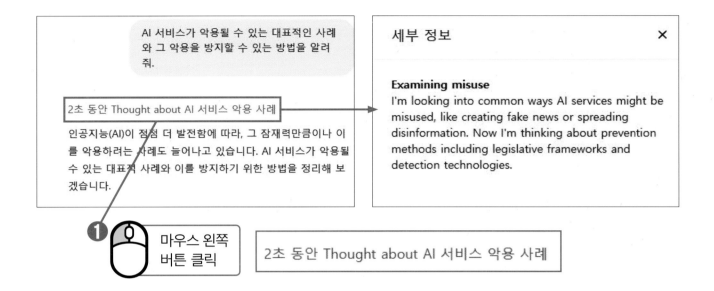

❷ 역할(Role) 부여하기

명령어를 통해 AI에게 특정한 역할(예시: 직업, 어떠한 분야의 전문가, 실제 인물이나 가공의 인물)을 부여하여, 해당 역할의 입장에서 대답하도록 하는 기법입니다. 이 기법은 AI에게 특정한 역할이나 관점을 부여하여 사용자가 기대하는 스타일, 전문성, 또는 맥락에 맞는 응답을 생성하도록 유도할 수 있습니다.

좀 더 나아가 AI의 말투나 성격, 응대 스타일 등을 지정할 수도 있습니다. 아래는 예시입니다.

🖥️ 사용자 입력문

당신은 광고 회사에서 오랜 경력을 쌓은 40대 베테랑 기획자이자 두 아이의 아버지입니다. 2025년 신년 행사를 위한 이벤트를 기획하고자 합니다. 2025년 뱀띠 해를 맞아 뱀과 관련된 기획 아이디어를 내고, 이를 자신의 아이들에게 직접 들려주는 것처럼 설명해보세요.

기획 아이디어: "행운의 뱀을 찾아라! – 2025년 신년 스페셜 이벤트"

"얘들아, 아빠가 올해 정말 재밌는 신년 행사를 준비했어! 올해가 뱀띠 해잖아. 그래서 뱀을 주제로 사람들이 다 같이 즐길 수 있는 이벤트를 기획했단다. 들어볼래?"

1. 이벤트 제목
"행운의 뱀을 찾아라!"

2. 주요 콘셉트
"뱀은 예로부터 지혜와 행운을 상징했거든. 그래서 이번 신년에는 사람들이 '행운의 뱀'을 찾으면서 새로운 한 해를 시작할 수 있게 해주는 거야!"

3. 프로그램
1. 행운의 뱀 찾기 게임
"사람들이 큰 마당 같은 데서 뱀 모양으로 꾸며진 물건들을 찾는 게임이야. 숨겨진 뱀들 중에 특별한 색깔이나 문양이 있는 뱀을 찾으면 큰 선물을 받을 수 있어!"

2. 뱀과 함께하는 지혜의 미로
"미로 속에서 여러 가지 퀴즈를 풀어야 탈출할 수 있는 거야. 뱀과 관련된 역사, 문화, 동화 같은 문제도 나오고, 다 풀면 출구로 나갈 수 있지."

3. 뱀띠 퍼레이드
"뱀 모양 풍선, 탈, 그리고 멋진 퍼포먼스를 하는 퍼레이드야. 사람들이 다 같이 행운의 춤을 추며 새해를 축하하는 거지."

4. 뱀띠 소원 트리
"아이들이랑 어른들이 소원을 적어서 뱀 모양의 장식에 걸어놓는 거야. 새해 첫날에는 이 소원을 하늘로 날려 보내는 행사도 할 거야!"

4. 현장 구성
- 뱀을 주제로 꾸며진 포토존: "사람들이 뱀띠 해를 기념하면서 사진을 찍을 수 있는 곳이야. 진짜 뱀

처럼 보이는 대형 조형물도 만들 거야!"
- 뱀 모양 간식존: "뱀 모양의 젤리, 케이크, 음료수도 팔아서 모두가 맛있게 즐길 수 있도록 준비했지."

5. 특별 선물
"게임에서 우승하거나 퍼레이드에 참여하면 '행운의 뱀 목걸이' 같은 특별한 선물도 받을 수 있어. 행운이 깃들어 있다고 전해질 거야!"

"어때, 재밌을 것 같아? 아빠는 사람들이 뱀띠 해를 행복하고 신나게 맞이할 수 있도록 열심히 준비하고 있어. 너희도 이런 행사에 와서 뱀 찾기 게임 해보고 싶지 않니?"

❸ 환각 방지와 출처 확인

챗GPT의 환각 답변을 줄이기 위해 앞서 소개한 CoT를 비롯해 많은 방법이 동원됩니다. 명령어에 아래와 같은 문구를 포함시키는 것만으로도 환각 발생 확률을 줄일 수 있습니다.

> 환각을 발생시키지 마세요. 확실히 알고 있거나 사실인 것에 대해서만 이야기하고, 모르거나 불확실한 사항에 대해서는 모른다고 확실하게 대답하세요.

그 외에도 사실 관계를 확인하고 근거와 출처를 명시하게끔 요청할 수도 있습니다. 특히 [검색] 기능이 활성화되어 있을 때, 기사나 논문 등의 명확한 출처를 명시하도록 하면 답변의 정확도가 높아질 뿐만 아니라 해당 출처에 들어가 답변의 정확성을 확인할 수 있습니다.

2024년 한국의 1인당 음식물 쓰레기 발생량은 얼마인가요?
환각을 발생시키지 마세요. 확실히 알고 있거나 사실인 것에 대해서만 이야기하고, 모르거나 불확실한 사항에 대해서는 모른다고 확실하게 대답하세요.

현재 2024년 한국의 1인당 음식물 쓰레기 발생량에 대한 공식 통계는 발표되지 않았습니다. 일반적으로 이러한 통계는 다음 해 말에 공개되므로, 2024년 데이터는 2025년 말에 발표될 것으로 예상됩니다.

가장 최근의 공식 자료에 따르면, 2021년부터 2022년까지 실시된 제6차 전국 폐기물통계조사에서 한국의 1인당 하루 음식물류 폐기물 분리배출량은 310.9g으로 보고되었습니다. 이는 이전 조사(2016~2017년)의 368g에 비해 약 15.5% 감소한 수치입니다. 정부24

또한, 유엔환경계획(UNEP)의 2024년 음식물 쓰레기 지수 보고서에 따르면, 2022년 기준으로 한국의 1인당 음식물 쓰레기 배출량은 연간 95kg으로 집계되었습니다. GREENIUM

이러한 수치를 통해 한국의 음식물 쓰레기 배출량이 감소하는 추세를 보이고 있음을 알 수 있습니다. 그러나 2024년의 정확한 수치는 공식 통계 발표 이후에 확인할 수 있을 것입니다.

출처 🌐 3/9

메시지 ChatGPT

🔗 📅 ⊕ 검색

❶ 질문 입력 전 마우스 왼쪽 버튼 클릭으로 활성화

❷ 마우스 왼쪽 버튼 클릭으로 정보 출처 확인

정부24   GREENIUM

출처 🌐 3/9

3장 기본적인 대화 방법 익히기 / 129

❹ 단계별 작업과 자가 점검 요청하기

CoT처럼 AI가 '인간의 자연스러운 행동 과정'을 따라하게 하여 답변을 개선하는 방법입니다. 사람이 글을 쓸 때 초안을 먼저 쓴 뒤 그것을 수정하는 것처럼, 챗GPT에게 간단한 초안을 맡긴 뒤, 스스로 개선점을 찾게 하는 방법입니다. 아래와 같은 지시어를 통해 이를 실행할 수 있습니다.

첫 번째 입력	어린이에게 '잭과 콩나무' 동화 내용을 친절하고 간단하게 소개하는 글을 먼저 초안으로 작성해주세요.
두 번째 입력	위에서 작성한 초안을 자세히 살펴보고, 잘못된 정보가 있거나 더 친절한 표현으로 바꿀 수 있는 부분을 2가지 이상 찾아 지적해주세요.
세 번째 입력	위에서 지적한 부분들을 반영하여, 최종 버전의 동화 줄거리 소개 글을 다시 작성해주세요.

초안을 작성한 뒤 개선점을 찾게 하고, 이를 바탕으로 최종본을 작성하게 합니다. 답변이 부족하다고 생각될 경우, 이를 계속해서 반복하거나 좀 더 구체적인 지시를 내릴 수 있습니다.

❺ 영어로 프롬프트 작성하기

챗GPT는 영어로 된 데이터를 가장 많이 학습했으며, 데이터 처리 또한 영어 기반으로 이뤄집니다. 새로운 모델이 도입되며 한국어 이해력과 답변의 질이 높아지긴 했으나, 영어를 사용했을 때 정보의 질이나 정확도가 가장 높습니다. 또한 챗GPT가 문답을 처리할 때 사용하는 토큰의 양도 한국어보다 영어를 사용할 때 더 적습니다.

하지만 모든 대화를 영어로 진행하는 것은 무척이나 어려운 일입니다. 그럴 때는 한국어 지시를 챗GPT를 통해 영어로 번역한 뒤에 입력하는 방법이 있습니다.

01 질문할 내용을 쓴 뒤, 해당 문장을 영어로 번역해달라고 지시합니다.

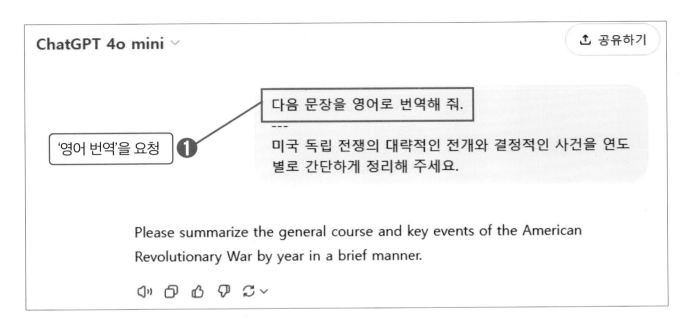

> 📧 **참고!**
> 모델 선택이 가능한 Plus 사용자의 경우, 제한된 사용량을 경제적으로 사용하기 위해 복잡한 처리가 필요하지 않은 단순 번역 작업에는 mini 모델을 사용하는 것이 좋습니다.

> 📧 **참고!**
> 만약 챗GPT가 번역을 진행하지 않고 질문에 답한다면, "질문에 답하지 말고 번역 결과만을 출력하라"고 다시 명확하게 지시해봅시다.

02 번역된 결과를 '복사' 버튼을 클릭하여 복사합니다.

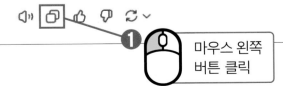

03 새 대화를 열고 복사한 영어 질문을 입력창에 마우스 오른쪽 버튼을 클릭해 '붙여넣기'를 선택하거나, Ctrl + V 키로 붙여넣습니다.

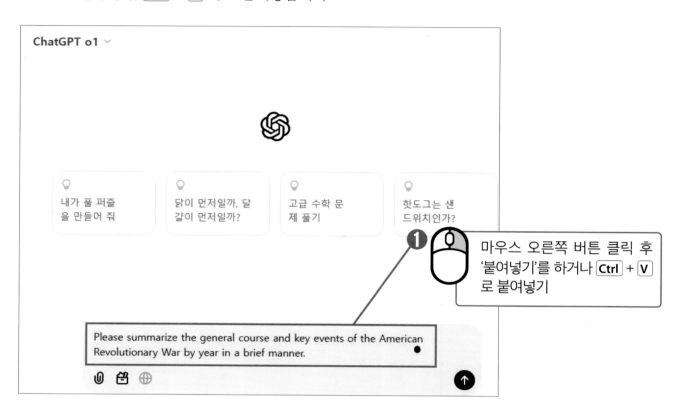

팁! 새 대화를 시작하는 이유

번역한 질문을 새 대화에 붙여넣는 이유는, 번역 요청을 포함해서 이전 대화가 미치는 영향을 줄이기 위해서입니다. 사람은 대화를 진행하며 현재의 주제에 집중하는 반면, AI는 대화를 나누면서 이전까지의 모든 대화를 한번에 참고합니다. 상관 없는 이전 대화 내용이 새 답변에 계속 영향을 끼치는 것을 방지하기 위해서는 정기적으로 새 대화를 시작하는 것이 좋습니다.

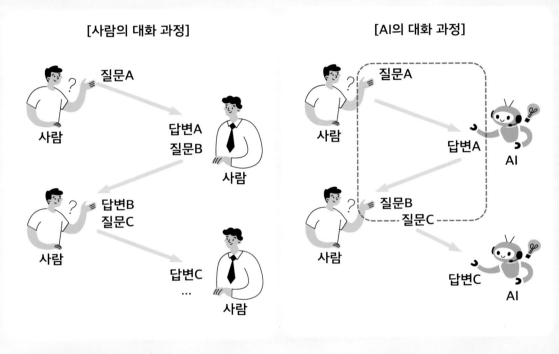

[사람과 AI의 문답 구조 비교]

04 영어로 질문을 입력하면 답변 또한 영어로 출력됩니다.

ChatGPT o1 ⌄   ⬆ 공유하기

Below is a concise, year-by-year overview of the major developments and key events during the American Revolutionary War (1775–1783).

1775

- **Lexington and Concord (April 19):** The first shots of the war, often called "the shot heard 'round the world."

- **Fort Ticonderoga (May 10):** Captured by Ethan Allen and Benedict Arnold, securing artillery for the Patriots.

- **George Washington Appointed (June 15):** The Continental Congress names Washington Commander in Chief of the Continental Army.

- **Battle of Bunker Hill (June 17** ↓ ostly British "victory" near Boston, demonstrating the colonists' resolve.

05 이번에는 답변을 한국어로 번역해줄 것을 요청합니다.

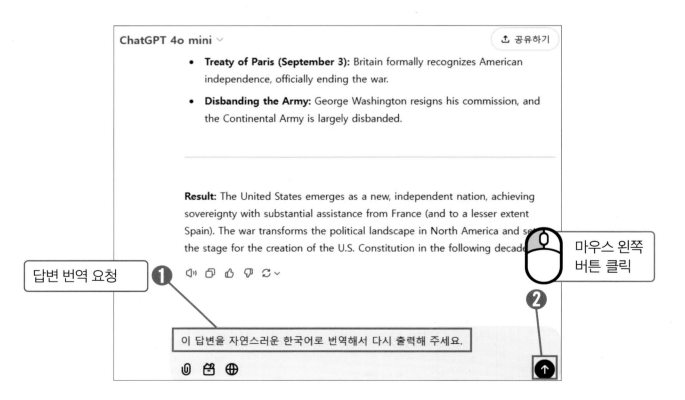

ChatGPT 4o mini ⌄   ⬆ 공유하기

- **Treaty of Paris (September 3):** Britain formally recognizes American independence, officially ending the war.

- **Disbanding the Army:** George Washington resigns his commission, and the Continental Army is largely disbanded.

Result: The United States emerges as a new, independent nation, achieving sovereignty with substantial assistance from France (and to a lesser extent Spain). The war transforms the political landscape in North America and se the stage for the creation of the U.S. Constitution in the following decade

🔊 ⧉ 👍 👎 ↻ ⌄

답변 번역 요청 ❶

이 답변을 자연스러운 한국어로 번역해서 다시 출력해 주세요.

📎 🗂 🌐

마우스 왼쪽
버튼 클릭

❷ ⬆

06 한국어로 번역된 답변이 출력되었습니다.

다음은 미국 독립 전쟁(1775-1783)의 주요 사건과 연도별 중요한 발전 사항을 간략히 정리한 내용입니다.

1775년

- **렉싱턴과 콩코드 전투 (4월 19일):** 전쟁의 첫 발포, "전 세계에 들린 총소리"라고 불림.
- **티콘데로가 요새 (5월 10일):** 이선 알렌과 베네딕트 아널드가 점령하여 대륙군에 필요한 대포를 확보.
- **조지 워싱턴 임명 (6월 15일):** 대륙회의에서 워싱턴을 대륙군 총사령관으로 임명.
- **벙커 힐 전투 (6월 17일):** 비록 영국이 승리했지만, 대륙군의 결단력을 보여준 전투.

1776년

- **보스턴 탈환 (3월 17일):** 대륙군이 티콘데로가 요새의 대포를 이용해 영국군을 보스턴에서 몰아냄.
- **독립 선언 (7월 4일):** 대륙회의에서 미국 독립을 공식 선언.

---

07 답변 내용을 확인한 후 영어로 대화를 계속 이어 가고 싶을 경우, 위로 올라가 번역을 요청한 부분의 내용을 다음 질문으로 바꾸어 진행하면 됩니다. 이때도 ①~②번 과정을 통해 영어 번역을 맡기며 진행하면 됩니다.

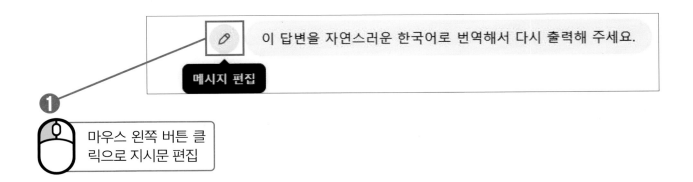

 **팁! 프롬프트 지니**

구글 크롬에서 사용 가능한 확장 프롬그램인 '프롬프트 지니'는 챗GPT에서 한국어로 입력한 지시와 영어로 출력된 답변을 자동으로 번역해줍니다. 이 확장 프로그램을 설치하면 위와 같은 복잡한 과정 없이 영어 프롬프트를 통해 경제적이고 효율적인 챗GPT 대화를 나눌 수 있습니다.

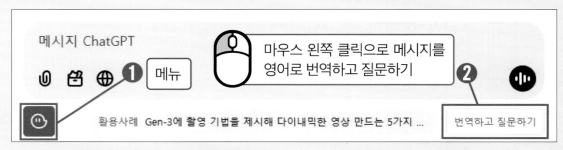

[프롬프트 지니 설치 시 챗GPT 메시지 입력창]

프롬프트 지니는 구글에서 '프롬프트 지니'로 검색하거나 아래 주소로 들어가 설치가 가능합니다.
프롬프트 지니 정보 페이지: https://www.promptgenie.ai/

단순한 번역에는 챗GPT 외에 구글 번역, 네이버 파파고, DeepL 등 시중에 나와 있는 많은 자동 번역기를 사용할 수도 있습니다. 특히 인터넷 브라우저가 제공하는 자동 번역을 사용하면 영어로 된 답변을 간단하게 한국어로 확인할 수 있습니다.

구글 크롬 사용 시 마우스 오른쪽 버튼을 눌러 메뉴를 연 뒤, [한국어(으)로 번역]을 클릭하면 구글 번역기를 통해 한국어로 번역됩니다.

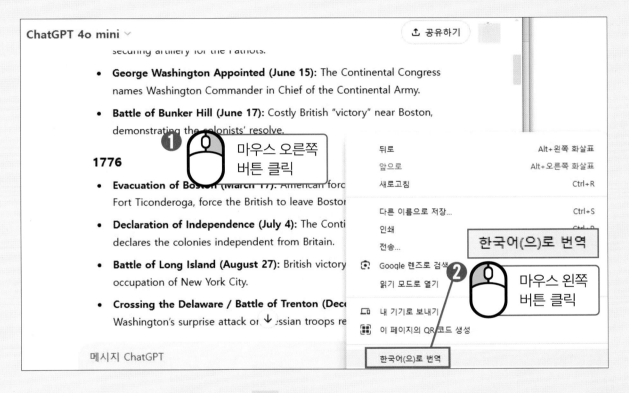

주소 입력창 옆에 뜬 '이 페이지 번역하기(🔲)' 버튼을 클릭하면 원본인 영어와 한국어를 오갈 수 있으며, 다른 언어를 선택할 수도 있습니다.

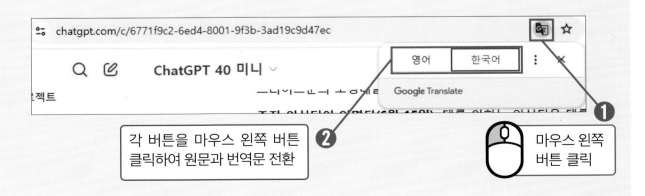

3) 구분 기호 사용하기

챗GPT는 '마크다운(Markdown)'이라는 구분 기호를 사용합니다. 마크다운을 사용하면 챗GPT에서 문서를 더 깔끔하게 작성할 수 있을 뿐만 아니라, 중요한 부분을 구조적으로 강조할 수 있어 AI가 프롬프트를 더 잘 인식할 수 있습니다.

프롬프트 작성에 마크다운을 활용하지 않더라도, 기본적으로 챗GPT는 답변을 출력할 때 마크다운을 사용합니다. 마크다운이 적용된 답변을 복사하여 메모장이나 한글 프로그램 등에 붙여넣으면 마크다운 기호가 그대로 나타납니다. 그렇기 때문에 마크다운 기호가 어떠한 역할을 하는지 간략하게 알아볼 필요가 있습니다.

❶ 헤더

텍스트 앞에 # 기호를 붙여 크기와 상하 관계를 지정할 수 있습니다. 주로 제목을 표기할 때 사용합니다.

> \# 제목 1
>
> \#\# 제목 2
>
> \#\#\# 제목 3

❷ 강조

텍스트의 앞뒤를 **로 감싸서 강조할 수 있습니다.

> 기울임: *텍스트*
>
> 진하게: **텍스트**
>
> 진하고 기울임: ***텍스트***

❸ 목록

텍스트를 항목으로 나누거나 나열할 때 사용할 수 있습니다.

순서 있는 목록: 숫자 뒤에 점(.)을 추가

예) 1. 첫 번째 항목

순서 없는 목록: -, *, 또는 + 사용

예) - 항목

❹ 링크와 이미지

링크: [텍스트](URL)

예) [혜지원](http://www.hyejiwon.co.kr/)

이미지: ![대체 텍스트](이미지 URL)

❺ 코드

프로그래밍 코드를 표기할 때 사용합니다.

인라인 코드: `코드`

블록 코드: ```로 앞뒤를 감싸고, 첫 줄에는 언어 이름을 기입.

예시) ```python

print("Hello, World!")

```
```

❻ 인용

문장을 강조하거나 인용구를 표기할 때 사용합니다.

> 〉 인용할 내용

❼ 수평선

글 내에서 구역을 나눌 때 사용합니다.

> --- 혹은 ***

❽ 표

간단한 표를 작성할 수 있습니다.

> | 헤더1 | 헤더2 |
>
> |-------|-------|
>
> | 데이터1 | 데이터2 |

❾ 적용 예시

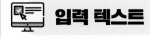 입력 텍스트

프로젝트 개요
AI를 활용한 **생산성 도구** 개발 프로젝트입니다.

목표
1. 작업 시간 단축

2. **직관적 인터페이스** 제공
3. *AI 기술* 활용

주요 일정
단계	기간	작업 내용
기획	2025.01	요구사항 분석
개발	2025.02	기능 구현
출시	2025.03	배포 및 피드백

> "혁신은 도전으로 시작됩니다."

코드 예시
```python
print("Hello, AI World!")
```

[더 알아보기](https://www.openai.com)

마크다운이 적용된 모습

프로젝트 개요

AI를 활용한 생산성 도구 개발 프로젝트입니다.

목표

1. 작업 시간 단축
2. **직관적 인터페이스 제공**
3. *AI 기술 활용*

주요 일정

단계	기간	작업 내용
기획	2025.01	요구사항 분석
개발	2025.02	기능 구현
출시	2025.03	배포 및 피드백

> "혁신은 도전으로 시작됩니다."

코드 예시

```python
print("Hello, AI World!")
```
코드 복사

더 알아보기

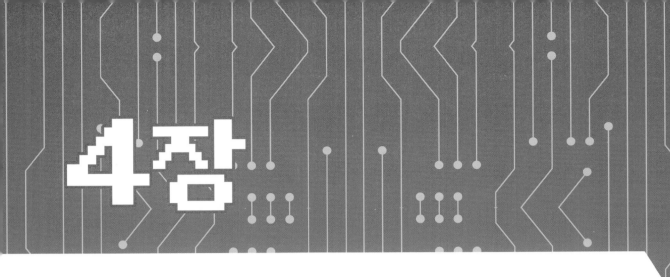

4잠

일상에서
활용해보기

이번 장부터는 본격적으로 챗GPT를 다양한 용도로 사용하는 방법을
알아보겠습니다. 소개해드리는 사용법을 예시로 삼아
챗GPT를 자유롭게 사용해봅시다.

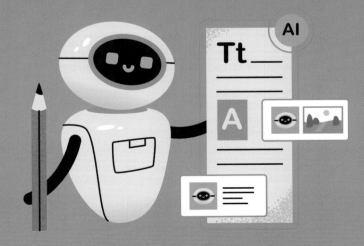

건강 정보 찾아보기

챗GPT에게 건강에 대한 상담을 하고 조언을 받는 방법을 알아봅시다.

챗GPT와 의사에게 같은 환자의 사례를 제공하고 진단하도록 했더니 챗GPT의 점수가 더 높았다는 뉴스가 있습니다. 물론 AI가 의사 진료를 완전히 대체할 수는 없습니다. AI는 사용자가 제공하는 정보만 분석할 수 있고, 의사처럼 환자의 몸을 직접 보거나 다른 진단 도구를 사용할 수는 없기 때문입니다.

하지만 챗GPT는 의사와 달리 언제나 상담이 가능하며 상담 시간의 제약도 없습니다. 급하거나 간단한 정보, 증상을 챗GPT와 상담한다면 병원 진료가 필요한지를 판단하는 데 도움이 될 수 있습니다.

모든 질문과 답변은 실제로 챗GPT를 사용한 답변이지만, 사용자가 같은 지시를 내리더라도 챗GPT의 답변은 매번 다릅니다. 이후 나오는 모든 질문과 답변은 어디까지나 사용 방법을 설명하는 예시입니다.

1) 종합적인 상담하기

사용자에게 정말로 유용한 건강 정보를 얻기 위해서는 사용자의 건강 상태에 대한 정보를 함께 제공하는 것이 좋습니다. 어떠한 목적의 정보를 원하는지를 명확히 설명한다면 더 좋은 정보를 얻을 수 있습니다. 또한 126p에서 설명한 '역할 부여하기'를 사용해도 좋습니다.

🖥️ 사용자 입력문

당신은 노년기내과와 가정의학과에 전문적인 지식과 자격을 가진 전문의입니다.

저는 55세 남성으로, 당뇨 초기 증세가 있습니다. 하루에 1시간의 걷기 운동과 1주일에 한 번의 가벼운 등산을 하고 있습니다. 담배와 술은 하지 않습니다. 하루 8시간씩 주로 사무실에 앉아 업무를 합니다. 하루 6시간에서 8시간 사이로 수면을 취합니다. 키는 175cm이고, 90kg의 체중을 유지 중입니다.

제가 말한 모든 조건을 고려하여 건강을 관리하기 위해 가장 필요한 내용을 조언해주세요.

🖥️ GPT-4o 답변

55세 남성으로서 초기 당뇨 증세를 관리하고 전반적인 건강을 개선하기 위해 다음과 같은 조언을 드립니다.

1. 체중 감량
현재 체질량지수(BMI)는 약 29.4로 과체중 범주에 해당합니다. 당뇨 관리와 심혈관 건강을 위해 체중 감량이 중요한 목표가 될 수 있습니다.

- **목표 체중**: 약 78kg (BMI 25 이하)
- 방법:
  - 하루 500~700kcal 정도의 열량 부족을 목표로 식단을 조정하세요.
  - 고섬유질 식품(채소, 통곡물), 단백질 중심 식사를 늘리고, 단순 탄수화물 섭취를 줄이세요.
  - 저녁 식사 후 간식을 피하고, 하루 총 탄수화물 섭취량을 조절하세요.

2. 운동 계획 조정
현재 걷기 운동과 등산을 하시는 것은 매우 좋은 습관입니다. 여기에 약간의 조정을 가미하면 더 큰 효과를 볼 수 있습니다.

- **추천 운동**:
  - 걷기 운동을 주 5회 이상 지속하세요.
  - **근력 운동**을 주 2~3회 추가하세요. 근육량 증가가 혈당 조절에 도움을 줄 수 있습니다.
  - 중강도 유산소 운동(약간 숨이 찰 정도)을 주 3회 포함하면 심혈관 건강에 더 효과적입니다.
  - 목표: 주당 총 150분 이상의 유산소 운동 및 2회 이상 근력 운동.

3. 혈당 및 대사 관리
- 당뇨 초기 증세가 있으므로 식사 후 혈당 급등을 방지해야 합니다.
  - **식사 전략**:
    - 작은 식사를 자주 하거나 일정한 간격을 유지하세요.
    - GI(혈당지수)가 낮은 음식을 선택하세요(현미, 귀리 등).
    - 식사 순서를 채소 → 단백질 → 탄수화물 순으로 드세요.
  - **혈당 모니터링**:
    - 가정용 혈당 측정기를 사용해 혈당을 자주 체크하세요.

4. 수면과 스트레스 관리
수면 시간은 적절하지만 수면의 질도 중요합니다.
- **수면 개선 팁**:
  - 일정한 수면 시간을 유지하세요.
  - 자기 전 디지털 기기 사용을 줄이고, 긴장을 풀기 위한 명상이나 독서를 해보세요.
  - 스트레스는 혈당 조절에 부정적인 영향을 미칩니다. 스트레스를 완화할 수 있는 취미나 이완 기법을 찾는 것도 중요합니다.

5. 정기적인 건강검진
- **검사 추천**:
  - **혈당 검사(HbA1c)**: 당뇨 진행 여부를 3~6개월마다 확인.
  - **지질 검사**: LDL 콜레스테롤과 중성지방 수치를 확인.
  - 간 기능, 신장 기능 검사를 정기적으로 진행하세요.

6. 생활 습관 유지
담배와 술을 하지 않는 것은 큰 장점입니다. 현재의 좋은 습관을 지속하며, 건강 목표를 꾸준히 실천하는 것이 중요합니다.
필요할 경우 전문의와 상담하여 개인화된 계획을 세우세요.

한 줄 요약: 체중 감량, 근력 운동 추가, 혈당 관리, 그리고 정기 검진을 통해 건강을 최적화하세요.

자세하고 정확한 자료를 제공할수록 답변 또한 정확해집니다. 건강검진 결과지나 진단서와 같은 서류가 있다면 파일 업로드를 통해 첨부해보세요. 좀 더 상세하고 정확한 상담이 가능합니다.

2) 증상 진단하기

몸이 아픈데 단순한 감기인지 아니면 다른 병인지 알 수가 없었던 적이 있을 겁니다. 지금 당장의 증상을 입력하면 병원에 갈 만한 병인지에 대해 알아볼 수 있습니다.

🖥️ 사용자 입력문

며칠 전부터 목이 따갑더니, 기침과 가래가 있었습니다. 약국에서 기침약을 사 먹었지만, 좀처럼 멈추지 않고 어제는 밤새 오한이 들었고, 머리가 계속 멍하며 전신에 근육통이 났습니다. 어떠한 병으로 의심됩니까? 또 어떤 병원에 방문하는 것이 좋을까요?

📖 GPT-4o 답변

설명해 주신 증상(목 따가움, 기침, 가래, 오한, 머리 멍함, 근육통)은 다음과 같은 질환과 연관될 수 있습니다:

가능한 질환:
1. **감기 (일반적인 바이러스성 상기도 감염):** 초기에는 목이 따가움, 기침 등의 증상이 나타날 수 있습니다.
2. **독감 (인플루엔자):** 오한, 발열, 전신 근육통, 피로감 등이 나타나는 경우 독감일 가능성이 있습니다.
3. **기관지염:** 기침과 가래가 지속되는 경우, 특히 급성 기관지염일 가능성이 있습니다.
4. **COVID-19:** 코로나바이러스 감염도 유사한 증상을 보일 수 있으니 최근 접촉자나 위험지역 방문 여부도 고려해야 합니다.
5. **편도염:** 목 따가움이 심하고 발열이 동반된다면 가능성이 있습니다.

병원 선택:
1. **내과:** 일반적으로 가장 먼저 방문해야 할 곳입니다. 감기, 독감, 기관지염 등의 진단 및 치료를 받을 수 있습니다.
2. **이비인후과:** 목 따가움이 주요 증상이라면 이비인후과에서 편도염이나 인후염을 확인하는 것도 좋습니다.

3. **호흡기 내과**: 기침과 가래가 주요 증상이라면 호흡기 관련 전문의를 찾아가세요.
4. **응급실**: 증상이 매우 심각하거나 고열이 지속되고 호흡곤란이 있는 경우 즉시 응급실을 방문하세요.

병원 방문 전 준비:
- 발열 여부 확인 (체온 측정)
- COVID-19 검사 필요 여부 판단 (최근 접촉자 여부, 여행 이력 등 공유)
- 증상 발생 날짜와 진행 상황 정리

증상이 2~3일 내로 호전되지 않거나 더 심해진다면 병원을 방문해 정확한 진단을 받으시길 권장합니다.

3) 응급처치법 묻기

일상 속에서 급하게 응급 처치 방법을 알아야 할 때가 있습니다. 병원에 가기 전까지 현장에서 바로 적용이 가능한 응급처치 방법을 질문해봅시다.

🖥️사용자 입력문

아이가 불 위에 올려진 뜨거운 주전자에 손을 뎄어. 집에서 할 수 있는 응급처치법과 해야 할 일을 최대한 핵심만 간략하게 알려줘.

아이가 뜨거운 주전자에 손을 대어 화상을 입었을 경우, 즉시 다음 단계를 따라주세요:

응급처치법 (집에서 할 수 있는 방법):
1. 냉수로 식히기:
  화상 부위를 즉시 흐르는 차가운 물로 10~20분 정도 식히세요. 얼음은 사용하지 마세요.

2. 깨끗한 거즈로 보호:
  화상 부위를 깨끗하고 건조한 거즈나 천으로 덮어 감염을 예방하세요. 연고나 크림은 바르지 마세요.

3. 진통제 복용:
  아이가 심하게 아파하면 적절한 아세트아미노펜(타이레놀) 또는 이부프로펜을 복용하게 할 수 있습니다. (나이에 맞는 용량으로)

반드시 해야 할 일:
- 병원 방문:
  물집이 생겼거나 손가락을 움직이기 어려울 정도로 심각하면 즉시 병원을 방문하세요.

- 상태 관찰:
  감염 징후(붉어짐, 고름, 열 등)가 보이면 즉각 의료 도움을 받으세요.

신속하고 적절히 대처하는 것이 중요합니다!

추천 레시피 질문하기

집에 있는 재료와 가족들의 식성에 맞는 끼니를 매일 챙기는 일은 무척 어려운
일입니다. 여기에도 챗GPT의 도움을 받아봅시다.

1) 있는 재료로 만들 수 있는 레시피 묻기

📄 사용자 입력문

4인 가족을 위한 저녁 식사 레시피가 필요해.
이게 내가 가진 재료들이야. 이것들로 뭘 만들 수 있을지 추천해줘.
쌀, 계란 1판, 소고기 400g, 냉동만두 1봉지, 당근2개, 파 1대, 양파 3개, 감자 5개, 마늘 2쪽,
기초 양념, 다진 마늘, 고추가루, 고추장, 쌈장, 배추김치, 마늘장아찌.

💬 GPT-4o 답변

재료를 활용해 4인 가족이 즐길 수 있는 한식을 중심으로 저녁 식사 메뉴를 추천해볼게요.

추천 메뉴
1. 김치볶음밥
 - **재료:** 쌀, 배추김치, 계란, 양파, 다진 마늘, 고추가루(선택)
 - **조리법:**
  1. 쌀을 밥으로 지어둡니다.
  2. 배추김치를 잘게 썰고 양파를 다집니다.
  3. 팬에 기름을 두르고 다진 마늘을 볶아 향을 낸 후 김치와 양파를 넣고 볶습니다.
  4. 밥을 넣고 잘 섞은 뒤 고추가루로 매운맛을 조절합니다.
  5. 마지막에 계란프라이를 올려 완성합니다.

2. 소불고기 볶음
- **재료:** 소고기, 양파, 당근, 파, 다진 마늘, 간장, 설탕, 참기름
- **조리법:**
    1. 소고기를 얇게 썰어 간장, 설탕, 다진 마늘, 참기름으로 밑간합니다.
    2. 양파와 당근을 얇게 채 썰고, 파는 송송 썹니다.
    3. 팬에 소고기를 넣고 볶다가 채소를 추가해 함께 볶아줍니다.

3. 감잣국
- **재료:** 감자, 파, 마늘, 소금, 국간장
- **조리법:**
    1. 감자를 깍둑썰기하고 파를 송송 썹니다.
    2. 물을 끓여 감자를 넣고 익을 때까지 끓입니다.
    3. 다진 마늘과 국간장을 넣고 간을 맞춥니다.
    4. 마지막에 송송 썬 파를 올려 마무리합니다.

4. 군만두
- **재료:** 냉동만두
- **조리법:**
    1. 냉동만두를 팬에 굽거나 기름에 튀겨서 준비합니다.

사이드 디시
- **마늘 장아찌**와 **배추김치**를 곁들이세요.

이 메뉴는 재료를 활용해 비교적 간단하면서도 맛있게 준비할 수 있어요. 가족 모두가 만족할 저녁 식사가 될 거예요!

2) 친구의 식성에 맞는 레시피 묻기

이번 주말에 친구가 놀러오기로 했어요. 그런데 그 친구는 채식주의자예요. 마트에서 구매할 수 있는 재료로 친구와 제가 함께 먹을 만한 메인 요리와 디저트를 만들고 싶어요. 레시피를 추천해주세요.

📖 GPT-4o 답변

채식주의자를 위한 메인 요리와 디저트 레시피를 추천해드릴게요! 간단하면서도 맛있고, 마트에서 쉽게 구할 수 있는 재료들로 만들 수 있습니다.

---

1. 메인 요리: 채소 토마토 파스타

재료
- 파스타 (스파게티, 페투치니 등 선택 가능)
- 토마토소스
- 양파 1개
- 파프리카 1개 (빨간색 또는 노란색)
- 버섯 (양송이, 표고버섯 등)
- 호박 1개 (애호박 또는 주키니)
- 올리브 오일
- 다진 마늘
- 소금, 후추, 바질 또는 파슬리 가루 (옵션)

조리법
1. **파스타 삶기:**
   소금 한 스푼을 넣은 끓는 물에 파스타를 포장에 적힌 시간만큼 삶습니다. 삶은 후 물기를 빼고 올리브 오일 약간을 섞어 둡니다.

2. **채소 볶기:**

팬에 올리브 오일을 두르고 다진 마늘을 볶아 향을 낸 뒤, 채 썬 양파, 파프리카, 버섯, 호박을 넣고 볶습니다.

3. 소스 추가:
채소가 익으면 토마토소스를 넣고 소금, 후추로 간을 맞춥니다.

4. 파스타와 섞기:
삶아 둔 파스타를 소스에 넣고 잘 섞은 뒤 바질 또는 파슬리로 장식합니다.

---

2. 디저트: 과일 요거트 파르페

재료
- 플레인 요거트 (식물성 요거트 선택 가능)
- 그래놀라
- 제철 과일 (딸기, 바나나, 블루베리 등)
- 꿀 또는 메이플 시럽 (옵션)

조리법
1. 컵이나 유리그릇에 요거트를 먼저 깔아줍니다.
2. 그래놀라를 요거트 위에 한 층 올립니다.
3. 얇게 썬 과일을 올린 뒤, 다시 요거트와 그래놀라를 차례로 겹칩니다.
4. 맨 위에 과일을 장식하고 꿀이나 메이플 시럽을 뿌려 마무리합니다.

이 두 가지 메뉴는 준비도 간단하고, 채식주의자도 즐길 수 있는 건강하고 맛있는 요리입니다. 주말에 친구와 함께 요리하며 즐거운 시간을 보내세요!

Section 03

생활 정보 얻기

생활에 도움이 되는 자잘한 정보들은 막상 필요한 상황이 되면 떠올리기 힘들지요. 그럴 때는 챗GPT에게 간단하게 질문해봅시다.

1) 셔츠 얼룩 제거법 묻기

 **사용자 입력문**

셔츠 목덜미에 물든 노란 얼룩은 어떻게 지울 수 있을까? 세탁기에 세제만 넣고 돌려서는 사라지지 않아.

GPT-4o 답변

셔츠 목덜미에 생긴 노란 얼룩은 땀과 피지, 먼지가 축적되어 생긴 경우가 많아 일반 세탁만으로는 잘 지워지지 않을 때가 많습니다. 효과적으로 제거하려면 아래 방법들을 시도해보세요:

---

1. 과탄산소다 + 뜨거운 물
- **준비물:** 과탄산소다, 뜨거운 물, 세탁 솔 (또는 칫솔)
- **방법:**
  1. 세면대나 대야에 뜨거운 물을 담고 과탄산소다 1~2스푼을 넣어 녹입니다.
  2. 셔츠를 담근 뒤, 얼룩 부위를 부드럽게 문질러주세요.
  3. 30분 정도 불린 뒤 세탁기에 넣어 일반 세탁을 진행합니다.
- **주의:** 색상이 진한 옷은 먼저 테스트 후 사용하세요.

---

2. 베이킹소다 + 식초

- **준비물**: 베이킹소다, 식초, 칫솔
- **방법**:
  1. 얼룩 부위에 베이킹소다를 뿌린 후 소량의 물을 추가해 반죽처럼 만듭니다.
  2. 식초를 살짝 뿌려 거품이 생기면 칫솔로 문지릅니다.
  3. 10분 정도 두었다가 깨끗한 물로 헹군 후 세탁합니다.

3. 주방 세제 + 베이킹소다 + 과산화수소
- **준비물**: 주방 세제, 베이킹소다, 과산화수소
- **방법**:
  1. 주방 세제 1스푼, 베이킹소다 1스푼, 과산화수소 1스푼을 섞습니다.
  2. 얼룩 부위에 혼합물을 바르고 15분 정도 둡니다.
  3. 부드러운 칫솔로 문지른 뒤 물로 헹구고 세탁합니다.

4. 얼룩 제거 전용 세제 사용
- 시중에 판매되는 목 얼룩 제거 전용 세제(예: 옥시크린, 클리넥스 스테인리무버 등)를 얼룩에 직접 바른 후 세탁하면 효과적입니다.

추가 팁
- 얼룩이 오래된 경우 위 과정을 여러 번 반복해야 할 수 있습니다.
- 세탁 후에도 얼룩이 남아 있다면 열을 가하지 말고 위 방법을 다시 시도하세요. 열이 가해지면 얼룩이 고착될 수 있습니다.

필요한 재료나 단계 중 궁금한 점이 있으면 알려주세요!

2) 냉장고 냄새 제거법 묻기

 **사용자 입력문**

냉장고에서 음식물 냄새가 많이 나. 냉장고 냄새를 줄이거나 없애는 방법을 알려줘.

냉장고에서 나는 음식물 냄새를 줄이거나 없애는 방법은 다음과 같습니다:

1. 청소하기
- **냉장고 내부 비우기**: 모든 음식을 꺼내고 유통기한이 지난 음식은 버립니다.
- **탈취 세척**: 따뜻한 물에 식초(또는 베이킹 소다)를 섞어 냉장고 안을 깨끗이 닦아주세요.
- **물기 제거**: 청소 후 냉장고 내부의 물기를 완전히 말립니다.

2. 냄새 흡수제 사용하기
- **베이킹 소다**: 작은 그릇이나 개방형 용기에 베이킹 소다를 담아 넣습니다. 한 달에 한 번 교체하세요.
- **커피 찌꺼기**: 냉동 후 냉장고 안에 두면 냄새 제거 효과가 있습니다.
- **숯**: 숯은 자연적인 탈취제로 효과적입니다.
- **레몬**: 얇게 자른 레몬 조각을 접시에 올려놓으면 상쾌한 향을 냅니다.

3. 냄새 강한 음식 보관법
- **밀폐 용기 사용**: 냄새가 강한 음식은 밀폐된 용기에 담아 보관합니다.
- **랩이나 지퍼백 활용**: 적당한 크기로 소분하여 냄새를 차단합니다.

4. 환기
- 냉장고를 잠시 꺼두고 문을 열어 환기시킵니다.
- 냉장고 내부의 공기를 자주 순환시켜 냄새 축적을 방지합니다.

5. 정기적으로 확인하기
- 일주일에 한 번 냉장고를 열어 유통기한을 점검하고 오래된 음식을 제거합니다.
- 냉장고 필터(만약 있다면)를 청소하거나 교체합니다.

냉장고 냄새가 심각한 경우, 냉장고의 배수구나 뒤쪽 공간에 음식물이 쌓여 악취의 원인이 될 수 있으니 점검해보는 것도 좋습니다.

고민 상담하기

챗GPT는 개인 고민을 상담하는 상대가 될 수도 있습니다. 다양한 상담 예시를 살펴봅시다.

챗GPT는 어디에도 말하기 힘든 고민을 털어놓는 상담 상대가 될 수 있습니다. 특히 어떠한 방향의 상담을 원하는지를 추가하면 현명한 조언자, 엄격한 트레이너, 배려심 넘치는 이해자 등 다양한 성격의 상담사가 될 수 있습니다.

1) 은퇴 후 새로운 취업 상담하기

🖥️ 사용자 입력문

공무원 정년 은퇴 이후 새롭게 일자리를 찾고자 합니다. 건강이 좋지 않아 몸을 크게 쓰는 일은 어렵습니다. 컴퓨터 활용 능력 자격증이 있고, 토익은 800점 정도입니다. 연금은 나오지만 사업을 할 만한 자본금은 없습니다. 현실적으로 가능한 취직 방향성과 커리어 개발을 위한 조언을 해주세요.

💬 GPT-4o 답변

건강 상태와 보유 자격을 고려하여 현실적으로 가능한 취업 방향성과 커리어 개발 방법을 다음과 같이 제안합니다:

1. 취업 방향성
(1) 사무 및 지원 업무
- **데이터 입력 및 관리**: 컴퓨터 활용 능력을 살려 데이터 입력, 문서 관리, 엑셀 관련 업무에 적합합니다.
- **행정 지원**: 공무원 경력을 활용해 행정 관련 업무나 문서 작업에서 경쟁력을 발휘할 수 있습니다.

(2) 온라인 기반 업무

- **프리랜서 번역**: 토익 800점 수준의 영어 실력을 활용하여 간단한 문서 번역이나 콘텐츠 번역 업무를 맡을 수 있습니다.
- **온라인 튜터링**: 특정 분야에서 전문 지식이 있다면 온라인으로 과외나 상담 서비스를 제공할 수 있습니다.

(3) 컨설팅 및 강의

- **공무원 시험 준비 컨설팅**: 공무원으로서의 경험을 살려 공무원 시험 준비생들을 대상으로 컨설팅 서비스를 제공할 수 있습니다.
- **교육 강사**: 컴퓨터 활용 능력을 바탕으로 기본 컴퓨터 활용법 강의나 엑셀, 워드 등 자격증 관련 강의를 진행할 수 있습니다.

---

2. 커리어 개발 방안

(1) 기술 향상

- **온라인 강의 수강**: 새로운 기술(예: 데이터 분석, 디지털 마케팅)을 배우기 위해 Coursera, Udemy 같은 플랫폼 활용.
- **공인 자격증 취득**: 자격증을 추가로 취득하면 이력서의 경쟁력을 높일 수 있습니다.
  추천 자격증:
  - 데이터 분석 관련 자격증
  - 회계/세무 관련 자격증

(2) 네트워크 형성

- **공무원 동료 네트워크 활용**: 공직 경험이 있는 사람들 사이에서 일자리 추천을 받을 가능성이 높습니다.
- **지역 커뮤니티**: 지역 노인 일자리 센터나 일자리 지원 프로그램에 참여.

(3) 건강 유지 및 일-생활 균형

- 규칙적인 건강 관리를 통해 일상 에너지 수준을 유지하세요. 적정 근무 시간을 고수하며 무리하지 않는 것이 중요합니다.

추가로 관심 있는 분야나 구체적인 커리어 목표를 알려주시면 더 구체적인 조언을 드릴 수 있습니다!

2) 인간 관계 갈등 상담하기

🖥️ 사용자 입력문

형제들과 유산 문제로 다투고 있어요. 감정이 상하지 않으면서 공정하게 문제를 해결할 수 있는 방법이 있을까요? 형제들이 다 감정적으로 예민한 상태라 대화가 어렵습니다. 서로의 입장을 존중하면서 생산적인 논의를 이끌어낼 수 있는 구체적인 전략을 제시해주세요. 그래도 딱딱한 솔루션보다는 친한 친구에게 조언하듯 말해주세요.

🖥️ GPT-4o 답변

유산 문제는 진짜 민감한 주제라서 감정이 상하기 쉬워요. 다들 각자의 입장이 있고, 거기에 감정이 얽히다 보면 대화가 더 어려워지죠. 하지만 그렇다고 무작정 피하거나 강하게 밀어붙이는 건 서로에게 상처만 남길 수 있어요. 그래서 조금 더 부드럽고, 모두가 납득할 수 있는 방법으로 접근해보면 어때요?

1. 모두가 감정을 내려놓을 공간 만들기
먼저, 대화를 시작하기 전에 감정적으로 덜 예민한 상태에서 이야기를 나눌 환경을 마련해야 해요. 서로가 편안하게 느낄 수 있는 장소(예를 들어, 집이 아닌 중립적인 카페나 작은 회의실)에서 모이면 좋겠죠. 대화가 격해질 것 같으면 "우리 잠깐 숨 돌리고 이야기하자" 같은 멘트를 던지며 잠시 쉬어가는 것도 방법이에요.

2. 중립적인 제3자를 초대하기
중립적인 전문가(예: 가정 상담사, 변호사, 또는 신뢰할 수 있는 가족 친구)를 대화에 초대하면 감정이 덜 개입될 수 있어요. 제3자가 있으면 감정이 격해지는 걸 방지하고, 서로에게 필요한 정리와 가이드라인을 제공할 수 있거든요.

3. 서로의 입장을 듣는 시간 갖기
대화의 시작은 꼭 "들어주는 것"에서 출발해야 해요. 각자 자신의 입장을 이야기할 시간을 주되, 말을 끊지 않고 끝까지 들어주세요. "네가 그렇게 느꼈구나"처럼 상대의 감정을 인정해주는 리액션을 해보세요. 이걸 반복하다 보면 '내 말이 무시되지 않았다'는 감정이 생기고, 조금 더 차분해질 수 있어요.

4. 공동의 목표를 찾아라

"우리가 다 서로를 가족으로서 아끼고, 공정하게 해결하고 싶어 한다"는 공통된 목표를 대화 초반에 확인하는 게 좋아요. 이를 중심으로 이야기하면 상대방을 이기기 위한 싸움이 아니라, 함께 풀어가는 문제로 접근할 수 있거든요.

5. 실질적인 해결 방법 논의하기

모두의 입장을 어느 정도 이해한 뒤, 현실적으로 가능한 해결 방법을 논의하세요.
- 유산 분배 방식을 투명하게 정리해줄 전문 변호사를 고용하는 방법
- 동의 가능한 비율로 유산을 나누거나 필요한 경우 매각해 나누는 옵션
- 각자가 필요로 하는 부분을 솔직하게 말하고, 함께 조율하는 방식

가장 중요한 건 이 모든 과정에서 서로를 존중하는 태도예요. 작은 조각이라도 양보하는 모습이 보이면 상대도 덜 방어적으로 변할 가능성이 커요.

6. 감정이 상할 땐 잠시 멈추기

논의 중에 감정이 상하면 "지금은 좀 감정적으로 힘든 것 같아. 조금만 쉬었다가 다시 이야기하자"라고 말할 용기를 내세요. 싸우지 않는 게 목표니까요.

마지막으로, 가족 관계는 유산보다 훨씬 더 소중하다는 걸 기억하세요. 물론 공정함도 중요하지만, 이 일이 지나가고 나서도 서로 얼굴을 볼 수 있는 관계를 유지하려면 감정보다 배려를 앞세우는 게 필요해요. 같이 힘내봐요!

3) 심리 상담 요청하기

 **사용자 입력문**

감정이 롤러코스터처럼 오르락내리락해요. 주변 사람들도 저를 이해하기 어려워하는 것 같고, 저 또한 제 감정을 다루기 힘듭니다. 감정 변화를 인지하고 조절하는 간단한 테크닉이 있다면 알려주세요. 그리고 이 문제를 더 알아보기 위해서 할 만한 일을 전문적인 심리상담가의 입장에서 들려주세요.

감정 변화가 극심하고 조절하기 어려울 때는 자기 이해를 돕고 감정을 다룰 수 있는 기술을 배우는 것이 중요합니다. 다음은 간단한 감정 조절 기술과 심리 상담 전문가의 관점에서 할 만한 일입니다.

---

1. 감정 조절을 위한 간단한 테크닉

(1) 감정 일기 쓰기

- 하루 동안 느낀 감정을 기록하고, 감정의 원인과 그로 인해 어떤 행동을 했는지 적어보세요.
- 예를 들어: "화남 - 동료가 약속을 어김 → 소리 지름 → 후회."
- 이렇게 하면 자신의 감정 패턴을 더 잘 이해할 수 있습니다.

(2) STOP 기법

- **S**top: 상황에서 잠시 멈춥니다.
- **T**ake a breath: 깊게 숨을 들이마시고 천천히 내쉬며 긴장을 풉니다.
- **O**bserve: 자신의 감정, 생각, 신체 반응을 관찰합니다.
- **P**roceed: 적절한 대응 방법을 선택합니다.

(3) 5-4-3-2-1 감각 훈련

- 자신의 주의를 현재에 집중시킬 수 있도록 주변에서:
  - 볼 수 있는 것 5가지,
  - 만질 수 있는 것 4가지,
  - 들을 수 있는 것 3가지,
  - 냄새 맡을 수 있는 것 2가지,
  - 맛볼 수 있는 것 1가지를 찾아보세요.

(4) 운동과 규칙적인 생활

- 신체 활동은 감정을 안정시키는 데 매우 효과적입니다.
- 규칙적인 수면과 식사 습관도 중요합니다.

---

2. 전문적인 도움을 받을 수 있는 방향

(1) 상담 및 심리치료

- 전문가와의 상담은 감정 변화의 근본적인 원인을 탐색하고, 이를 관리하는 전략을 배우는 데 도움을 줄 수 있습니다.

- 특히, 감정 변화가 강렬하거나 오래 지속된다면 **인지행동치료(CBT)**나 **변증법적 행동치료(DBT)**가 효과적일 수 있습니다.

(2) 감정 조절 워크숍이나 그룹 프로그램
- 감정을 다루는 기술을 배우는 워크숍이나 치료 그룹에 참여하면 같은 문제를 겪는 사람들과의 연대를 통해 도움을 받을 수 있습니다.

(3) 정신건강 평가
- 감정 변화가 극심할 경우, 우울증, 양극성 장애, 경계선 성격장애 등의 가능성을 전문가에게 평가받아 보는 것도 고려하세요.
- 필요에 따라 약물 치료가 도움이 될 수도 있습니다.

(4) 자기 돌봄 계획 세우기
- 상담 전문가와 함께 자신에게 맞는 자기 돌봄 루틴을 설계하고 실천하세요.
- 스트레스를 다루기 위한 명상, 요가, 혹은 취미 활동을 추천합니다.

마지막으로, 다음과 같은 점을 기억하세요
1. **감정은 자연스러운 것**입니다. 감정 변화 자체가 나쁜 것은 아니며, 이를 다루는 방법을 배우는 것이 중요합니다.
2. **주변 사람들과 소통**하세요. 당신이 겪는 것을 솔직하게 이야기하면, 주변 사람들도 더 이해하고 도움을 줄 수 있습니다.
3. 혼자서 모든 것을 해결하려 하지 말고 **전문가의 도움**을 요청하세요. 이것은 강점의 표현입니다.

필요하다면 감정 일기 템플릿이나 STOP 기법을 구체적으로 적용할 방법을 더 알려드릴 수 있으니, 언제든 질문해주세요!

 팁! **챗GPT와 상담할 때의 주의점**

심리 상담은 한 번의 대화로 끝나는 것이 아니라, 내담자의 문제를 깊이 이해하고 평가하기 위해 여러 차례의 대화와 검사를 포함하는 과정입니다. 챗GPT도 계속해서 문답을 나눌수록 좋은 답변을 해주겠지만, 전문적인 심리 평가나 의학적 판단을 내릴 수 없습니다. 따라서 중요한 결정을 내리거나 심각한 문제가 있을 때는 반드시 전문가의 도움을 받아야 합니다.

외국어 번역하기

챗GPT는 다양한 외국어를 번역할 수 있습니다. 좋은 번역 결과를 얻을 수 있는 방법을 알아봅시다.

번역을 할 때는 목적에 맞는 지시를 내리는 것이 중요합니다. 최대한 원문의 뜻을 그대로 전달하는 직역과 자연스럽게 읽을 수 있는 의역 중 어떤 쪽을 원하는지를 요청하고, 또 번역에 필요한 배경 지식이 있다면 함께 제공하는 것이 좋습니다.

1) 영어 시를 직역과 의역으로 번역하기

🖥️ 사용자 입력문

다음 시를 한국어로 번역해 주세요. 원문의 구조와 뜻을 최대한 그대로 살리는 직역을 부탁합니다.

The Road Not Taken
By Robert Frost

Two roads diverged in a yellow wood,
And sorry I could not travel both
And be one traveler, long I stood
And looked down one as far as I could
To where it bent in the undergrowth;

Then took the other, as just as fair,
And having perhaps the better claim,
Because it was grassy and wanted wear;
Though as for that the passing there
Had worn them really about the same,

(이하 생략)

* "The Road Not Taken" by Robert Frost, 퍼블릭 도메인
출처: Poetry Foundation (https://www.poetryfoundation.org/poems/44272/the-road-not-taken).

가지 않은 길
로버트 프로스트

노란 숲 속 두 갈래 길이 나뉘었네,
그리고 아쉬움에 두 길을 다 갈 수 없었네
한 사람인 나는 오래도록 서서
한 길을 최대한 멀리 바라보았네
덩굴 속으로 굽어지는 곳까지.

그러고는 다른 길을 택했네, 똑같이 공정한 길을,
아마도 더 나은 선택이라 생각했네,
풀이 무성하고 덜 닳은 것 같아서.
하지만 그곳을 지나간 자취를 보니
둘 다 사실 거의 비슷하게 닳아 있었네.

그리고 두 길은 그날 아침 똑같이 놓여 있었네,
아무 발자국도 낙엽을 검게 물들인 적 없었네.
아, 첫 번째 길은 다음 날을 위해 남겨 두었네!
그러나 길이 또 다른 길로 이어진다는 걸 알기에,
내가 다시 돌아올 수 있을지 의심스러웠네.

나는 훗날 한숨을 쉬며 이렇게 말하겠지,
어떤 시절, 아주 먼 훗날에:
"숲 속에서 두 갈래 길이 나뉘었고, 나는—
사람들이 덜 걸은 길을 택했노라,
그리고 그것이 모든 차이를 만들었노라."

📺 사용자 입력문

다음 시를 문학적이고 읽기 쉽게, 최대한 자연스럽고 아름다운 한국어 문장이 되게끔 번역해보세요.
(생략)

📺 GPT-4o 답변

가지 않은 길
- 로버트 프로스트

노랗게 물든 숲속에서 두 갈래 길이 나뉘었네,
두 길을 모두 걸을 수 없음을 안타까워하며
나그네 하나로서 한참을 서서
한쪽 길을 따라 멀리까지 바라보았지,
그 길이 숲 속으로 사라지는 곳까지.

그러다 다른 길을 택했네, 그 또한 아름다워 보였고,
어쩌면 더 나은 선택처럼 느껴졌기에.
풀이 우거져 있어 덜 밟힌 듯 보였으니까.
하지만 다시 생각해 보면,
사람들의 발자국이 두 길을 크게 다르지 않게 했던 듯.

그날 아침, 두 길 모두 고르게 깔린 낙엽 위엔
아직 아무 발자국도 검게 남지 않았더라.
아, 첫 번째 길은 다른 날로 미루기로 했네!
하지만 길이 또 다른 길로 이어진다는 걸 알기에,
다시 돌아올 수 있을지 의심했지.

훗날 어디에선가 긴 한숨과 함께 이야기하겠지.
숲속에서 두 갈래 길이 나뉘었고,
나는 덜 밟힌 길을 택했다고,

그 선택이 내 삶을 바꿔 놓았다고.

이 번역은 원작의 깊이와 아름다움을 유지하며 자연스럽게 읽히도록 문학적 표현에 신경 썼습니다.

2) 문서 파일 번역하기

01 메시지 입력창에서 '파일 업로드 및 기타(+)' 버튼을 클릭한 뒤, [컴퓨터에서 업로드]를 선택하여 번역할 문서를 선택합니다.

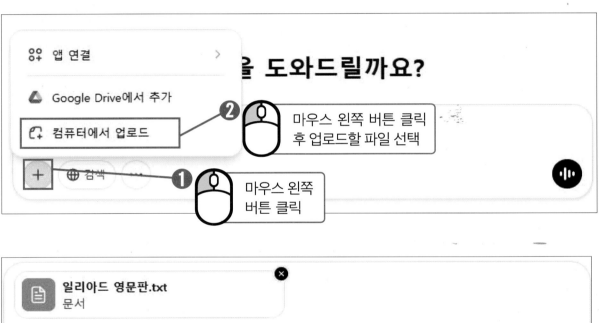

02 번역 목적에 맞게 프롬프트를 입력합니다. 문서의 길이가 길 경우, 어떤 부분의 번역을 원하는지 정확하게 지시해야 합니다.

🖥️ 사용자 입력문

이것은 무료로 공개된 일리아드 영문판 전자책입니다. 서문과 목차를 생략하고, 본편인 'BOOK I.'부터 자연스러운 한국어로 번역해주세요. 해설이나 설명은 평문으로 번역하고, 본편은 운문체로 번역해주세요.
번역할 내용이 남았을 경우 (계속)을 출력하고, 끝났을 경우 (끝)이라고 출력해주세요.

💬 GPT-4o 답변

업로드된 파일에서 "BOOK I." 본편의 시작 부분을 찾아 번역을 진행하겠습니다. 잠시만 기다려주세요.

"BOOK I"의 본문을 발견했습니다. 번역을 시작하겠습니다. 원문은 운문체로 구성되어 있으므로 한국어로도 운문체로 번역하겠습니다.

아킬레우스의 분노, 그리스의 재앙, 참혹한 비극의 씨앗이여,
아킬레우스의 분노를 노래하라, 오 여신이여!
그 분노가 수많은 용사의 영혼을
명계로 내몰고, 그들의 몸을
들개와 새들의 먹잇감으로 내맡겼나니,
그토록 비참한 운명이, 제우스의 뜻에 의해 시작되었도다.

무엇이 이 치명적인 다툼을 불러일으켰는가?
신들의 분노가 이 갈등의 불씨였던가?
라토나의 아들이, 빛나는 아폴론이여,
그는 전염병을 보내어 그리스 군을 쓰러뜨리고,
죽음의 산을 쌓았나니,
왕의 불경함이 그의 분노를 자극하였도다.

크뤼세이스의 아버지, 크뤼세스는
딸의 자유를 간청하며, 값진 예물을 들고 찾아왔으나,
아트레우스의 아들, 아가멤논은
그의 간청을 거절하고, 신의 사제를 모욕하였도다.
이에 아폴론은 활을 들어,
그리스의 진영에 죽음을 내렸나니.

다음 부분 번역을 계속 진행합니다. (계속)

03 한 번에 답변 가능한 길이가 제한되어 있기 때문에 긴 문서는 한 번에 번역하지 못합니다. 아래와 같은 프롬프트를 입력해가며 계속 번역을 진행할 수 있습니다.

 사용자 입력문

다음을 계속 번역하세요. 원문에 없는 내용을 추가하거나 변형한 것이 없는지 계속해서 검사하며, 번역이 중단된 부분부터 정확하게 다음 내용을 번역해야 합니다.

참고!

긴 문서를 번역할 경우 중간에 오류가 발생하여 원문에 없는 내용을 출력할 수 있습니다. 수시로 원문과 대조하여 올바르게 번역이 진행되고 있는지 확인하는 것이 좋습니다.

3) 화면 캡처하여 번역하기

01 [윈도우] + [Shift] + [S]를 누르면 화면을 캡처할 수 있습니다. 이 상태에서 번역이 필요한 부분을 마우스로 클릭한 채 드래그하여 복사합니다.

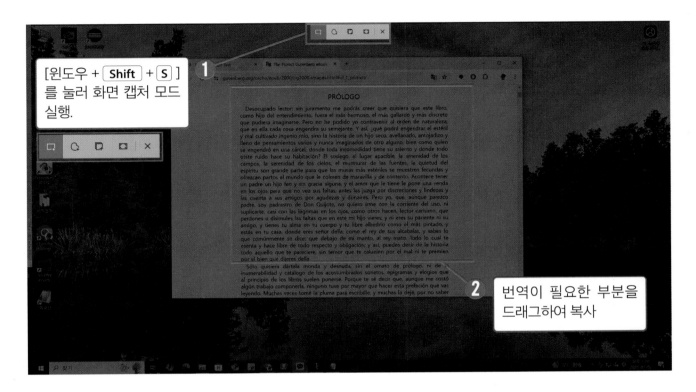

02 챗GPT 입력창에 마우스 오른쪽 버튼을 클릭한 후 [붙여넣기]를 선택하거나 Ctrl + V를 눌러 붙여넣습니다.

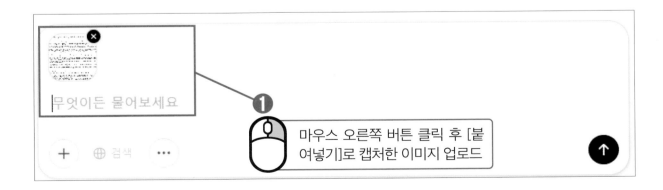

03 번역을 요청합니다. 캡처한 내용은 '돈키호테'의 스페인어판 서문 중 일부입니다.

사용자 입력문

이 이미지 파일의 글을 자연스러운 한국어로 번역해주세요.

GPT-4o 답변

이 이미지는 스페인어로 쓰인 텍스트를 포함하고 있습니다. 텍스트를 번역하기 위해 먼저 이미지를 분석하여 텍스트를 추출하겠습니다. 조금만 기다려주세요.

이미지의 텍스트를 확인한 후 다음과 같이 번역했습니다:

프롤로그

걱정 없는 독자여, 나는 맹세 없이도 내가 이 책이, 지성의 자식으로서 가장 아름답고, 가장 매력적이며, 상상할 수 있는 가장 훌륭한 것이 되기를 바랐다는 것을 믿어줄 것이라 생각하오. 그러나 나는 자연의 질서를 거스르지 못했소. 모든 것이 자신의 닮은 것을 낳듯이, 나의 메마르고, 다듬어지지 않은 재능이 낳은 것은 바로 이러한 이야기가 되었소. 즉, 잘 다듬어진 이야기나 유쾌한 서사가 아닌, 건조하고 고된 서사, 수많은 상념과 미지의 생각들로 가득 찬, 감옥에서 태어난 자식의 이야기 말이오. 감옥은 불편함이 자리 잡고, 방 안에는 슬픈 소음이 울려 퍼지는 곳이지 않소?

고요함, 평화로운 장소, 전원의 온화함, 들판의 매력, 하늘의 고요함, 샘물의 속삭임, 영혼의 평온함이 없는 곳에서, 가장 불모지 같은 영감들이 풍요로움과 기쁨으로 세상을 채우는 작품을 어떻게 만들겠소?

자식이 못생기고 우아함이 없을지라도, 부모의 사랑은 그 눈에 안대를 씌워 결점이 보이지 않게 한다 하오. 그러나 사람들이 그것을 판단할 때는, 자신의 지인들에게 그 자식의 기발함과 매력을 자랑하며 판단하게 된다오. 나는, 비록 이 책이 나의 자식처럼 못생기고 매력 없을지라도, 당신에게 그것을 선처하여 보아달라고 눈물로 호소하는 것이오.

그리고 만일 당신이 내 친척도 아니고, 단순히 독립적인 판단을 할 수 있는 독자라면, 내가 바라는 것은 다음 한 가지요: "내 망토 아래 있는 자는 왕도 살해하지 않는다"고 말하듯이, 당신이 이 작품을 선의로 받아들여 비난보다는 이해와 관용으로 대하기를 바라오. 그리고 이를 통해 다른 이들이 비난하거나 나쁜 의도로 당신을 괴롭히지 않도록 하기를 바라오.

이 번역이 도움이 되셨기를 바랍니다! 추가적으로 궁금한 사항이 있다면 말씀해주세요.

Section 06

주례사 쓰기

공적인 자리에 어울리는 대본을 쓰기 위해서는 뛰어난 글쓰기 실력이 필요합니다. 하지만 필요한 내용과 원하는 스타일을 입력하면 글의 초안을 손쉽게 작성할 수 있습니다.

1) 초안 작성하기

 **사용자 입력문**

결혼식 주례사 초안을 작성해주세요.
신랑: 홍길동, 직업: 회계사
신부: 황진이, 직업: 개인 카페 경영
나와의 관계: 나는 신랑 홍길동과 신부 황진이가 만난 봉사 동아리의 회장으로, 두 사람의 첫 만남부터 지금까지 지켜봐 왔음.
결혼에 대한 금언을 인용하며, 두 사람의 봉사 정신을 강조하고, 직업 경력을 가정 경영에 연관지으면 좋겠습니다.

 GPT-4o 답변

안녕하십니까, 사랑과 축복이 가득한 오늘 이 자리에서 신랑 홍길동 군과 신부 황진이 양의 주례를 맡게 되어 매우 영광스럽습니다. 저는 두 사람의 첫 만남부터 오늘 이 순간까지 함께해온 봉사 동아리의 회장입니다. 그동안 두 사람을 가까이에서 지켜보며 이들의 따뜻한 마음과 진실한 사랑을 확인할 수 있었습니다.

오늘 이 자리에서 저는 결혼에 대한 금언 한 가지를 인용하고 싶습니다. 고대 로마의 철학자 세네카는 "결혼은 두 영혼이 하나의 목적을 향해 함께 걷는 여정이다"라고 말했습니다. 결혼은 단지 사랑만으로 이루어지는 것이 아니라, 서로의 목표를 공유하고 서로를 지지하며 한 방향으로 나아가는 과정입니다. 홍길동 군과 황진이 양은 이미 봉사를 통해 같은 목표를 공유하고 협력하는 법을 배운 훌륭한 동반자들입니다.

홍길동 군은 회계사로서 세밀함과 계획적인 사고로 많은 이들에게 도움을 주는 역할을 해왔습니다. 황진이 양은 개인 카페를 경영하며 따뜻한 커피와 친절한 미소로 많은 사람들의 마음을 어루만져 왔습니다. 이처럼 각자의 전문성과 따뜻한 마음은 앞으로의 가정 경영에서도 큰 자산이 될 것입니다. 두 사람은 서로의 강점을 활용하여, 마치 완벽하게 조화를 이루는 한 잔의 커피처럼, 서로를 북돋우며 따뜻한 가정을 만들어갈 것입니다.

또한, 두 사람의 봉사 정신을 강조하지 않을 수 없습니다. 홍길동 군과 황진이 양은 봉사를 통해 세상을 더 나은 곳으로 만드는 데 기여하며 사랑과 나눔의 의미를 몸소 실천해 왔습니다. 이제 그 사랑과 나눔의 정신이 두 사람의 가정 속에서 더욱 빛날 것입니다. 이들이 함께 나누는 따뜻한 마음이 가족과 친구, 나아가 이웃들에게도 전해질 것을 믿어 의심치 않습니다.

끝으로, 이 두 사람에게 제가 작은 조언을 드리고 싶습니다. 결혼 생활은 때로는 고난과 역경을 동반할 수 있지만, 서로의 손을 잡고 함께 걸어나가는 길이야말로 진정한 행복의 비결입니다. 오늘 이 자리를 시작으로, 서로에게 가장 큰 힘이 되고 위로가 되는 존재로 함께 걸어가길 바랍니다.

신랑 홍길동 군과 신부 황진이 양, 두 분의 앞날에 무한한 축복이 가득하기를 진심으로 기원합니다. 여러분, 두 사람의 새로운 시작을 축하하며 큰 박수를 부탁드립니다. 감사합니다.

2) 수정 요청하기

초안을 검토하고 마음에 안 드는 부분이나 수정, 추가했으면 하는 내용이 있을 경우 수정을 요청하여 개선할 수 있습니다.

사용자 입력문

초안을 바탕으로 다음과 같이 수정해주세요.
결혼에 대한 금언을 중국이나 한국의 말로 바꿔주세요.
순서에 신랑신부에게 사랑의 맹세를 받는 문답 부분을 추가해주세요.
좀 더 친근하고 진솔한 문장으로 적어주세요.

안녕하세요, 사랑과 축복이 넘치는 오늘 이 자리에서 신랑 홍길동 군과 신부 황진이 양의 주례를 맡게 되어 정말 큰 영광입니다. 저는 두 사람이 처음 만난 봉사 동아리의 회장으로서, 지금까지 두 사람의 따뜻한 사랑과 성장 과정을 지켜보았습니다.

오늘 저는 결혼에 대한 금언으로 중국의 고전에서 한 구절을 소개하고 싶습니다. 공자는 "진정한 사랑은 서로를 바라보는 것이 아니라, 같은 방향을 바라보는 것이다"라고 했습니다. 이 말처럼 결혼은 서로 손을 잡고 같은 목표를 향해 나아가는 여정입니다. 홍길동 군과 황진이 양은 이미 봉사를 통해 같은 꿈과 가치를 공유하며 협력하는 멋진 동반자가 되었습니다.

홍길동 군은 회계사로서 꼼꼼하고 신뢰할 수 있는 모습으로 많은 사람들에게 도움을 주었습니다. 황진이 양은 개인 카페를 경영하며 따뜻한 커피 한 잔으로 사람들에게 위로와 행복을 전해왔습니다. 두 분의 이런 멋진 모습은 앞으로의 가정에서도 큰 힘이 되어 줄 것입니다. 두 분이 서로의 장점을 살려 사랑과 배려가 넘치는 가정을 만들어 가실 것이라 믿습니다.

또한, 두 분의 봉사 정신은 정말 특별합니다. 세상을 더 나은 곳으로 만들겠다는 마음으로 시작된 이들의 봉사가 이제는 가정 안에서 사랑과 나눔으로 꽃피우기를 기대합니다. 이 따뜻한 마음들이 가족과 친구, 그리고 이웃들에게까지 전해질 거라고 확신합니다.

그럼 이제 신랑 신부에게 사랑의 맹세를 들어보겠습니다.

신랑 홍길동 군, 당신은 황진이 양을 평생 사랑하고 존중하며 함께 어려움을 극복할 것을 맹세합니까?
(신랑 대답: "네, 맹세합니다.")

신부 황진이 양, 당신은 홍길동 군을 평생 사랑하고 존중하며 함께 어려움을 극복할 것을 맹세합니까?
(신부 대답: "네, 맹세합니다.")

이제 두 분이 서로를 향한 사랑과 약속으로 하나가 되었음을 축하드립니다. 결혼 생활은 가끔 어려움도 있지만, 서로를 믿고 의지하며 함께 걸어나가면 더 큰 행복이 기다리고 있습니다.

신랑 홍길동 군과 신부 황진이 양, 두 분의 앞날에 무한한 축복이 가득하기를 진심으로 기원합니다. 여러분, 두 분의 새로운 시작을 축하하며 따뜻한 박수를 부탁드립니다. 감사합니다.

챗GPT로 검색하기

챗GPT에서 직접 인터넷 검색을 요청할 수 있습니다. 특히 최신 정보에 대한 내용을 질문할 때는 검색을 활용하는 것이 좋습니다.

01 메시지 입력창 아래의 '검색(⊕)' 버튼을 클릭하여 활성화합니다.

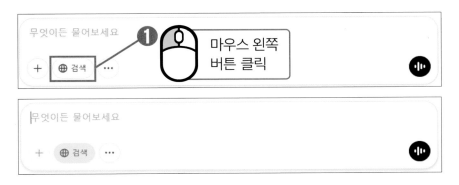

02 검색을 활성화하고 질문하면 웹에서 정보를 찾아 출처와 함께 제공해줍니다.

> 세계에서 가장 많이 팔린 책은 무엇인가요?
>
> 세계에서 가장 많이 팔린 책으로는 **성경**이 꼽힙니다. 성경은 수세기 동안 다양한 언어로 번역되고 전 세계에 배포되어 수십억 부 이상 판매된 것으로 추정됩니다.
>
> 다른 주요 베스트셀러로는 다음과 같은 책들이 있습니다:
>
> 1. **쿠란**: 이슬람교의 경전으로, 전 세계 이슬람 신자들에게 읽히며 널리 퍼져 있습니다.
> 2. **모택동 어록**: 중국의 지도자 마오쩌둥의 연설과 글을 모아놓은 책으로, 중국 문화대혁명 시기에 대량으로 배포되었습니다.
> 3. **돈키호테** (미겔 데 세르반테스): 소설로는 가장 많이 팔린 책 중 하나로, 전 세계적으로 수억 부가 판매되었습니다.
> 4. **해리 포터 시리즈** (J.K. 롤링): 현대 문학에서 가장 인기 있는 시리즈 중 하나로, 전 세계적으로 엄청난 성공을 거두었습니다.
>
> 이 밖에도 《반지의 제왕》(J.R.R. 톨킨)이나 《어린 왕자》(앙투안 드 생텍쥐페리)와 같은 작품도 전 세계적으로 많은 사랑을 받고 있습니다.

[검색을 활성화하지 않고 질문했을 때의 답변]

세계에서 가장 많이 팔린 책은 무엇인가요?

세계에서 가장 많이 팔린 책은 기독교의 경전인 **성경**으로, 약 50억 부 이상 판매된 것으로 추정됩니다. ENJOY FINANCE

그다음으로는 중국의 정치 서적인 **마오쩌둥 어록**이 약 8억~10억 부 판매되었습니다. ENJOY FINANCE

또한, 스페인 작가 미겔 데 세르반테스의 소설 **돈키호테**는 약 5억 부가 판매되어 세계에서 가장 많이 팔린 소설 중 하나로 알려져 있습니다. WANNAREAD

이러한 책들은 시대와 문화를 초월하여 많은 사람들에게 영향을 주었으며, 다양한 언어로 번역되어 전 세계 독자들에게 읽히고 있습니다.

출처 🖼️🅱️

◁》 ⧉ 👍 👎 ↻∨

[검색을 활성화하고 질문했을 때의 답변]

03   [출처] 버튼을 클릭하면 답변을 위해 참고한 출처 사이트가 나열된 창이 열립니다.

세계에서 가장 많이 팔린 책은 기독교의 경전인 **성경**으로, 약 50억 부 이상 판매된 것으로 추정됩니다. ENJOY FINANCE

그다음으로는 중국의 정치 서적인 **마오쩌둥 어록**이 약 8억~10억 부 판매되었습니다. ENJOY FINANCE

또한, 스페인 작가 미겔 데 세르반테스의 소설 **돈키호테**는 약 5억 부가 판매되어 세계에서 가장 많이 팔린 소설 중 하나로 알려져 있습니다. WANNAREAD

이러한 책들은 시대와 문화를 초월하여 많은 사람들에게 영향을 주었으며, 다양한 언어로 번역되어 전 세계 독자들에게 읽히고 있습니다.

출처 🖼️🅱️

◁》 ⧉ 👍 👎 ↻∨

❶

마우스 왼쪽 버튼 클릭

🌐 세상의 즐거운 일들
세계에서 가장 많이 팔린 책 TOP 10
2024년 5월 21일 — 이 글에서는 세계에서 가장 많이 팔린 책 TOP 10에 대해 살펴봅니다. 1. 성경 (약 50...

🌐 워너리드 (WANNA READ)
전 세계에서 가장 많이 팔린 책 TOP 10
2024년 11월 9일 — 오늘은 전 세계에서 가장 많이 팔린 책 TOP 10 을 소개해 드리겠습니다. 책은 시대...

더 보기

W 위키백과, 우리 모두의 백과사전
가장 많이 팔린 책 목록 - 위키백과, 우리 모두의 백과사전
2024년 12월 27일 — 다음은 언어와 관계없이 세계에서 가장 많이 팔린 책 들 (베스트셀러)의 목록이다...

🌐 하루의 정보 산책
세계에서 가장 많이 팔린 책 TOP 10과 그 이유
2024년 12월 21일 — 이번 글에서는 세계에서 가장 많이 팔린 책 TOP 10을 살펴보고, 각 책이 왜 그렇...

🌐 워너리드 (WANNA READ)

❷

답변 내용의 출처를 확인할 수 있습니다.

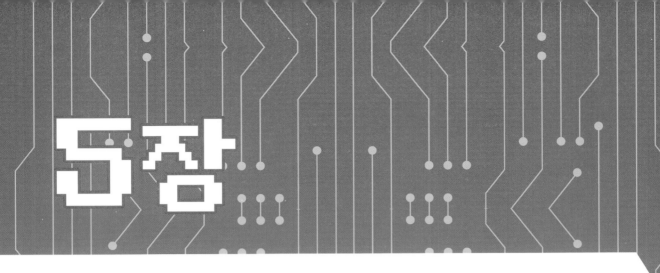

5장

업무에 활용해 보기

이번 장에서는 업무나 사업 등에서
챗GPT를 활용하는 방법들을 알아보겠습니다.

이메일 작성하기

챗GPT를 이용하여 다양한 목적의 이메일 초안을 작성할 수 있습니다.

1) 연하장 작성하기

같은 양식을 공유하면서 일부 내용만 바꾸고 싶을 때는 다음과 같은 프롬프트를 사용할 수 있습니다.

❶ 공유 양식 작성

🖥️ 사용자 입력문

2025년 을사년 연하장 초안을 작성해주세요. 다음과 같은 구조로 써주세요.
- 신년 인사
- 근황 보고 (작년 아들의 대학 졸업, 딸의 결혼이 있었고, 올해 사업 확장을 꾀하고 있음)
- [받는 사람에 따라 교체 가능한 내용이 들어갈 공란]
- 감사의 인사와 마무리.

을사년 신년 연하장 초안

새해 복 많이 받으십시오!
찬란한 을사년(乙巳年)을 맞아 귀하와 가족 모두의 건강과 행복을 진심으로 기원합니다.

지난 한 해는 저희 가족에게도 참으로 뜻깊은 시간이었습니다. 아들은 대학을 졸업하며 새로운 발걸음을 내디뎠고, 딸은 아름다운 결혼식을 올려 새로운 가정을 꾸렸습니다. 또한, 올해는 사업의 새로운 확장을 준비하며 바쁜 나날을 보내고 있습니다.

[여기에는 받는 분에 따라 추가할 내용을 작성해주세요. 예: "덕분에 작년 사업에서 큰 성과를 거둘 수 있었습니다. 앞으로도 많은 조언과 도움 부탁드립니다." 또는 "항상 건강하시고, 가족 모두가 행복하시길 바랍니다."]

언제나 보내주신 관심과 성원에 깊은 감사를 드리며, 올 한 해도 변함없는 믿음으로 함께하길 바랍니다. 새해에도 귀하의 앞날에 축복이 가득하시기를 기원합니다.

2025년 을사년
[작성자 이름 및 연락처]

필요한 내용이 더 있다면 말씀해주세요!

❷ 맞춤 내용 작성

 **사용자 입력문**

[받는 사람에 따라 교체 가능한 내용이 들어갈 공란]에 들어갈 짧은 문구들을 작성하려 합니다. 아래 목록에 따라 각기 맞는 내용들을 작성해주세요.
이사돈 부부: 사위의 부모. 사돈.
김미미 이사: 사업 동료. 딸의 결혼식에 참석했음.
김대표 사장: 주요 거래처인 대표물산 대표이사. 딸의 결혼식에 참석함.
노친우: 고교 동창 친구. 개인사로 인해 작년 딸의 결혼식에 오지 못했으나, 축의금 전달해 옴.
로버트 킴: 회사와 계약된 세무사.

GPT-4o 답변

맞춤 문구 초안

1. 이사돈 부부 (사위의 부모, 사돈)
"지난해 딸의 결혼식에서 보여주신 따뜻한 마음과 성의에 깊이 감사드립니다. 올해도 두 가정이 함께 더 많은 추억을 만들어가길 기대합니다."

2. 김미미 이사 (사업 동료, 딸의 결혼식 참석)
"지난해 바쁜 와중에도 딸의 결혼식에 참석해 자리를 빛내 주셔서 감사드립니다. 앞으로도 많은 조언과 도움 부탁드립니다."

3. 김대표 사장 (주요 거래처 대표, 딸의 결혼식 참석)
"딸의 결혼식에 귀한 발걸음 해주셔서 감사드리며, 올해도 좋은 인연으로 함께 성장할 수 있기를 바랍니다."

4. 노친우 (고교 동창 친구, 결혼식 불참, 축의금 전달)
"지난해 딸의 결혼식에 직접 함께하지 못하셨지만 따뜻한 마음과 축하를 보내주셔서 진심으로 감사드립니다. 올해는 꼭 얼굴을 뵙고 싶습니다."

5. 로버트 킴 (계약된 세무사)
"지난 한 해 회사의 세무 관련 업무를 완벽히 도와주셔서 큰 도움을 받았습니다. 올해도 많은 지도와 협력을 부탁드립니다."

필요 시 추가 수정이나 다른 관계에 맞는 문구 요청도 가능합니다!

2) 회의 확인 메일 작성하기

별도의 문서 파일을 업로드하여 이를 바탕으로 이메일 초안을 작성해봅시다.

250103 하자보상협의 회의 녹취록.docx
문서

회의 녹취록 파일을 바탕으로, 회의 내용을 확인하는 이메일을 작성하려고 합니다.
작성자: 회사 B 김부장
수신자: 회사 A 김에이 대표
메일 내용: 녹취록 첨부파일 전달, 회의 내용 정리와 합의사항의 재확인, 차후 있을 대표 미팅 일정 문의, C사 담당자 연락처 문의.
주의: 자사의 일로 일어난 손해를 끼친 건인 만큼, 사과의 뜻을 비추며 최대한 공적이고 정중한 어조로 작성해주세요.

 **GPT-4o 답변**

아래는 녹취록에 기반하여 작성한 정중하고 공적인 이메일입니다:

제목: 하자 보상 협의 관련 확인 및 차후 미팅 일정 문의
수신: 회사 A 김에이 대표님
작성: 회사 B 김부장

김에이 대표님께,

안녕하십니까, 김부장입니다.

지난 1월 3일 귀사에서 진행된 하자 보상 협의 회의와 관련하여, 먼저 자사의 미흡한 품질관리로 인해 발생한 문제로 불편을 드린 점 진심으로 사과드립니다. 본 메일을 통해 회의 내용을 정리한 녹취록을 첨부드리며, 주요 합의사항을 재확인드리고자 합니다.

다음은 회의에서 합의된 주요 내용입니다:
1. 불량 제품 전량 신품 교체 (150개)
2. 생산라인 중단 손실 전액 보상
3. 향후 6개월간 납품단가 10% 할인
4. 품질관리 개선 계획서 제출
5. 품질관리 개선 이행 보고서 월간 제출
6. 재발 시 위약금 2배 배상 조항 추가
7. C사 위약금 관련 법무팀 차원의 협조

위 내용에 대해 추가 논의나 수정이 필요하다면 언제든 말씀 부탁드립니다.

또한, 다음 주 초로 예정된 양사 대표 미팅 일정에 대해 구체적인 날짜와 시간 확인을 부탁드리며, 귀사와 논의된 C사 담당자 연락처도 공유 부탁드립니다.

이번 기회를 통해 양사의 관계가 더욱 돈독해지기를 바라며, 재발 방지를 위해 최선의 노력을 다할 것을 약속드립니다.

감사합니다.

김부장 드림
회사 B
(연락처: 010-XXXX-XXXX, 이메일: example@example.com)

위 메일 내용이 적합하지 않거나 추가할 사항이 있다면 말씀해주세요.

3) 사업 제안 메일 작성하기

자신과 상대방의 정보를 제공하면 그에 맞는 메일을 작성할 수 있습니다.

🖥️ 사용자 입력문

저는 SNS팔로워 30만, 뉴스레터 구독자 1만 명을 거느린 문화 이벤트 기획회사 '책사랑'의 대표입니다. 출판사 '혜지원'에 사업 제안 메일을 보내려 합니다. 해당 출판사에서 출간한 도서들의 기획전과 저자 사인회, 북토크 등을 진행하고자 합니다. 정중하면서도 제휴로 인한 이득을 강조할 수 있는 이메일 초안을 한국어로 작성해 주세요. 특히 최근 출간된 '어른들을 위한 가장 쉬운 워드&엑셀'을 비롯하여 '어른들을 위한 IT 도서' 시리즈를 중점으로 다뤄주세요.

💬 GPT-4o 답변

다음은 귀하의 요청을 바탕으로 작성된 제안 이메일 초안입니다:

제목 함께하는 문화 이벤트 제안드립니다: '어른들을 위한 IT 도서' 시리즈 기획전

안녕하세요,
혜지원 출판사 담당자님께.

저는 문화 이벤트 기획회사 '책사랑'의 대표 [귀하의 이름]입니다. 먼저, 혜지원 출판사가 출간하신 '어른들을 위한 IT 도서' 시리즈를 비롯한 다양한 도서들이 독자들에게 큰 호응을 얻고 있는 점, 진심으로 축하드립니다. 특히 최근 출간된 '어른들을 위한 가장 쉬운 워드&엑셀'은 실용성과 접근성을 겸비한 도서로 많은 이들에게 실질적인 도움을 줄 수 있는 귀중한 책이라 생각합니다.

저희 책사랑은 30만 명 이상의 SNS 팔로워와 1만 명의 뉴스레터 구독자를 보유하며, 독자와 출판사의 가교 역할을 해온 문화 이벤트 전문 회사입니다. 독자들에게 더 나은 독서 경험을 제공하고자, 혜지원 출판사의 '어른들을 위한 IT 도서' 시리즈를 주제로 한 특별 기획전을 제안드리고자 합니다.

이 기획전에서는 다음과 같은 프로그램을 구상하고 있습니다:
1. 저자 사인회 및 북토크: 도서의 저자를 직접 만나볼 기회를 제공하며 독자와의 교감을 높입니다.
2. 도서 체험 워크숍: '어른들을 위한 가장 쉬운 워드&엑셀'을 활용한 실습 워크숍을 통해 도서의 가치를 체험할 기회를 제공합니다.
3. 온라인/오프라인 공동 프로모션: 책사랑의 SNS 채널과 혜지원의 플랫폼을 활용한 공동 마케팅으로 판매 증대 효과를 기대할 수 있습니다.

본 제휴를 통해 귀사 도서의 브랜드 인지도를 강화하고, 독자층 확대 및 매출 증가를 도모할 수 있을 것으로 기대됩니다. 저희 책사랑은 풍부한 이벤트 기획 경험과 홍보 네트워크를 바탕으로 혜지원 출판사와의 협업에 최선을 다할 준비가 되어 있습니다.

기획안에 대한 상세 내용 및 협의 일정을 위해 편하신 시간에 연락 주시면 감사하겠습니다.
긍정적인 검토를 부탁드리며, 좋은 소식을 기다리겠습니다.

감사합니다.

[귀하의 이름]
대표 | 문화 이벤트 기획회사 '책사랑'
전화: [전화번호]
이메일: [이메일 주소]
웹사이트: [웹사이트 주소]

추가 수정 사항이나 보완이 필요하다면 알려주세요!

4) 영어 이메일 작성하기

이메일 원문이 있다면 이를 외국어로 번역할 수 있습니다. 181p에서 작성한 회의 확인 메일을 영어로 번역하면서 영미권 비즈니스 스타일에 맞는 메일로 수정해봅니다.

사용자 입력문

위 메일을 영어로 번역해주세요.
거기에 더하여 일반적인 영미권 비즈니스 스타일에 맞게끔 메일을 수정, 개선하고 어떠한 부분이 수정되었는지 한국어로 해설해 주세요.

GPT-4o 답변

아래는 영문 이메일로 번역하고 영미권 비즈니스 스타일에 맞게 수정 및 개선한 버전입니다. 이어서 수정한 부분에 대한 한국어 해설도 제공하겠습니다.

Subject: Confirmation of Meeting Details and Further Actions on Defect Compensation

To: Mr. Kim A., CEO of Company A
From: Mr. Kim, Manager, Company B

Dear Mr. Kim,

I hope this email finds you well.

First, I would like to extend my sincerest apologies for the inconvenience caused by the quality issues with our delivered products. We deeply regret the shortcomings in our quality management that led to this situation and appreciate your patience and cooperation during the January 3rd meeting.

To ensure transparency and mutual understanding, I have attached the meeting transcript for your reference. Below is a summary of the key agreements discussed:

1. Replacement of all defective products with 150 new units
2. Full compensation for losses due to production line stoppages
3. A 10% discount on product prices for the next six months
4. Submission of a quality improvement plan
5. Monthly submission of quality improvement progress reports
6. Inclusion of a double penalty clause for any recurrence of similar issues
7. Assistance from our legal team in negotiating penalty reductions with Company C

Please let me know if any revisions or additional clarifications are needed regarding the above agreements.

Additionally, I would like to confirm the specific date and time for the upcoming meeting between our company representatives next week. Kindly provide this information at your earliest convenience. I also kindly request contact details for the relevant representative at Company C to facilitate further discussions.

We are committed to ensuring this issue becomes a stepping stone for improving our quality management and strengthening our partnership. Thank you once again for your understanding and support.

Best regards,
Mr. Kim
Manager, Company B
(Tel: +82-10-XXXX-XXXX, Email: example@example.com)

수정된 부분과 해설
1. 도입부의 인사 및 사과 문구 보강
  - 한국어 원문에서는 바로 사과로 시작했으나, 영미권에서는 일반적으로 "I hope this email finds you well" 같은 간단한 인사로 시작하는 경우가 많습니다.
  - 이 후 사과문을 통해 상황을 설명하며 정중한 어조를 유지했습니다.

2. "To ensure transparency and mutual understanding" 추가
　- 영미권에서는 협력적인 관계를 강조하는 문구를 추가해 상대방의 신뢰를 얻으려는 경향이 있습니다.

3. "Kindly provide this information at your earliest convenience" 사용
　- 요청 사항을 전달할 때, "at your earliest convenience"와 같은 표현으로 부드럽고 공손한 어감을 더했습니다.

4. 문단 분리와 명료한 문장 구조
　- 긴 문장을 분리하고 주요 포인트를 명확히 제시하는 방식으로 읽기 쉽게 구성했습니다.

5. "We are committed to ensuring..." 마무리 문구 추가
　- 이메일의 끝부분에 긍정적이고 미래지향적인 메시지를 추가하여 파트너십 강화의 의지를 표현했습니다.

이와 같이 문장을 간결하게 만들고 협력적이며 정중한 표현을 추가함으로써 영미권 비즈니스 문화에 맞는 이메일로 수정했습니다. 추가 요청 사항이나 궁금한 점이 있으면 말씀해주세요.

광고글 쓰기

챗GPT에게 상품 정보를 제공하면 용도에 맞는 다양한 광고글 카피를 작성할 수 있습니다.

1) 광고글 초안 쓰기

자사 상품 광고 문구 초안을 작성해봅시다.

🖥️ 사용자 입력문

당신은 전문적인 카피라이터이자 마케터로, 상품 광고 문구 작성 의뢰를 맡았습니다.
상품: 캐릭터 무드등
특징:
- 인기 만화 캐릭터의 디자인을 첨가한 무드등.
- 탁상용 소, 침대 테이블용 중, 스탠드형 대 3가지 사이즈
- 충전식 배터리로 콘센트 없이도 48시간 작동
- 자동 소등 타이머와 알람시계 기능
가격: 소 19000원, 중 29000원, 대 39000원

🖥️ GPT-4o 답변

빛나는 순간, 당신의 캐릭터가 함께합니다!

[캐릭터 무드등]
귀여운 인기 만화 캐릭터가 담긴 특별한 무드등으로 당신의 공간을 채워보세요!

3가지 사이즈, 모든 공간에 딱!

- 소(19,000원): 책상 위 포인트 조명으로 완벽!
- 중(29,000원): 침대 옆에서 은은한 분위기 연출!
- 대(39,000원): 스탠드형으로 방 전체를 환하게!

충전 한 번으로 48시간
어디서든 콘센트 걱정 없이 사용할 수 있어요.

똑똑한 기능도 탑재!
- 자동 소등 타이머로 꺼짐 걱정 NO!
- 알람시계 기능으로 캐릭터와 상쾌한 아침을!

지금 바로 캐릭터 무드등으로 일상에 힐링을 더하세요!
[구매하러 가기]

2) 상세 페이지 기획하기

초안을 바탕으로 다양한 목적에 맞게 변형을 요청할 수 있습니다. 온라인 스토어 판매에 필수적인 상세 페이지 작성도 쉽게 할 수 있습니다.

🖥️ 사용자 입력문

쇼핑몰 상세 페이지 문구를 작성해주세요. 추천하는 디자인과 들어갈 사진의 정보도 각 위치에 맞게 넣어서 디자인 기획서처럼 만들어주세요.

GPT-4o 답변

캐릭터 무드등 상세 페이지 기획안

1. 메인 배너
문구
> "내 방 속의 캐릭터, 빛나는 감성!
> 당신의 공간에 특별함을 더하세요."

디자인 및 사진 정보
- 이미지: 인기 만화 캐릭터 무드등 3가지 사이즈(소, 중, 대)가 빛나는 모습.
- 배경: 어두운 방 안에 무드등의 따뜻한 빛이 퍼지는 장면.
- 포인트: 캐릭터의 귀여움과 은은한 조명의 분위기 강조.
- 버튼: "지금 구매하기" 버튼(컬러: 밝은 옐로우).

2. 제품 소개 섹션
문구
> "귀여운 캐릭터와 함께하는 무드등!
> 인기 만화 캐릭터를 모티브로 한 디자인과 실용적인 기능이 만난 특별한 조명."

디자인 및 사진 정보
- 이미지 1: 소, 중, 대 사이즈 제품이 함께 놓인 사진(크기 비교 가능).
- 이미지 2: 각 사이즈의 특징을 강조하는 별도 이미지.
  - 소: 책상 위에서 노트북과 함께 조화로운 모습.
  - 중: 침대 옆 테이블 위의 아늑한 연출.
  - 대: 방 한가운데 놓인 웅장한 스탠드 조명.
- 레이아웃: 각 사이즈마다 섹션 분리, 캐릭터 클로즈업 이미지 삽입.

3. 제품 기능 섹션
문구
> "이건 그냥 무드등이 아니에요.
> 일상에 편리함을 더하는 똑똑한 기능까지!"
- 충전 한 번으로 48시간 지속: 어디서든 자유롭게 사용 가능.

- 자동 소등 타이머: 잠들기 전 자동으로 OFF!
- 알람시계 기능: 상쾌한 아침을 깨워주는 캐릭터와 함께.

디자인 및 사진 정보
- 이미지 1: 충전 중인 무드등과 충전기 연결 모습.
- 이미지 2: 타이머와 알람시계 기능 사용 장면(모바일 앱과의 연동 화면도 추가 가능).
- 아이콘 디자인: 각 기능에 맞는 직관적인 아이콘 추가.

4. 사용자 후기 섹션
문구
> "이미 많은 사람들이 선택했어요!
> 고객들의 리얼 리뷰를 확인하세요."

디자인 및 사진 정보
- 이미지 1: 고객 사용 사진(무드등이 실제 방에 놓인 모습).
- 이미지 2: 리뷰 캡처본(최소 ★★★★★ 4.5 이상).
- 레이아웃: 슬라이드형 후기 배치, "더 많은 리뷰 보기" 버튼 포함.

5. 구매 유도 섹션
문구
> "지금 바로 캐릭터 무드등으로 나만의 공간을 완성하세요!"
- 소: 19,000원
- 중: 29,000원
- 대: 39,000원
> 빠른 배송! 한정 수량 판매 중!

디자인 및 사진 정보
- 이미지: 제품 패키지와 배송박스 이미지(깨끗하고 고급스러운 디자인).
- 버튼: "구매하기" 버튼(컬러: 레드 또는 오렌지).

6. FAQ 섹션
문구
> "궁금한 점이 있으신가요?"
> 자주 묻는 질문과 답변을 확인하세요.

디자인 및 사진 정보
- 레이아웃: 질문과 답변을 드롭다운 형태로 깔끔하게 정리.
- 이미지: 무드등의 상세 부분 클로즈업(충전 포트, 알람 기능 버튼 등).

이 페이지는 소비자에게 제품의 감성적 매력과 실용성을 모두 전달하며 구매 욕구를 자극하도록 설계되었습니다. 추가 요청이 있으면 알려주세요!

3) 카드 뉴스 기획하기

압축된 카드 뉴스 스타일에 맞게 디자인을 요청해봅시다.

사용자 입력문

3장으로 된 카드 뉴스 스타일로 만들어주세요. 각 장은 최대한 간결하고도 매력적인 문구만 적어주세요. 각 카드뉴스마다 들어갈 이미지나 사진 스타일도 함께 추천해주세요.

GPT-4o 답변

캐릭터 무드등 카드 뉴스 기획안

1장: 첫 번째 카드 – "감성의 시작"
문구:
> "내 방 속, 캐릭터의 따뜻한 빛
> 빛나는 순간을 함께하세요."

이미지 스타일:

- 배경: 어두운 방 안, 캐릭터 무드등이 은은히 빛나는 장면.
- 포인트: 인기 만화 캐릭터의 디테일이 돋보이는 클로즈업.
- 색감: 따뜻한 오렌지와 옐로우 톤 강조.

2장: 두 번째 카드 - "똑똑한 기능"
문구:
> "48시간 충전 없이 OK!
> 타이머로 잠들기 편안하게,
> 알람으로 아침을 상쾌하게!"

이미지 스타일:
- 배경: 무드등 옆에 스마트폰 타이머와 알람 설정 화면.
- 포인트: 사용자가 침대 옆에서 타이머 설정을 하는 모습.
- 색감: 차분한 블루와 화이트 톤, 기능성을 강조.

3장: 세 번째 카드 - "지금 만나보세요!"
문구:
> "소: 19,000원 / 중: 29,000원 / 대: 39,000원
> 캐릭터와 함께하는 특별한 공간,
> 지금 바로 만나보세요!"

이미지 스타일:
- 배경: 3가지 사이즈의 무드등이 나란히 놓인 모습.
- 포인트: 제품 패키지와 고급스러운 포장 이미지.
- 색감: 밝고 산뜻한 톤(화이트 배경에 캐릭터의 색감 강조).

이 카드 뉴스는 각 장마다 간결한 메시지와 매력적인 비주얼로 소비자의 관심을 유도하며, SNS에 적합한 형식으로 설계되었습니다. 필요 시 추가 조정 가능합니다!

4) 블로그 후기글 작성하기

꼭 들어가야 할 내용만 간략하게 정리하면 블로그에 올릴 체험단 리뷰도 원하는 스타일로 간편하게 작성할 수 있습니다.

🖥️ 사용자 입력문

해당 상품에 대한 블로그 체험단 리뷰를 작성하려 합니다.
스타일: 네이버 블로그 포스팅 스타일, 중간중간 사진이 들어간 줄글 형식. 일상적인 어투,
- 상품을 무료로 제공받아 사용한 체험단 후기임을 처음에 명시해주세요.
- 작성자는 30대 여성 회사원입니다.
- 대형 사이즈를 침실에 비치해 사용했습니다.
- 평소 좋아하던 캐릭터라서 디자인과 기능에 만족하였습니다.
- 알람 소리가 조금 작은 게 단점입니다.

🖥️ GPT-4o 답변

[체험단 후기] 인기 캐릭터 무드등, 침실 분위기 살리는 조명템!

안녕하세요, 30대 직장인 A입니다!
오늘은 제가 체험단으로 제공받은 캐릭터 무드등 후기를 들려드릴게요. 평소 좋아하던 캐릭터라 너무 기대됐는데, 직접 사용해보니 디자인부터 기능까지 정말 만족스러웠어요. 다만, 사용하면서 느낀 솔직한 아쉬운 점도 함께 적어볼게요!

첫 만남부터 설렘 가득
제품을 받자마자 패키지부터 귀여움 폭발! 제가 좋아하는 캐릭터가 포장 상자부터 눈에 띄더라고요. 언박싱하는 순간부터 기분이 좋아지는 거 있죠?

[사진] 포장된 무드등 모습과 제품 구성품

무드등은 소, 중, 대 3가지 사이즈 중 대형을 선택했어요. 침실에 포인트 조명으로 두기엔 딱 좋은 크기

였습니다.

디자인: 캐릭터 덕후라면 무조건 소장각!
침대 옆에 놓아두니 정말 예뻐요. 특히, 캐릭터의 디테일이 살아 있어서 보는 것만으로도 힐링됩니다.
조명은 따뜻한 오렌지빛으로 방 안을 은은하게 채워주는데, 덕분에 침실 분위기가 훨씬 아늑해졌어요.

 [사진] 침대 옆에 놓인 무드등의 빛나는 모습

캐릭터를 좋아하시는 분이라면 디자인 하나만으로도 충분히 구매할 이유가 될 것 같아요.

기능: 48시간 지속 + 알람 & 타이머 기능
이 무드등의 최고 장점은 충전 한 번으로 48시간 지속된다는 거예요. 콘센트가 없는 곳에서도 사용하기 너무 편하더라고요.

[사진] 무드등 충전 중 모습

타이머 기능도 유용했어요. 자기 전에 몇 분 후에 꺼지도록 설정하면, 스르르 잠들 때까지 은은한 조명을 즐길 수 있답니다. 아침에 알람 기능으로도 사용해봤는데요, 다만 알람 소리가 조금 작아서 깊게 잠든 날에는 못 들을 때도 있더라고요. 이 점은 약간 아쉬웠어요.

솔직 후기: 만족도 90%

전체적으로 정말 만족스러웠어요.
좋아하던 캐릭터로 침실 분위기 업!
충전식이라 사용이 편리함.
타이머 기능 덕분에 잠들기 편리.

하지만 알람 소리 크기가 조금 작다는 건 개선되었으면 좋겠어요. 아침잠이 많으신 분들에겐 약간 부족할 수 있을 것 같아요.

[사진] 무드등과 함께한 침실 전체 샷

결론: 감성 가득한 침실을 원한다면 추천!

캐릭터 무드등은 단순한 조명이 아니라, 공간의 분위기를 완성해주는 아이템이에요. 특히 캐릭터를 좋아하시는 분들이라면 후회하지 않으실 거예요! 저도 앞으로 침실의 필수템으로 애용할 예정입니다.

혹시 구매를 고민 중이라면 한 번 사용해보세요. 확실히 공간의 분위기가 달라져요!

#캐릭터무드등 #침실조명 #감성아이템 #체험단후기

문서 교정받기

챗GPT를 사용하면 맞춤법 검사뿐만 아니라 글 전체를 더 좋은 방향으로 수정하기 위한 조언을 받을 수 있습니다.

1) 잘못된 맞춤법과 비문 고치기

🖥 사용자 입력문

아래는 짧은 여행 후기입니다. 잘못된 맞춤법과 비문을 수정해주세요.

작년에 나는 친구와 함께 제주도로 여행을 갔다. 그곳에서 우리는 맛있는 음식들을 먹엇고 멋진 경치를 구경햇다. 특히 성산일출봉에서 보는 일출이 너무 이뻣는대, 새벽 5시에 일어나서 올라가기는 힘들엇다. 우리는 일출봉 정상에서 찍은 사진을 SNS에 올렷더니 좋아요가 엄청 받앗다.

그런대 여행중에 가장 아쉬웠던건 렌트카를 빌려서 운전하다가 길을 잃어서 시간을 낭비한거다. 네비게이션이 잘 안되가지고 한시간 가까이를 해매엿다. 다음번에는 꼭 제주도 지도를 프린트해서 가야겟다고 생각햇다.

마지막날에는 흑돼지 구이집에서 저녁을 먹엇는대, 음식이 너무   있어서 배가 터질때까지 먹엇다. 3박 4일 동안의 여행이 끝나고 집에 돌아오니까 피곤하지만 즐거웠던 추억이 가득햇다.

💬 GPT-4o 답변

아래는 수정된 여행 후기입니다. 맞춤법과 비문을 바로잡고 문장을 자연스럽게 다듬었습니다.

작년에 나는 친구와 함께 제주도로 여행을 갔다. 그곳에서 우리는 맛있는 음식을 먹었고, 멋진 경치를 구경했다. 특히 성산일출봉에서 본 일출이 너무 아름다웠는데, 새벽 5시에 일어나서 올라가기는 힘들었다. 우리는 일출봉 정상에서 찍은 사진을 SNS에 올렸더니 좋아요를 엄청나게 많이 받았다.

하지만 여행 중 가장 아쉬웠던 점은 렌트카를 빌려 운전하다가 길을 잃어 시간을 낭비한 일이었다. 내비게이션이 잘 작동하지 않아 한 시간 가까이 헤맸다. 다음번에는 꼭 제주도 지도를 프린트해서 가야겠다고 다짐했다.

마지막 날에는 흑돼지 구이집에서 저녁을 먹었는데, 음식이 너무 맛있어서 배가 터질 때까지 먹었다. 3박 4일 동안의 여행을 마치고 집에 돌아오니 피곤했지만, 즐거웠던 추억이 가득했다.

내용의 흐름을 해치지 않으면서도 자연스럽게 다듬었으니 참고하세요!

2) 글 개선하기

 **사용자 입력문**

글의 전체적인 구조와 문장을 더 자연스럽게 개선해주세요. 풍경의 묘사를 좀 더 감성적이고 문학적으로 바꿔주세요. 중간중간 여행에 대한 명언을 첨가해주세요.

GPT-4o 답변

다음은 여행 후기를 자연스럽고 감성적으로 다듬고, 명언을 추가한 버전입니다.

작년에 나는 친구와 함께 제주도로 떠났다. 푸른 바다와 싱그러운 바람이 반겨주는 그곳은, 마치 잠시 현실에서 벗어나 꿈속을 걷는 듯한 기분이 들게 했다. "여행이란 낯선 곳에서 나를 발견하는 것이다"라는 말처럼, 제주도는 나에게 새로운 나를 보여주는 특별한 공간이었다.

우리는 제주의 다양한 맛을 즐기고, 발길 닿는 대로 풍경을 탐험했다. 특히 성산일출봉에서 맞이한 새벽의 일출은 잊지 못할 장면이었다. 어스름한 하늘이 서서히 밝아오며 주황빛 햇살이 수평선을 물들일 때, 마치 자연이 만들어낸 한 폭의 그림을 보는 듯했다. 가슴 깊이 울리는 순간이었지만, 새벽 5시에 일어나

가파른 길을 오른 여정은 쉽지 않았다. "일출은 노력한 자만이 볼 수 있는 특권이다"라는 친구의 말에 웃으며 힘을 냈다. 정상에서 찍은 사진을 SNS에 올리자마자 폭발적인 반응이 돌아와 더욱 뿌듯했다.

하지만 모든 여행이 그렇듯, 작은 아쉬움도 있었다. 렌트카를 몰며 한적한 시골길을 달리던 중 내비게이션이 멈춰 길을 잃었다. 한 시간 가까이 헤매며 시간을 낭비했지만, 돌이켜보면 그 길에서 만난 감귤 농장의 풍경과 주민들의 따뜻한 미소는 또 다른 추억이 되었다. "길을 잃는다는 것은 곧 새로운 길을 찾는 일이다"라는 생각으로 다음엔 지도를 준비해보려 한다.

여행의 마지막 밤은 제주 흑돼지 구이로 마무리했다. 불판 위에서 지글지글 익어가는 고기와 고소한 향기가 식욕을 자극했고, 친구와 나는 배가 터질 때까지 맛있게 먹었다. 그 순간은 맛과 함께 행복을 꼭꼭 씹어 삼키는 듯했다.

3박 4일 동안의 제주 여행은 짧았지만, 삶에 대한 열정과 자연의 경이로움을 다시금 느끼게 해준 소중한 시간이었다. 집으로 돌아오는 길, 조금은 피곤했지만 마음속엔 수많은 추억과 깨달음이 자리 잡았다. "여행이란 결국 우리를 더 나은 사람으로 만들어주는 삶의 여정"이라는 명언처럼, 이번 제주 여행은 나에게 또 다른 시작을 선물해 주었다.

문장을 보다 감성적으로 다듬고 여행에 어울리는 명언을 추가했습니다. 생생한 묘사와 의미 있는 메시지가 더해져 풍부한 느낌을 줄 것입니다.

긴 문서 요약하기

챗GPT를 사용하면 길고 복잡한 내용의 문서를 간편하게 요약할 수 있습니다.

1) 문서 파일 요약하기

긴 글의 경우, 파일로 첨부하면 간편하게 요약을 요청할 수 있습니다.

 **사용자 입력문**

이것은 제가 다운로드받은 무료로 공개된 전자책입니다. 이 책이 어떤 내용을 다루는지 간략하게 소개하고, 전체 내용을 3000자 내로 간추려주십시오.

GPT-4o 답변

이 전자책은 에드거 앨런 포(Edgar Allan Poe)의 시 "The Raven"과 그의 산문 "The Philosophy of Composition"을 포함하고 있습니다. 시 "The Raven"은 한 남자가 밤에 까마귀와 마주하며 사랑하는 사람을 잃은 슬픔과 절망을 표현한 고전적인 작품입니다. "The Philosophy of Composition"는 포가 이 시를 어떻게 창작했는지 구체적인 과정을 설명한 산문으로, 시의 구성 원리와 창작 철학을 논의합니다.

주요 내용 요약 (3000자 내외)

"The Raven"

- 줄거리: 주인공은 밤중에 사랑하는 사람, '레노어(Lenore)'를 잃은 슬픔에 잠겨 있습니다. 방 안에서 책을 읽으며 마음을 달래려 하던 중, 누군가 문을 두드리는 소리에 긴장합니다. 나중에 창문을 열었을 때 까마귀가 들어오고, 이 까마귀는 "Nevermore"라는 단어를 반복합니다.
- 상징과 주제: 까마귀는 주인공의 고통, 잃어버린 사랑, 그리고 영원히 치유되지 않는 슬픔을 상징합니다. "Nevermore"라는 반복적인 대답은 그의 희망이 영원히 사라졌음을 암시합니다.
- 구조와 톤: 시는 강렬하고 비극적인 톤으로 진행되며, 점차적으로 절망과 비애가 심화됩니다.

"The Philosophy of Composition"
- 창작 과정:
  - 포는 창작의 전 과정을 논리적이고 체계적으로 접근했다고 설명합니다. 그는 작품의 길이, 효과, 주제를 먼저 결정하고, 이후 세부 사항을 구성했다고 주장합니다.
  - 그는 작품의 "총체적 인상"을 중시하며, 이를 위해 시를 짧게 구성하고 한 번에 읽을 수 있도록 설계했습니다.
- "The Raven"의 해석:
  - 까마귀의 반복적인 단어 "Nevermore"는 슬픔과 단절의 감정을 강화하는 장치로 사용되었습니다.
  - 주인공의 점진적인 정신적 변화와 절망감이 시 전체에서 어떻게 구축되는지를 설명합니다.
- 주요 철학: 포는 "아름다움"을 시의 핵심 목표로 삼으며, 그 아름다움이 독자에게 가장 깊은 감동을 준다고 믿었습니다. 그는 슬픔이 가장 시적이고 강렬한 정서라고 주장하며, 이를 시의 주요 톤으로 설정했습니다.

종합
- 이 책은 시와 산문을 통해 포의 독창적인 창작 과정을 엿볼 수 있는 귀중한 자료입니다.
- "The Raven"은 단순한 시가 아니라 심오한 철학과 예술적 기교로 가득한 작품이며, "The Philosophy of Composition"은 이를 뒷받침하는 논리적 분석으로 포의 예술적 접근 방식을 드러냅니다.

필요하면 더 구체적인 내용을 제공할 수 있습니다.

2] 뉴스 기사 요약하기

뉴스 기사의 링크를 제공하여 핵심 요약을 제공받을 수 있습니다.

 **사용자 입력문**

https://www.bbc.com/news/articles/ckgxv7jk0z1o *
해당 뉴스 기사의 핵심을 간추려주세요.

* BBC News. (2025, January 6). How AI gift suggestions are changing the way we shop.
Retrieved from https://www.bbc.com/news/articles/ckgxv7jk0z1o

 GPT-4o 답변

인공지능(AI)이 선물 선택에 얼마나 유용한지에 대한 기사입니다. 조시 휴즈(Josie Hughes)라는 사용자가 AI 챗봇인 챗GPT를 활용해 9세 남동생을 위한 선물을 추천받았고, 그 결과 슬랙라인(slackline)을 선택하게 되었다는 사례를 소개합니다. 또한, 영국 소비자들이 올해 크리스마스 선물에 평균 £596을 지출할 것으로 예상되며, AI 기반 선물 추천 서비스의 활용이 증가하고 있다는 내용도 담고 있습니다. 예를 들어, 미국의 GiftList라는 웹사이트는 AI를 통해 사용자에게 맞춤형 선물 아이디어를 제공하고 있습니다. 이러한 AI 도구들은 사용자로부터 받은 정보를 바탕으로 선물 추천을 제공하며, 소비자들이 선물 선택에 드는 시간을 절약하고 더 나은 아이디어를 얻는 데 도움을 주고 있습니다.

 참고

챗GPT는 한국 뉴스 사이트 링크를 인식하지 못할 수 있습니다. 그럴 때는 뉴스 본문을 복사해서 요약을 요청해봅시다.

Section

05

데이터 분석 요청하기

각종 정부 기관이나 사이트에서 받을 수 있는 통계 데이터 자료는 보통 CSV나 엑셀 파일로 되어 있습니다. 이러한 파일을 분석해 원하는 내용을 얻어보겠습니다.

사용자 입력문

website_traffic_data.csv
스프레드시트

이건 2023년부터 2024년까지 한 웹사이트의 방문자수와 이용시간 등 트레픽을 조사한 데이터입니다. 이 데이터를 분석하여 다음 값을 구해주세요.
- 2년간 총 방문자 수
- 방문자가 가장 많았던 달
- 방문자 대비 페이지뷰의 비율

GPT-4o 답변

분석 결과는 다음과 같습니다:

- 2년간 총 방문자 수: 657,280명
- 방문자가 가장 많았던 달: 2024년 3월
- 방문자 대비 페이지뷰의 비율: 약 2.14

추가적인 분석이 필요하거나 시각화가 필요하면 말씀해주세요!

데이터 분석해서 그래프 만들기

앞에서 업로드한 자료를 분석하여 그래프 작성을 요청해봅시다.

 **사용자 입력문**

월별 방문자 수 변화를 직선 그래프로 그리세요. 2023년과 2024년을 별개의 직선으로 나타내주세요.

GPT-4o 답변

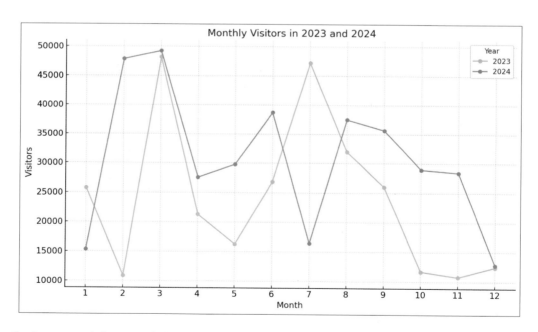

위 그래프는 2023년과 2024년의 월별 방문자 수 변화를 나타냅니다. 각 연도는 별도의 직선으로 표시되어 있으며, 데이터의 월별 증감 추이를 확인할 수 있습니다. 추가적인 분석이나 다른 그래프 유형이 필요하면 말씀해주세요!

챗GPT가 그려준 그래프의 위쪽에 있는 'chart 다운로드(↓)' 버튼을 누르면 그래프를 이미지 파일로 다운로드받을 수 있습니다.

챗GPT는 선 그래프 외에도 여러 가지 유형의 그래프를 그릴 수 있습니다. 사용자의 목적을 설명하면 가장 어울리는 그래프를 추천받을 수도 있습니다.

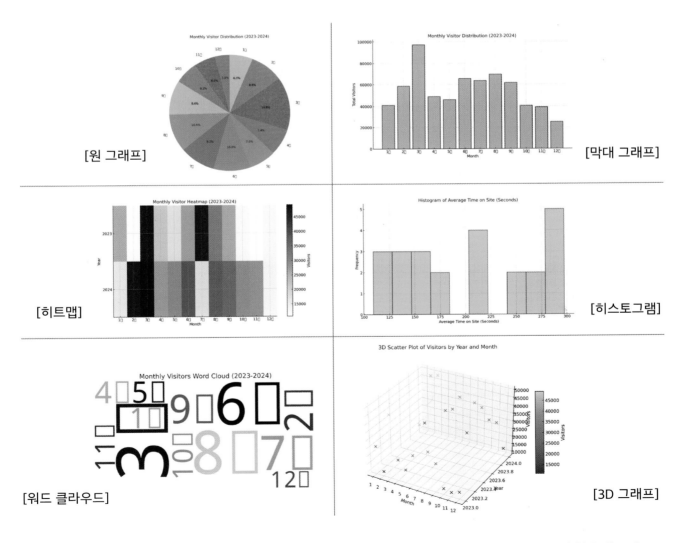

Section 07

캔버스로 긴 글 자유롭게 편집하기

챗GPT는 코딩과 글쓰기에서 실시간으로 도움을 받을 수 있는 '캔버스'라는 기능을 제공합니다. 캔버스를 사용하면 초안을 작성한 후 챗GPT에게 다양한 보조를 받을 수 있습니다.

1) 캔버스로 글 작성하기

01 메시지 입력창 아래에 있는 '도구 보기(...)' 버튼을 클릭하고 [캔버스]를 클릭하면 입력창에 파란 글씨로 '캔버스'라는 단어가 표시됩니다.

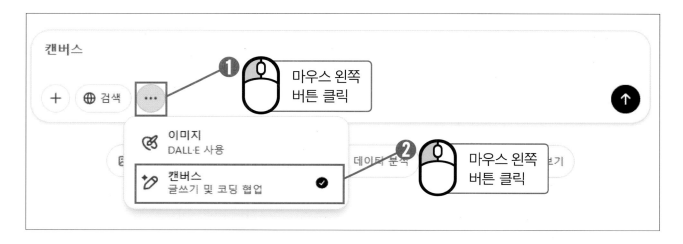

02 이 상태에서 생성하길 원하는 글의 내용을 입력합니다.

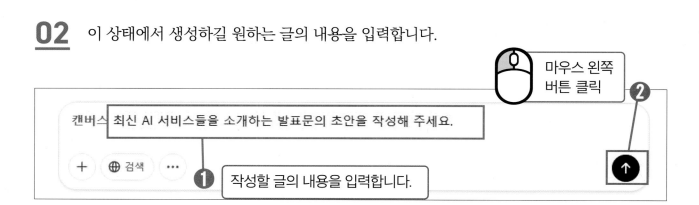

03 메시지 입력창과 별도의 창에 요청한 글이 나타납니다. 이 창이 '캔버스'입니다.

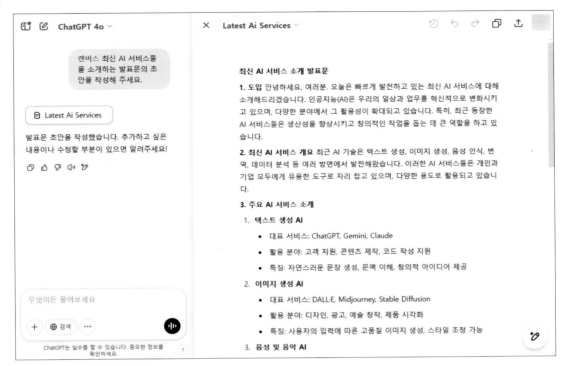

2) 캔버스로 작성한 글 수정하기

01 수정이나 보완을 요청하면 캔버스창에 있는 내용이 그에 맞춰 수정됩니다.

수정할 내용을 입력합니다.

각 문단에 최대한 짧은 개요만 남겨 주세요.

요청에 맞게 문서 전체가 수정되었습니다.

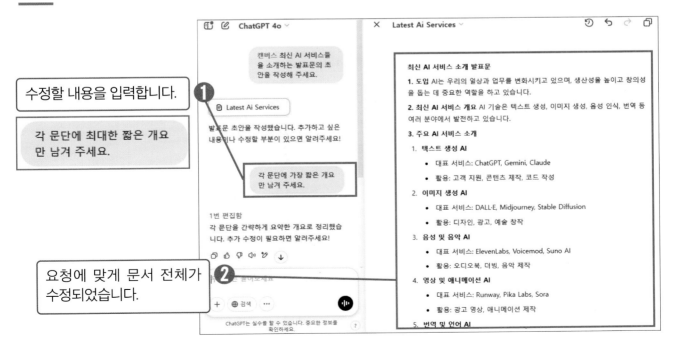

02 '1번 편집함' 부분을 클릭하거나 캔버스 상단의 '변경 사항 표시( )'를 클릭하면 실제로 수정된 부분을 확인할 수 있습니다.

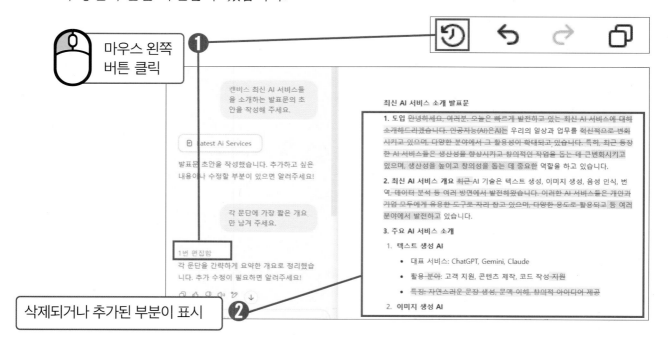

03 '입력창에 긴 내용 입력하기'(80p)에서 살펴본 것처럼, 캔버스는 직접 편집이 가능합니다. 캔버스에서 작업을 하며 드래그한 뒤 'ChatGPT에게 묻기'를 클릭하면 선택한 문장만을 챗GPT에게 수정 요청할 수 있습니다.

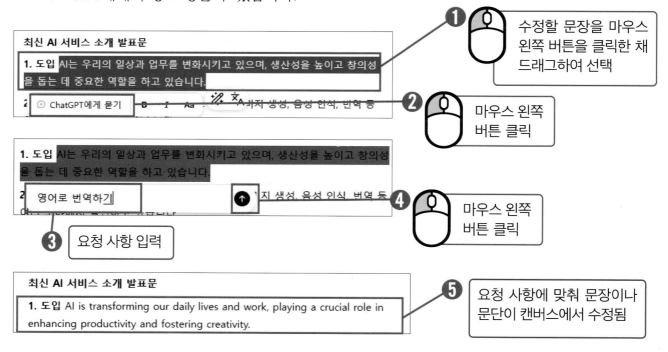

3) 챗GPT에게 문서 손질 맡기기

01 캔버스 하단의 '편집 제안(✏️)' 버튼을 클릭하여 캔버스 문서 전체를 한번에 편집하는 다양한 메뉴를 열 수 있습니다. 각 버튼을 클릭하여 기능을 실행할 수 있습니다. '편집 제안'을 클릭해서 실행해보겠습니다.

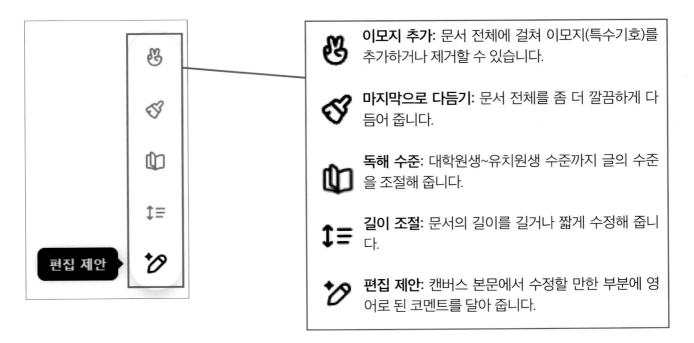

✌️ 이모지 추가: 문서 전체에 걸쳐 이모지(특수기호)를 추가하거나 제거할 수 있습니다.

🧹 마지막으로 다듬기: 문서 전체를 좀 더 깔끔하게 다듬어 줍니다.

📖 독해 수준: 대학원생~유치원생 수준까지 글의 수준을 조절해 줍니다.

↕️≣ 길이 조절: 문서의 길이를 길거나 짧게 수정해 줍니다.

✏️ 편집 제안: 캔버스 본문에서 수정할 만한 부분에 영어로 된 코멘트를 달아 줍니다.

02 '편집 제안'을 클릭하면 본문에 노란색으로 강조된 부분이 생깁니다. 이 부분을 클릭하면 챗GPT가 제안한 코멘트가 보입니다. [적용] 버튼을 누릅니다.

03 챗GPT가 제안한 코멘트대로 해당 부분이 수정됩니다.

결론

이번 발표에서 소개한 AI 기술은 생성형 AI, 생산성 향상 도구, 개인화 서비스, 헬스케어, 그리고 교육 분야에 걸쳐 놀라운 혁신을 이루고 있습니다. 이 모든 기술은 우리의 삶과 일상에 깊은 영향을 미치고 있으며, 앞으로도 새로운 가능성을 열어갈 것입니다. 감사합니다.

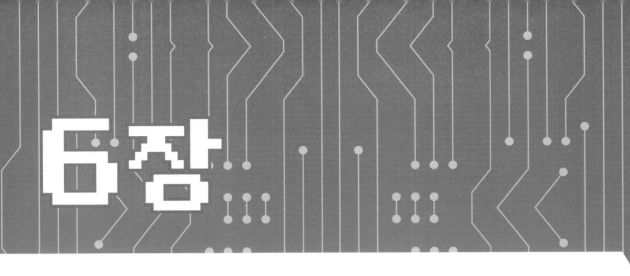

6장

이미지 만들어 보기

챗GPT가 탑재한 이미지 생성 인공지능인 DALL·E는
자연어 인식 능력이 뛰어납니다. 복잡한 사용법을 배울 필요 없이
챗GPT에 원하는 그림을 설명하여 바로 만들 수 있습니다.

Section 01

이미지 요청해 생성하기

Plus 플랜 이상을 사용한다면 챗GPT의 이미지 생성 기능을 사용할 수 있습니다. 무료 사용자 또한 사용이 가능하지만, 하루에 2장으로 생성 이미지 수가 제한됩니다.

1) 채팅으로 그림 생성 요청하기

01 메시지 입력창에 원하는 그림을 설명하고 그림으로 그려줄 것을 요청합니다.

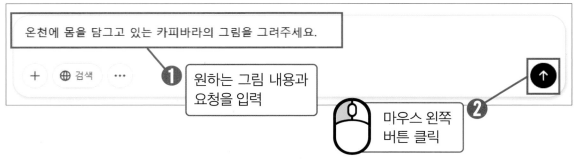

02 이미지가 생성됩니다.

2) '이미지 생성' 도구 사용하기

01 메시지 입력창 아래에 있는 '도구 보기(···)' 버튼을 클릭합니다.

02 '이미지'를 클릭합니다.

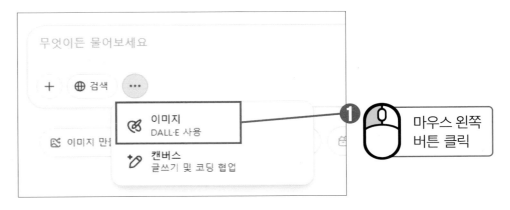

03 메시지 입력창에 파란 글씨로 '이미지'가 표시됩니다. 이 상태에서 원하는 그림의 내용을 입력합니다.

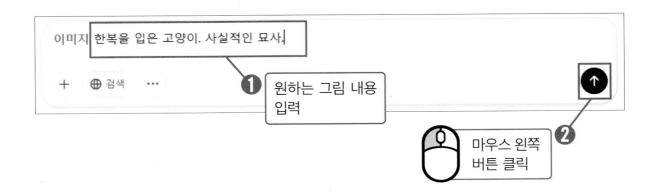

04 이미지가 생성됩니다.

여기 한복을 입은 사실적인 고양이 이미지입니다! 화려한 한복과 부드러운 털이 돋보이는 모습이에요. 마음에 드시나요? 😊

3) 이미지 확인하고 다운로드하기

01 생성된 이미지를 마우스로 클릭합니다.

여기 한복을 입은 사실적인 고양이 이미지입니다! 화려한 한복과 부드러운 털이 돋보이는 모습이에요. 마음에 드시나요? 😊

❶ 마우스 왼쪽 버튼 클릭

02 그림이 확대되며 '이미지 편집' 모드에 들어가게 됩니다.

03 챗GPT는 사용자가 입력한 내용을 토대로 이미지 생성을 위한 '프롬프트'를 따로 생성하고, 그 프롬프트를 바탕으로 이미지를 생성합니다. '프롬프트(ⓘ)' 버튼을 클릭하면 실제로 그 이미지가 어떠한 명령어를 통해 생성되었는지 확인할 수 있습니다.

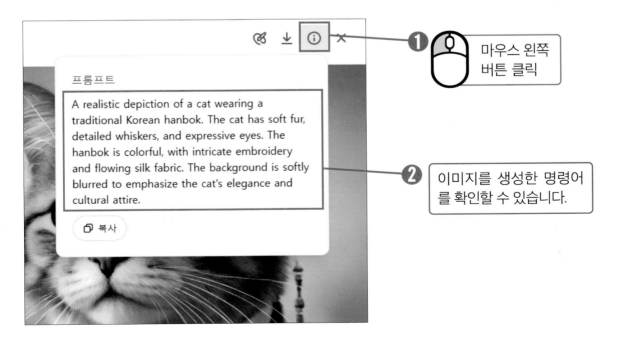

❶ 마우스 왼쪽 버튼 클릭

❷ 이미지를 생성한 명령어를 확인할 수 있습니다.

04 그림에서 저장 버튼을 누르거나, 이미지 편집 모드에서 저장 버튼을 누르면 생성한 그림이 webp 파일로 다운로드됩니다.

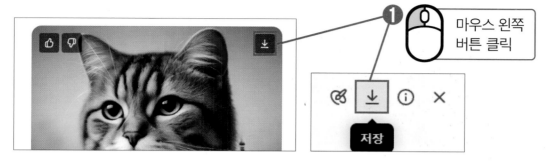

05 webp 파일이 아니라 다른 그림 형식으로 다운받기를 원할 경우, 챗GPT에 요청하면 파일을 변환하여 다운로드받을 수 있는 링크를 제공해줍니다.

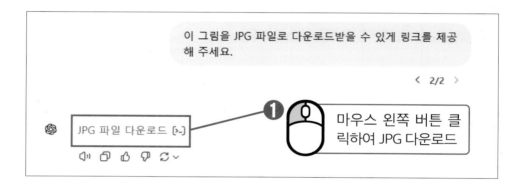

06 다운로드 폴더를 확인하면 이미지가 다운로드되어 있습니다.

특정 스타일 이미지 생성하기

이미지를 생성할 때 내용 외에도 특정한 '스타일'을 요구할 수 있습니다. 이를 활용하면 다양한 목적에 맞는 이미지를 생성할 수 있습니다.

1] 로고 생성하기

 **사용자 입력문**

이미지 갈색과 파란색을 사용한 단순한 스타일의 카페 로고. 남미 분위기를 낼 수 있는 심볼과 커피 원두, 커피잔 이미지를 사용. 글자 'Coffee'를 중앙에 위치.

GPT-4o 답변

여기 요청하신 갈색과 파란색을 사용한 남미 분위기의 카페 로고입니다. 커피 원두, 커피잔, 그리고 'Coffee'라는 글자가 중심에 배치된 디자인입니다. 추가 수정이 필요하면 말씀해주세요!

처음에 원하는 스타일의 그림이 나오지 않는다면 몇 번에 걸쳐 수정 요청을 해봅시다.

 **사용자 입력문**

한두 가지 이미지만 들어가는 좀 더 단순한 스타일을 원해. 그리고 둥근 원 안에 넣어줘.

 GPT-4o 답변

여기 더 단순한 스타일로, 둥근 원 안에 커피잔 또는 원두를 포함한 카페 로고입니다. 'Coffee'라는 글자가 중앙에 배치되어 있습니다. 추가로 수정할 부분이 있다면 알려주세요!

 참고!

챗GPT가 생성한 이미지는 불분명하거나 흐릿한 부분이 있고, 특히 한글은 정확하게 표현하지 못합니다. 다른 프로그램을 사용해 가공하는 것을 염두에 두시기 바랍니다.

2) 다양한 스타일 생성하기

같은 내용의 이미지를 요청하더라도, 마지막에 특정한 스타일을 요청하는 문구를 덧붙이면 각기 다른 분위기의 이미지를 만들 수 있습니다.

사용자 입력문

이미지 안경을 쓰고 스웨터를 입은 코기(개 품종). 평화로운 분위기의 카페에서 책을 읽고 있음. 창문 밖으로는 눈이 내리고 있다. **[스타일 문구]**

GPT-4o 답변

[아무것도 덧붙이지 않았을 때]

[동양 수묵화 스타일]

[르네상스풍 유화 스타일]

[아이들 만화 스타일]

[아르누보 스타일]

[파스텔 수채화 스타일]

[아이소메트릭 3D 스타일]　　[흑백 연필 스케치 스타일]　　[고전 픽셀아트 그래픽 스타일]

이미 생성한 이미지더라도 다른 스타일로 다시 그려달라 요청하여 여러 가지 스타일의 이미지를 만들 수 있습니다.

 팁! 50가지 스타일 키워드 모음

리얼리즘, 인상파, 표현주의, 추상화, 미니멀리즘, 픽셀 아트, 벡터 아트, 3D 렌더링, 포토매니퓰레이션, 디지털 페인팅, 한국 웹툰, 일본 애니메이션, 미국 코믹 북, 중국 전통 회화, 유럽 르네상스 스타일, 레트로, 사이파이(SF), 판타지, 스팀펑크, 고딕, 낙서, 카툰, 워터컬러(수채화), 유화, 콜라주, 팝 아트, 초현실주의, 모노크롬, 로우 폴리, 네온 아트, 하이퍼리얼리즘, 큐비즘, 아르누보, 아르데코, 퓨처리즘, 서양 고전주의, 비잔틴 아트, 로맨틱주의, 프리미티비즘, 사이키델릭 아트, 스트리트 아트, 그래피티, 만화풍, 크레용 드로잉, 실루엣 아트, 패턴 아트, 젠탱글, 아이소메트릭 아트, 실버 에이지 코믹 스타일, 캐리커쳐

3) 귀여운 캐릭터 만들기

아이들을 위한 동화 주인공을 만들어봅시다.

🖥 사용자 입력문

이미지 아동 만화풍 캐릭터. 파스텔톤 채색. 동물 의인화. 캐릭터 전개도 시트. 컨셉 아트. 가로로 긴 이미지.

🖥 GPT-4o 답변

여기 요청하신 아동 만화풍의 동물 의인화 캐릭터 컨셉 아트 시트가 완성되었습니다. 필요하면 추가로 수정하거나 다른 디테일을 반영해드릴 수 있습니다!

방금 만든 캐릭터의 스타일을 유지하면서 추가로 이미지를 생성해봅시다.

사용자 입력문

동일한 스타일과 전개도. 캐릭터를 여성, 고양이로 변경.

GPT-4o 답변

여기 여성 고양이 캐릭터로 수정된 컨셉 아트 시트입니다. 추가 변경이나 디테일 요청이 있다면 말씀해 주세요!

4) 이미지 재현하기

방금 만든 두 캐릭터로 동화를 만들어보고 싶지만, AI로 만든 그림은 스타일이나 캐릭터를 다음 그림에서 유지하는 것이 어렵습니다. 앞에서 만든 두 캐릭터가 함께 놀고 있는 그림을 만들어달라고 요청하여도, 아래와 같이 전혀 다른 캐릭터들이 등장합니다.

사용자 입력문

두 캐릭터가 놀이터에서 함께 놀고 있는 장면을 그려주세요.

GPT-4o 답변

여기 두 캐릭터가 놀이터에서 함께 놀고 있는 장면입니다. 필요하면 추가 수정이나 디테일 요청을 말씀해주세요!

이럴 때는 프롬프트를 정확히 지정하면 비슷한 캐릭터가 나오게 만들 수 있습니다. 앞서 생성한 캐릭터의 그림을 각각 따로 챗GPT에 업로드한 후, 다음과 같은 요청을 했습니다.

 **사용자 입력문**

이미지를 분석해서 이 그림에 나온 캐릭터를 최대한 그대로 구현할 수 있는 외모, 스타일, 복장 프롬프트를 출력해줘.

 GPT-4o 남성 캐릭터 이미지에 대한 답변

캐릭터 구현을 위한 프롬프트:
"A cute cartoon animal character resembling a cheerful fox or dog, with round pink cheeks, big expressive eyes, and floppy ears. The character is wearing a green coat with large pockets and an orange hooded sweater underneath, paired with denim shorts and sneakers. The design is colorful, whimsical, and soft, with pastel hues and a warm, inviting style. The character's face shows multiple expressions, and the design includes variations in fur color and outfit. This style is minimalistic, yet detailed, with clean lines and soft shading."

 GPT-4o 여성 캐릭터 이미지에 대한 답변

캐릭터 구현을 위한 프롬프트:
"A charming cartoon-style anthropomorphic cat character with pastel pink and purple fur, a fluffy tail, and large expressive eyes. The character has soft, wavy hair with bangs, styled in a two-tone pink and lavender color. She is wearing a loose green cardigan with large pockets, a cropped tank top, and either a pink-striped skirt or denim shorts. The outfit is paired with pastel teal high-top sneakers and white socks with subtle pastel stripes. The character's demeanor is friendly and cheerful, with a warm and inviting appearance. Designed with a soft, whimsical, and minimalistic aesthetic, featuring clean lines and pastel tones for a cozy, cute look."

챗GPT가 분석한 프롬프트를 그대로 복사하여 다시금 요청을 하면 어느 정도 비슷한 이미지를 만들 수 있습니다.

🖥️ 사용자 입력문

Character 1: A cute cartoon animal character resembling a cheerful fox or dog, with round pink cheeks, big expressive eyes, and floppy ears. The character is wearing a green coat with large pockets and an orange hooded sweater underneath, paired with denim shorts and sneakers. The design is colorful, whimsical, and soft, with pastel hues and a warm, inviting style. The character's face shows multiple expressions, and the design includes variations in fur color and outfit. This style is minimalistic, yet detailed, with clean lines and soft shading.

Character 2: A charming cartoon-style anthropomorphic cat character with pastel pink and purple fur, a fluffy tail, and large expressive eyes. The character has soft, wavy hair with bangs, styled in a two-tone pink and lavender color. She is wearing a loose green cardigan with large pockets, a cropped tank top, and either a pink-striped skirt or denim shorts. The outfit is paired with pastel teal high-top sneakers and white socks with subtle pastel stripes. The character's demeanor is friendly and cheerful, with a warm and inviting appearance. Designed with a soft, whimsical, and minimalistic aesthetic, featuring clean lines and pastel tones for a cozy, cute look.

두 캐릭터가 놀이터에서 함께 놀고 있는 모습.

🖥️ GPT-4o 답변

두 캐릭터가 놀이터에서 함께 놀고 있는 모습을 담은 이미지를 생성했습니다! 밝고 환상적인 분위기 속에서 즐겁게 노는 두 캐릭터의 조화가 잘 표현되었습니다. 마음에 드시길 바랍니다!

Section 03

생성한 이미지 편집하기

챗GPT로 생성한 이미지의 일부 영역만을 수정하는 '인페인트' 기능에 대해 알아봅시다.

01 생성한 이미지를 클릭하여 '이미지 편집 모드'에 들어갑니다.

멋진 풍경 하나를 그려 줘. 가로로 긴 이미지.

여기 멋진 풍경 이미지를 만들어 보았어요. 마음에 드셨으면 좋겠습니다!

❶ 마우스 왼쪽 버튼 클릭

02 이미지 편집 모드에서 이미지 상단에 있는 '선택(⊘)' 버튼을 클릭합니다.

선택

❶

마우스 왼쪽 버튼 클릭

03 마우스 커서가 동그라미로 변합니다. 이미지 상단의 바를 옆으로 옮겨서 커서의 크기를 조절할 수 있습니다.

04 마우스 왼쪽 버튼을 클릭한 채로 편집하고 싶은 부분을 드래그하면 파란색으로 영역이 지정되고, 메시지 입력창에 '선택 항목 편집'이라는 문구가 나타납니다.

05 선택한 영역을 어떻게 수정했으면 하는지 메시지창에 입력하여 전송하면 해당 영역만 수정된 이미지가 생성됩니다.

06 이 과정을 반복하여 그림에서 원하는 부분만 계속해서 수정할 수 있습니다.

Section

04

사진을 업로드하여 이미지 생성하기

이미지를 업로드한 후, 그 이미지를 바탕으로 새로운 이미지를 만들어달라고 요청할 수 있습니다.

01 메시지창 아래에 있는 '파일 업로드(+) 버튼을 클릭한 후 '컴퓨터에서 업로드'를 클릭합니다.

02 바꿀 이미지 파일을 선택하여 업로드합니다.

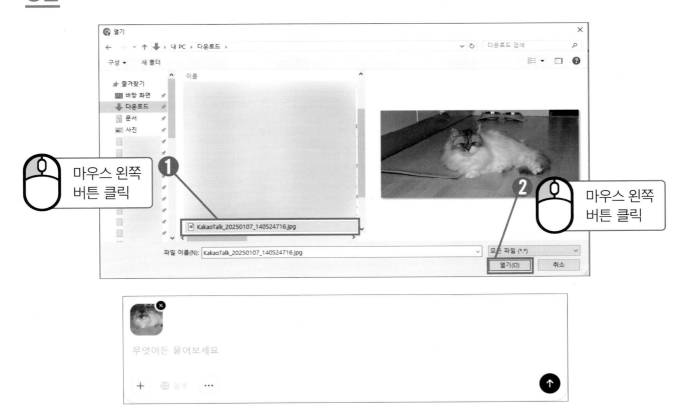

03 원하는 작업을 입력하면 업로드한 사진을 바탕으로 이미지가 생성됩니다.

사용자 입력문

이것은 내 고양이 사진입니다. 이 사진을 명작 느낌의 유화로 바꿔주세요.

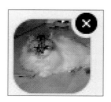

GPT-4o 답변

요청하신 고양이 사진을 유화 스타일로 변형해드립니다. 따뜻하고 질감이 있는 그림 스타일로 고양이의 우아함과 매력을 강조합니다! 수정하고 싶은 부분이 있으면 알려주세요.

사진을 그대로 유화로 바꾸지는 못했지만, 회색의 긴 털을 가진 고양이와 마룻바닥, 갈색 러그, 밥그릇 등 사진에 있는 요소들을 분석하여 활용했음을 볼 수 있습니다.

7장

다양하게
활용하기

지금까지 배운 기능들을 활용하여 챗GPT를 유용하게 사용할 수 있는
여러 가지 활동 예시들을 살펴봅시다.

책 집필 도움받기

책의 모든 내용을 챗GPT로 작성하는 것은 어렵고 윤리적으로도 문제가 됩니다. 하지만 쓰고자 하는 책의 기획과 방향성을 잡는 모든 과정에서 도움을 받을 수 있습니다.

1) 책의 기획안 얻기

책을 쓰기 위한 첫 단계는 무슨 책을 쓸지 기획을 하는 것입니다. 자신의 이력을 정리해서 챗GPT에게 조언을 부탁해봅시다.

🖥 사용자 입력문

저는 저만이 쓸 수 있는 책을 쓰고 싶습니다. 저는 다음과 같은 경력과 기술을 가지고 있습니다.

나이: 56세
학력: 상업고등학교 졸업, 방송통신대 영문학 학사
경력:
- 19~29세: 무역 상사 취업 후 10년 간 근무 후 퇴사.
- 30~32세: 기계제조업체 해외 영업직으로 3년 근무 후 퇴사.
- 33~45세: 요식업 사업 운영. 결혼 후 1남 1녀를 둠.
- 48세: 방송통신대학교 영어영문과 졸업.
- 50~55세: 영어교습학원 운영.
- 56세: 은퇴.
능력 및 기술:
- 영어영문학 학사 및 사업 영어 회화 가능, 일본어 회화 가능
- 한식조리사 자격증
- 1종 운전면허

제가 쓸 수 있으며, 또한 시장에서 경쟁력이 있을 만한 책의 분류, 기획과 컨셉을 추천해주세요.

귀하의 독특한 이력과 다양한 경험을 바탕으로, 다음과 같은 책의 분류, 기획, 그리고 컨셉을 추천드립니다.

1. 자전적 에세이

컨셉: "인생의 6막: 56세 평범한 삶에서 배운 비범한 교훈"

- 내용: 귀하의 인생 여정을 연대기적으로 풀어내며, 각 시기마다 배운 교훈과 통찰을 독자들에게 전달.
- 특징: 무역업, 요식업, 영어학원 운영 등 다양한 직업군에서 쌓은 경험과 가족과의 이야기, 성장 과정에서의 내면적 변화 등을 담아냄.
- 시장성: 자기계발서와 에세이가 결합된 형태로, 평범한 독자들에게 공감을 주며 동시에 인생에 대한 실용적 조언 제공.

2. 자기계발서

컨셉: "50대 이후의 새로운 도약: 나만의 길을 만드는 법"

- 내용: 50대 은퇴 이후에도 새로운 공부(방송통신대학 졸업)와 사업(영어학원 운영)을 시작하며 얻은 노하우와 전략.
- 특징: 특히 50대 이상의 독자들에게 귀하의 경험이 공감과 영감을 줄 수 있음. "나이 든 후에도 배움과 도전은 멈출 수 없다"는 메시지를 전달.
- 시장성: 중장년층 대상의 자기계발서는 늘 꾸준한 수요가 있음.

3. 영어 학습서

컨셉: "실전 비즈니스 영어: 무역, 요식업, 학원 운영까지 경험으로 배운 실용 영어"

- 내용: 실생활에서 사용되는 실용적인 비즈니스 영어를 귀하의 실제 경험에 바탕을 두어 구성.
- 특징: 무역업과 영어학원 운영 경험을 활용해 한국인 학습자의 어려움과 니즈를 정확히 파악하여 해결책 제시.
- 시장성: 영어 학습 시장은 항상 크고, 특히 실용 영어에 대한 니즈가 큼.

4. 요리 및 창업 가이드

컨셉: "한식으로 세계를 향해: 요식업 창업과 성공 노하우"

- 내용: 요식업 창업과 운영에서 얻은 경험과 한식조리사 자격증을 바탕으로 한 한식 요리 레시피와 사업 전략.

- 특징: 한식 레시피와 함께 창업 준비부터 운영까지의 노하우, 실패를 피하기 위한 현실적 조언 포함.
- 시장성: 요리 및 창업 관련 도서는 특히 창업을 꿈꾸는 청년 및 중장년층 독자들에게 인기.

5. 가족 및 자녀교육 에세이

컨셉: "일과 가정을 모두 잡은 부모의 이야기"
- 내용: 결혼 후 1남 1녀를 키우면서 요식업 사업, 학원 운영 등에서 얻은 자녀 교육과 가족 관리 노하우.
- 특징: 바쁜 사업가이자 부모로서의 균형 잡기, 자녀 교육에 대한 현실적인 조언 포함.
- 시장성: 자녀 교육과 가족 관리에 대한 책은 넓은 독자층을 대상으로 할 수 있음.

6. 다국적 문화 경험기

컨셉: "무역과 여행에서 배운 다국적 문화와 인간 관계"
- 내용: 무역과 기계제조업체 해외 영업에서 얻은 문화적 경험과 언어적 장벽 극복 사례.
- 특징: 실용적이고도 흥미로운 방식으로 다문화 경험을 공유. 특히 일본어와 영어 사용 경험이 포함되어 다국적 관계에 대한 통찰 제공.
- 시장성: 해외 경험과 비즈니스 성공 스토리를 결합하면 많은 독자의 관심을 끌 수 있음.

선택 시 유의사항

1. 타깃 독자층 정의: 중장년층, 젊은 사업가, 영어 학습자 등 주요 독자층을 명확히 설정.
2. 시장 조사: 출판사와의 협력을 통해 시장에서 유사한 책의 성공 사례 및 공백 파악.
3. 작성 스타일: 단순한 정보 전달을 넘어 귀하의 진솔한 경험과 감정을 담아 독자들에게 공감을 주도록 작성.

귀하의 고유한 이야기를 담아낼 책을 구상하는 데 큰 영감이 되었기를 바랍니다. 더 구체적인 아이디어가 필요하면 말씀해주세요!

2) 책 목차 구성하기

앞서 기획안을 확정했다면, 이제는 목차를 구성해봅시다.

🖥️ 사용자 입력문

2. 자기계발서 컨셉을 발전시켜보려고 합니다. 다음 내용을 참고하여 책의 목차를 구성해주세요.
- 6장으로 구성합니다.
- 저의 경험과 실용적인 솔루션이 잘 어우러지는 소제목을 원합니다.
- 명확한 메시지가 드러났으면 합니다.
- 은퇴 시기 전후의 중장년을 타깃 독자로 합니다.

🖥️ GPT-4o 답변

책 제목: "50대 이후의 새로운 도약: 은퇴와 함께 시작하는 제2의 인생"

목차

1장: 준비 없는 은퇴는 없다
- 은퇴의 두 얼굴: 자유와 불안
- 당신은 준비되었습니까? 재정, 건강, 마음의 점검
- 은퇴 후의 첫 6개월, 방향을 결정하다
- 핵심 메시지: "은퇴는 끝이 아니라 새로운 시작이다."

2장: 배움에 나이는 없다
- 방송통신대 입학: 늦은 배움이 준 새로운 활력
- 50대 이후 학습법: 효과적으로 배우는 기술
- 배움의 연장선: 전문성 확장과 자격증 활용
- 핵심 메시지: "지속적인 배움이 새로운 도약을 가능하게 한다."

3장: 내가 가진 모든 것을 자산화하기

- 인생 경험은 최고의 자산이다
- 경력과 스토리를 콘텐츠로 전환하기
- 재능과 열정을 활용한 소득 창출 방법
- 핵심 메시지: "내 안의 가치를 발견하고 활용하라."

4장: 도전은 두려움을 동반한다
- 요식업 창업과 폐업에서 배운 것들
- 실패에서 배운 교훈: 두려움을 성장의 원동력으로
- 리스크 관리와 재도전 전략
- 핵심 메시지: "도전은 실패를 두려워하지 않는 용기에서 시작된다."

5장: 관계가 곧 자산이다
- 가족과 함께하는 은퇴 후의 삶
- 인간관계 리셋: 긍정적이고 지속 가능한 네트워크 만들기
- 멘토링과 커뮤니티 참여의 가치
- 핵심 메시지: "좋은 관계는 은퇴 후 인생의 든든한 기반이다."

6장: 나만의 새로운 루틴 만들기
- 일과 삶의 균형을 다시 설계하다
- 하루를 재구성하는 법: 건강, 학습, 즐거움의 조화
- 은퇴 후에도 지속 가능한 작은 목표 설정
- 핵심 메시지: "작은 습관의 변화가 삶을 완전히 바꾼다."

책의 주요 특징
1. 경험 기반: 귀하의 인생 이야기를 중심으로 하되, 독자들이 공감할 수 있는 실질적인 사례를 제시.
2. 실용적 조언: 각 장마다 실천 가능한 구체적 솔루션과 팁 제공.
3. 희망적인 메시지: 은퇴 후에도 도전과 배움이 계속될 수 있다는 긍정적인 메시지 전달.

이 목차는 귀하의 경험과 중장년층 독자의 필요를 모두 반영하여 설계되었습니다. 구체적인 내용 개발이 필요하거나 수정 사항이 있다면 말씀해주세요!

3) 집필 가이드 받기

앞에서 구성한 목차를 바탕으로 각 장을 실제로 어떻게 작성하면 좋을지 가이드를 받아봅시다.

🖥 사용자 입력문

[1장: 준비 없는 은퇴는 없다] 부분의 각 작은 부분에서 어떠한 내용을 쓰면 좋을지, 각 부분별로 간단한 가이드와 추가적으로 쓸 만한 내용을 정리해주세요.

💬 GPT-4o 답변

1장: 준비 없는 은퇴는 없다
이 장은 은퇴를 맞이하는 독자들에게 현실적인 준비와 방향 설정의 중요성을 전달하는 데 중점을 둡니다. 각 부분별로 구체적인 내용을 아래와 같이 정리합니다.

1. 은퇴의 두 얼굴: 자유와 불안
- 핵심 메시지: 은퇴는 자유로움을 주는 동시에 재정적, 심리적 불안을 가져올 수 있다.
- 내용 가이드:
  - 은퇴 후의 삶에서 기대되는 긍정적인 측면(자유로운 시간, 스트레스 감소 등)과 부정적인 측면(소득 감소, 정체성 상실 등)을 균형 있게 설명.
  - 자신의 경험을 토대로, "은퇴 후 어떤 기대를 했고, 어떤 현실을 마주했는지" 생생한 에피소드를 소개.
  - 통계나 연구 데이터를 활용해 독자들이 공감할 만한 사례를 제시(예: 은퇴 후 우울증 통계, 은퇴 후 삶의 만족도 변화).

추가적으로 쓸 만한 내용:
- "나는 이런 불안을 느꼈지만 이렇게 극복했다"는 구체적인 경험 공유.
- 독자들에게 은퇴 후 자신의 목표와 가치를 미리 생각해보도록 질문 던지기.

2. 당신은 준비되었습니까? 재정, 건강, 마음의 점검
- 핵심 메시지: 은퇴 후 삶의 질은 재정, 건강, 심리적 준비 상태에 따라 달라진다.

- 내용 가이드:
  - 재정 준비: 연금, 저축, 투자 등의 중요성 설명. "내가 재정적으로 준비한 방식"을 사례로 들어 독자들이 실천 가능한 방향 제시.
  - 건강 준비: 은퇴 후 건강 관리의 중요성 강조. "나만의 건강 루틴"이나 중장년층에게 적합한 간단한 운동 방법 제안.
  - 심리적 준비: 은퇴 후 겪게 되는 정체성 변화, 공허감 등 심리적 문제를 이야기하고 이를 대비하는 방법(취미 개발, 커뮤니티 참여 등) 소개.

추가적으로 쓸 만한 내용:
- 독자가 직접 재정, 건강, 마음 상태를 점검할 수 있는 간단한 체크리스트 제공.
- "미리 준비했더라면 좋았을 점"에 대한 솔직한 이야기.

3. 은퇴 후의 첫 6개월, 방향을 결정하다
- 핵심 메시지: 은퇴 후의 첫 6개월은 새로운 삶의 방향을 설정하는 가장 중요한 시기다.
- 내용 가이드:
  - 본인의 은퇴 직후 경험을 이야기하며, 초기 혼란과 이를 극복한 방법을 공유.
  - 방향 설정을 위한 구체적인 팁:
    - 소득: 부업, 취미를 직업화, 재정적 안정화 방법.
    - 삶의 구조: 규칙적인 생활 습관 만들기.
    - 사회적 연결: 가족, 친구, 커뮤니티와의 관계 유지 및 강화.
  - 새로운 일이나 배움(예: 방송통신대학 진학)을 시작하며 얻은 긍정적 변화를 소개.

추가적으로 쓸 만한 내용:
- 은퇴 후 첫 6개월 동안 실천할 수 있는 "7일간의 작은 도전" 제안(예: 매일 아침 산책, 새로운 취미 도전, 가족과 대화 시간 늘리기).
- "은퇴 이후 나만의 새 목표 설정법"에 대한 조언.

1장의 마무리 팁
- 독자가 은퇴 후의 삶을 구체적으로 상상할 수 있도록 돕기 위해, 간단한 워크북 형태의 실천 가이드를 포함.
- "나에게 은퇴란 무엇인가?"라는 질문으로 시작해 독자가 이 장에서 스스로 답을 찾아가도록 유도.

이 가이드를 기반으로 작성하면 독자들에게 실용적이면서도 진정성 있는 메시지를 전달할 수 있을 것입니다. 추가적으로 세부 내용이 필요하거나 확장하고 싶은 부분이 있다면 말씀해주세요!

 **캔버스 활용하기**

앞서 '캔버스로 긴 글 자유롭게 편집하기(206p)'에서 본 것처럼 캔버스를 활용하면 책 본문을 집필할 때도 계속해서 챗GPT의 도움을 받을 수 있습니다. 글쓰기에 자신이 없더라도 챗GPT의 보조를 받으면 긴 분량의 책이나 글을 보기 좋게 작성할 수 있습니다.

Section 02

취미에 활용하기

챗GPT는 다양한 취미 활동을 도울 수 있습니다. 아래는 예시입니다.

1) 컬러링 도안 생성하기

이미지 생성 기능을 이용하여 컬러링북 도안을 만들어 볼 수 있습니다. 컬러링을 위한 도안을 요청할 때는 '컬러링을 위한 흑백 라인아트(선화)'를 요청하면 됩니다.

🖥️ 사용자 입력문

이미지 컬러링을 위한 도안. 명확하게 흑백이 구분되는 라인아트. 유럽 르네상스 분위기의 명화. 좌우 대칭 구도.

🖥️ GPT-4o 답변

이 라인아트는 르네상스 분위기를 담은 좌우 대칭적인 구성으로, 명확하게 흑백이 구분되어 있어 컬러링 작업에 적합합니다. 필요에 따라 더 수정이 가능합니다!

2) 새로운 취미 입문하기

원하는 조건을 소개하면 새로운 취미는 물론, 그 취미에 입문하는 구체적인 방법까지 알 수 있습니다.

🖥️ 사용자 입력문

30대 직장인입니다. 퇴근 후 새로운 취미를 시작하고 싶습니다.

- 하루 종일 사무실에서 컴퓨터를 다루기 때문에, 컴퓨터를 사용하지 않는 활동이면 좋겠습니다.
- 학습 난이도가 높지 않고, 큰 돈이 들지 않으면 좋겠습니다.
- 사람들과의 만남과 교류가 있었으면 합니다.
- 과격한 운동을 피하고 싶습니다.
- 퇴근 후 1시간 정도의 여유나 주말의 짧은 시간을 활용해 틈틈이 즐기고 싶습니다.

이 조건에 맞는 취미를 평범한 것, 다소 드문 것, 특이한 것으로 나눠 추천하고 그 시작법을 소개해주세요.

🖥️ GPT-4o 답변

평범한 취미
1. 요가
- 소개: 요가는 스트레칭과 명상을 겸비한 운동으로, 심신의 안정을 돕고 적당한 활동량을 제공합니다.
- 시작법:
  - 근처 요가 학원을 찾아 초보자 클래스를 등록하세요.
  - 간단한 요가 매트만 있으면 시작할 수 있습니다.
- 장점: 심신 안정, 유연성 향상, 무리 없는 활동.

2. 독서 동호회
- 소개: 책을 읽고 토론하며 다른 사람들과의 교류를 통해 시각을 넓힐 수 있습니다.
- 시작법:
  - 지역 도서관이나 카페에서 운영하는 독서 모임에 참여하세요.

- 온라인 커뮤니티(네이버 카페, Meetup)에서 동호회를 찾아보세요.
- 장점: 부담 없는 학습, 다양한 사람들과의 교류.

다소 드문 취미

3. 캘리그래피
- 소개: 글씨를 아름답게 쓰는 활동으로, 창의성을 발휘하며 소소한 성취감을 얻을 수 있습니다.
- 시작법:
  - 온라인에서 초보자를 위한 캘리그래피 키트를 구매하세요.
  - 지역 공방에서 캘리그래피 강좌를 찾아 수강해보세요.
- 장점: 준비물 간단, 심리적 안정감 제공.

4. 플라워 클래스
- 소개: 꽃꽂이를 배우며 미적 감각을 키우고, 완성된 작품을 통해 만족감을 얻을 수 있습니다.
- 시작법:
  - 근처 꽃집에서 플라워 클래스를 찾아보세요.
  - 원데이 클래스나 소규모 정기 클래스에 등록하세요.
- 장점: 창의적인 작업, 집에 생기를 더할 수 있음.

특이한 취미

5. 보드게임 모임
- 소개: 다양한 보드게임을 통해 전략적 사고를 키우고, 새로운 사람들과의 교류를 즐길 수 있습니다.
- 시작법:
  - 보드게임 카페에 방문하여 동호회나 정기 모임에 참여하세요.
  - Meetup 등에서 관련 모임을 검색하세요.
- 장점: 적당한 교류와 재미, 학습 난이도 낮음.

6. 인형 제작 또는 소규모 공예
- 소개: 펠트, 뜨개질, 또는 작은 나무 공예 등 소규모 작업을 통해 창작의 재미를 느낄 수 있습니다.
- 시작법:
  - 온라인에서 DIY 키트를 구매하세요.
  - 취미 공방에서 초급자 강좌를 찾아보세요.
- 장점: 집중력을 키우고 손으로 만드는 즐거움.

추가 팁

- 취미의 탐색 단계: 여러 가지 원데이 클래스를 시도해본 후 가장 흥미로운 활동을 꾸준히 해보세요.
- 예산 관리: 초기 비용이 적게 드는 취미부터 시작하며 점차 필요한 장비나 도구를 늘려가세요.
- 사람들과의 교류: 지역 커뮤니티나 SNS를 통해 관련 취미 모임을 적극적으로 탐색해보세요.

이 중 가장 끌리는 취미를 골라보시고, 더 구체적인 도움이 필요하다면 말씀해주세요!

마음에 드는 취미가 있다면 좀 더 상세한 소개를 부탁해봅시다. 메시지 입력창 아래에 있는 [검색] 버튼을 클릭해 활성화하고 질문하면 정보를 더 쉽게 찾을 수 있습니다.

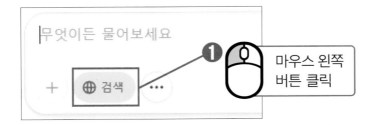

사용자 입력문

소개한 취미 중 캘리그라피에 관심이 있습니다. 이에 대한 상세한 정보를 얻는 방법과 초보 캘리그래퍼를 위한 유튜브 채널을 추천해주세요.

GPT-4o 답변

캘리그라피에 관심을 가지셨다니 정말 반갑습니다! 아래는 캘리그라피에 대한 상세한 정보를 얻는 방법과 초보자를 위한 유튜브 채널 추천입니다.

캘리그래피 시작을 위한 정보

1. 기본 개념 이해: 캘리그래피는 손글씨를 예술적으로 표현하는 활동입니다. 선의 굵기, 흐름, 글자 간의 균형 등을 연습하여 아름다운 글씨를 완성할 수 있습니다.

2. 필수 도구 준비
  - 브러시 펜: 초보자에게 적합하며, 다양한 두께의 선을 표현할 수 있습니다.

- 딥펜: 전통적인 도구로, 잉크를 사용하여 섬세한 표현이 가능합니다.
- 연습용 종이: Rhodia Dot Pad와 같은 도트 패턴 연습지가 유용합니다.

3. 기본 연습 방법
- 선 긋기 연습: 가늘고 굵은 선을 반복적으로 그려 선의 두께와 흐름을 조절하는 능력을 키우세요.
- 글자별 반복 연습: 자주 사용하는 글자를 반복적으로 써보며 손에 익히는 것이 중요합니다.

초보자를 위한 유튜브 채널 추천

1. 공캘리그라피: 다양한 도구를 활용한 손글씨 강좌를 제공하며, 초보자도 쉽게 따라 할 수 있는 영상이 많습니다. (에듀모아)

2. 하루10분 캘리그라피: 왕초보를 위한 50일 챌린지 등 체계적인 강좌를 통해 기초부터 차근차근 배울 수 있습니다. (네이버 블로그)

3. 글림: 초보자를 위한 캘리그래피 강좌를 제공하며, 종이와 붓 선택 등 기초적인 내용부터 상세하게 안내합니다. (DAILY)

4. 캘리애 빠지다: 캘리그래피 서체 연습 방법 등 스킬 향상을 위한 다양한 강좌를 제공합니다. (DAILY)

5. 혜성글씨공방: 붓글씨 기초 영상 등 독학자를 위한 다양한 강좌를 통해 글씨 연습에 도움을 줍니다. (네이버 블로그)

또한, 아래의 영상은 초보자를 위한 캘리그래피 연습법을 자세히 다루고 있으니 참고해 보세요.

즐거운 캘리그래피 여정이 되시길 바랍니다! 추가로 궁금한 사항이 있으시면 언제든지 문의해주세요.

3] 책 추천받기

자신이 읽은 책을 이야기하면 그와 연관된 책을 추천받을 수 있습니다.

사용자 입력문

데일 카네기의 '인간관계론'을 읽었습니다. 다음으로 읽을 책을 찾고 있습니다. 제가 읽은 책과 비슷한 책, 읽은 책과 다른 시각을 제공해 주는 책, 그리고 좀 더 난이도가 높은 책을 추천해주세요.

GPT-4o 답변

데일 카네기의 인간관계론을 읽으셨다면, 다음 세 가지 카테고리로 추천 도서를 나눠보겠습니다.

1. 비슷한 책: 데일 카네기의 접근법과 유사하게 인간관계, 대화, 설득, 자기계발을 다루는 책
- 스티븐 코비,《성공하는 사람들의 7가지 습관》
 개인과 조직 모두에 적용 가능한 습관을 중심으로 한 자기계발 고전입니다. 인간관계와 자기 성장 모두를 깊이 있게 다룹니다.

- 로버트 치알디니,《설득의 심리학》
 설득과 영향력의 원칙을 심리학적으로 분석하며, 일상생활에서 이를 어떻게 적용할지 구체적으로 제시합니다.

- 사이먼 사이넥,《시작의 중요성》(Start with Why)
 리더십과 설득의 본질을 탐구하며, 사람들을 움직이는 '왜'의 중요성을 강조합니다.

2. 다른 시각을 제공하는 책: 인간관계에 대한 철학적, 심리학적, 혹은 비판적 관점을 제공
- 에리히 프롬,《사랑의 기술》
 사랑과 인간관계를 기술적 접근보다는 철학적, 심리학적 관점에서 풀어냅니다. 인간관계의 본질을 더 깊이 성찰하게 만듭니다.

- 마셜 로젠버그,《비폭력 대화》
 갈등 상황에서도 관계를 개선할 수 있는 대화법을 소개하며, 동정심과 공감을 바탕으로 한 인간관계의 새로운 접근법을 제시합니다.

- 애덤 그랜트, 《기브 앤 테이크》
  인간관계를 거래적 접근에서 벗어나, '주는 사람'이 왜 성공하는지 연구 결과를 바탕으로 설득력 있게 제시합니다.

3. 난이도가 높은 책: 인간 본성, 사회적 행동, 관계를 심층적으로 분석한 책
- 조지프 캠벨, 《천의 얼굴을 가진 영웅》
  신화와 상징을 통해 인간 본성과 인간관계의 보편적 패턴을 탐구합니다. 인간 행동의 근원에 대한 깊은 통찰을 제공합니다.

- 미셸 푸코, 《감시와 처벌》
  인간관계와 권력의 작용을 더 철학적이고 비판적인 시각에서 살펴볼 수 있습니다. 인간관계가 사회 구조와 연결되는 방식을 고민하게 합니다.

- 칼 융, 《인간과 상징》
  인간관계와 심리적 상호작용을 심층 심리학의 관점에서 분석하며, 관계의 무의식적 측면을 이해하는 데 도움을 줍니다.

이 중 하나를 골라보시거나, 관심사를 더 말씀해 주시면 추가 추천도 가능해요!

일반적으로 유명한 책들을 추천합니다. 최신간이나 좀 더 구체적인 요청을 원한다면, 앞에서 한 것과 마찬가지로 검색 버튼을 활성화하고 아래와 같은 방식으로 질문하면 됩니다.

🖥️ 사용자 입력문

2023년 이후에 출간된 신간 중에서 같은 종류로 각 한 권씩, 가장 평가가 좋은 책들과 그 구매 링크를 제공해주세요.

Section 03

영어 과외 받기

챗GPT가 가장 많이 쓰이는 분야 중 하나가 바로 외국어 공부입니다. 영어 공부에 챗GPT를 활용하는 몇 가지 방법을 소개합니다. 자신의 영어 공부뿐만 아니라 아이들을 위한 학습 자료를 만들 수도 있습니다.

1) 새로운 단어 배우기

챗GPT에게 원하는 주제별 단어를 요청하여 자신만의 단어장을 만들 수 있습니다.

 **사용자 입력문**

정치 분야에서 학습할 만한 영어 단어 10가지를 알려주세요. 정확한 스펠링, 한국어와 영어로 설명한 각각의 뜻, 발음기호, 사용 영어 예문을 적어주세요.

GPT-4o 답변

정치 분야에서 학습할 만한 영어 단어 10가지

1. Democracy
   - 뜻 (한국어): 민주주의
   - 뜻 (영어): A system of government where citizens exercise power by voting.
   - 발음기호: /dɪˈmɒkrəsi/
   - 예문: Democracy allows people to have a say in how they are governed.

2. Constitution
   - 뜻 (한국어): 헌법
   - 뜻 (영어): A set of fundamental principles or established precedents according to which a state is governed.

- 발음기호: /ˌkɒnstɪˈtjuːʃən/
- 예문: The Constitution protects the rights of all citizens.

3. Legislation
- 뜻 (한국어): 법률, 입법
- 뜻 (영어): Laws, considered collectively, that are enacted by a governing body.
- 발음기호: /ˌlɛdʒɪsˈleɪʃən/
- 예문: New legislation was passed to improve healthcare.

4. Bureaucracy
- 뜻 (한국어): 관료제
- 뜻 (영어): A system of administration characterized by strict procedures, division of labor, and hierarchy.
- 발음기호: /bjʊəˈrɒkrəsi/
- 예문: The bureaucracy can sometimes slow down decision-making processes.

5. Diplomacy
- 뜻 (한국어): 외교
- 뜻 (영어): The art and practice of conducting negotiations between nations.
- 발음기호: /dɪˈpləʊməsi/
- 예문: Diplomacy is key to maintaining peace between countries.

6. Sovereignty
- 뜻 (한국어): 주권
- 뜻 (영어): Supreme power or authority, especially of a state to govern itself.
- 발음기호: /ˈsɒvrɪnti/
- 예문: Sovereignty is a fundamental principle of international law.

7. Impeachment
- 뜻 (한국어): 탄핵
- 뜻 (영어): The process of charging a public official with misconduct.
- 발음기호: /ɪmˈpiːtʃmənt/
- 예문: The president faced impeachment due to corruption allegations.

8. Autonomy
  - 뜻 (한국어): 자치, 자율
  - 뜻 (영어): The right or condition of self-government, especially in a particular area.
  - 발음기호: /ɔːˈtɒnəmi/
  - 예문: The region is seeking greater autonomy from the central government.

9. Referendum
  - 뜻 (한국어): 국민투표
  - 뜻 (영어): A direct vote in which the entire electorate is invited to accept or reject a particular proposal.
  - 발음기호: /ˌrɛfəˈrɛndəm/
  - 예문: The government held a referendum on the new constitution.

10. Campaign
  - 뜻 (한국어): 선거 운동, 캠페인
  - 뜻 (영어): An organized effort to achieve a political or social goal.
  - 발음기호: /kæmˈpeɪn/
  - 예문: The candidate's campaign focused on economic reform.

이 단어들은 정치 뉴스나 관련 문서를 이해하는 데 유용하게 사용될 수 있습니다!

2) 문법 학습 자료 요청하기

예문과 연습문제가 포함된 종합적인 학습안을 요청할 수도 있습니다.

🖥 사용자 입력문

당신은 전문적인 영어 강사입니다. 영어에서 시제 활용 문법에 대한 간단한 설명과 실제 예문을 통해 학습할 수 있는 자료를 만들어주세요. 난이도는 중학생 수준으로 해주세요.

영어 시제 활용 문법과 예문 학습 자료 (중학생 수준)

1. 현재 시제 (Present Tense)
용법
- 습관이나 일반적인 사실을 말할 때 사용합니다.
- 현재 상황이나 반복되는 행동을 나타냅니다.

구조
- 주어 + 동사(원형) 또는 동사에 -s/-es (3인칭 단수)

예문
1. I go to school every day. (나는 매일 학교에 간다.)
2. She plays soccer on weekends. (그녀는 주말마다 축구를 한다.)
3. The sun rises in the east. (태양은 동쪽에서 뜬다.)

2. 과거 시제 (Past Tense)

용법
- 과거의 특정 시점에 일어난 일을 표현할 때 사용합니다.
- 완료된 행동이나 상태를 나타냅니다.

구조
- 주어 + 동사의 과거형 (규칙 동사: 동사 + -ed / 불규칙 동사는 따로 외워야 함)

예문
1. I watched a movie yesterday. (나는 어제 영화를 봤다.)
2. They visited their grandparents last week. (그들은 지난주에 할아버지와 할머니를 방문했다.)
3. She went to the park. (그녀는 공원에 갔다.)

[중략]

연습 문제

1. (현재 시제) My sister ____ (like) chocolate.
2. (과거 시제) They ____ (go) to the museum yesterday.
3. (미래 시제) I ____ (call) you tomorrow.
4. (현재진행형) She ____ (study) English now.
5. (현재완료형) We ____ (be) to the USA.

이 자료를 통해 다양한 시제 활용을 연습해보세요!

챗GPT는 모르는 부분을 몇 번이나 다시 물어보고 좀 더 쉬운 설명을 요청해도 지치지 않습니다. 이해가 어려운 부분이 있다면 계속해서 다시 물어볼 수 있습니다.

3) 영어로 쓴 글 교정받기

영어로 쓴 글을 챗GPT에 입력한 뒤, 교정과 추가 학습을 위한 조언을 받을 수 있습니다.

🖥 사용자 입력문

당신은 전문적인 영어 강사이며, 저는 수강생입니다. 다음은 제가 저의 취미를 소개하기 위한 짧은 글을 영어로 작성해 본 것입니다.

My hobby is running. I running everyday in morning before sunrise, it make me feel good and healthy. When weather are bad, I still goes outside for running because I believed exercising is most important then anything. Last week I runned 10 kilometers for 2 hours, this is my new records! My friend say I becoming more thiner and stronger. In future, I want participate Marathon competition with my best friend which also loves running.

이 글의 문법적인 오류나 어색한 부분을 지적하고, 수정해주세요. 또한 그에 따른 추가적으로 학습할 부분에 대한 조언을 부탁드립니다.

🖥️ GPT-4o 답변

아래는 작성하신 글에서 문법적 오류와 어색한 부분을 수정한 버전입니다. 각 수정 사항에 대한 설명과 함께 추가적인 학습 포인트를 제안하겠습니다.

수정된 글:

My hobby is running. I run every day in the morning before sunrise, and it makes me feel good and healthy. Even when the weather is bad, I still go outside to run because I believe exercising is more important than anything. Last week, I ran 10 kilometers in 2 hours, which is my new record! My friends say I am becoming thinner and stronger. In the future, I want to participate in a marathon competition with my best friend, who also loves running.

주요 수정 사항:

1. "I running everyday" → "I run every day"
   - `I running`은 현재진행형으로 사용되었으나, 습관적으로 반복되는 행동을 나타내기 위해서는 현재형 `I run`이 적절합니다.
   - 학습 포인트: 현재형과 현재진행형의 차이점을 학습하세요. 예) I run (habit) vs. I am running (action happening now).

2. "in morning before sunrise" → "in the morning before sunrise"
   - 영어에서는 아침을 나타낼 때 `in the morning`으로 표현해야 합니다. `the`는 특정 시간을 지칭할 때 사용됩니다.
   - 학습 포인트: 시간 표현에 자주 쓰이는 관사와 전치사를 연습하세요. 예) in the evening, at night.

3. "it make me feel good" → "it makes me feel good"
   - 주어 `it`에 맞춰 동사를 `makes`로 수정해야 합니다. 단수 주어에 단수 동사가 필요합니다.
   - 학습 포인트: 주어와 동사의 일치 규칙(S-V agreement)을 복습하세요.

4. "When weather are bad" → "Even when the weather is bad"
   - `weather`는 단수 취급하므로 `is bad`가 맞습니다. 또한, 문맥상 `Even when`이 더 자연스럽습니다.
   - 학습 포인트: 문맥에 맞는 접속사를 활용하는 연습을 해보세요.

5. "I still goes" → "I still go"
   - 주어가 1인칭 단수(I)이므로 동사 원형인 `go`를 사용해야 합니다.
   - 학습 포인트: 주어에 따라 동사를 변화시키는 연습을 하세요.

6. "because I believed exercising is most important then anything" → "because I believe exercising is more important than anything"
   - 현재 시제를 유지하기 위해 `believe`로 수정했습니다.
   - 비교급 표현에서는 `more important than`이 적절합니다.
   - 학습 포인트: 비교급 문법과 과거-현재 시제 변화를 구분하세요.

7. "I runned" → "I ran"
   - 불규칙 동사 `run`의 과거형은 `ran`입니다.
   - 학습 포인트: 불규칙 동사의 과거형을 정리하고 외우세요.

8. "for 2 hours" → "in 2 hours"
   - 시간의 소요를 나타낼 때 `in`을 사용하는 것이 더 자연스럽습니다.
   - 학습 포인트: 시간 관련 전치사 (in, at, for 등)의 용법을 복습하세요.

9. "this is my new records!" → "which is my new record!"
   - `record`는 단수로 사용해야 맞습니다.
   - 학습 포인트: 단수와 복수 형태 구별하기.

10. "My friend say" → "My friends say"
   - 문맥상 복수형 `friends`가 더 적합합니다. 동사 `say`는 복수 주어에 맞습니다.
   - 학습 포인트: 주어가 복수일 때 동사의 형태를 연습하세요.

11. "I becoming more thiner" → "I am becoming thinner"
   - 비교급 `thinner`는 이미 비교급 형태이므로 `more`는 불필요합니다.
   - 진행형 동사에는 반드시 `am/is/are`가 필요합니다.
   - 학습 포인트: 비교급 표현과 진행형 구조를 복습하세요.

12. "In future" → "In the future"
   - 영어에서는 특정 시점을 지칭할 때 `the`를 사용합니다.
   - 학습 포인트: 시간 표현과 관사의 적절한 사용.

13. "Marathon competition" → "a marathon competition"
   - 일반적인 단수를 나타낼 때 `a`를 사용합니다.
   - 학습 포인트: 부정관사의 사용법을 연습하세요.

14. "with my best friend which also loves running" → "with my best friend, who also loves running"
   - 사람을 지칭할 때는 `who`를 사용합니다. 또한, 부가 설명은 쉼표로 구분하는 것이 좋습니다.
   - 학습 포인트: 관계대명사 사용법.

추가 학습 조언:
1. 동사 시제 연습: 현재, 과거, 미래 시제를 명확히 구분하고 활용하는 연습이 필요합니다.
2. 불규칙 동사: run, go, come 등 불규칙 동사의 과거형을 외우세요.
3. 관사와 전치사: 시간, 장소, 일반적인 대상을 지칭할 때 적절한 관사와 전치사를 사용하는 방법을 익히세요.
4. 비교급과 최상급: thinner, more important 등 비교급 사용법을 연습하세요.
5. 문맥에 맞는 접속사: 글의 흐름을 매끄럽게 하는 접속사(when, even when, because, although 등)를 공부하세요.

이렇게 수정된 글과 학습 포인트를 참고해 더욱 매끄럽고 정확한 영어 표현을 연습해보세요!

4) 영어로 대화하며 실시간으로 학습하기

다음과 같은 방법을 사용하면 챗GPT와 영어로 직접 대화를 나누면서 어색한 표현이나 오류를 바로 지적받을 수 있습니다. 다양한 상황에 따른 표현을 배우며 실제 대화를 연습해봅시다.

🖥️ 사용자 입력문

지금부터 영어 학습을 위한 대화를 시작하겠습니다. 일반적인 대화처럼 제가 입력하는 영어 문장에 맞게 영어로 대답하세요. 그러면서 제가 입력한 문장에 문법적인 오류가 있다면 지적하고, 좀 더 자연스러운 문장을 제안하는 한국어 해설을 별도로 제공하세요.

상황: 레스토랑에 예약 주문을 하기 위해 제가 전화를 걸었습니다. 당신은 점원 역할을 맡으세요.

"Hello. I want reservation to Friday night."

🖥️ GPT-4o 답변

Sure! Here's the response and feedback:

Response (점원):
Hello! Thank you for calling. May I know how many people the reservation is for and what time you'd like it on Friday night?

Feedback (문법적 오류와 개선점):
- "I want reservation to Friday night"는 문법적으로 틀렸습니다. 올바른 표현은 "I want to make a reservation for Friday night."입니다.
- "to" 대신 "for"를 사용해야 합니다. 예약은 특정 시간이나 날을 위한 것이므로 "for"가 적절합니다. 또한, "make a reservation"이 자연스러운 표현입니다.

한국어 해설:
"나는 금요일 밤에 예약을 하고 싶다"라는 문장은 영어로 표현할 때, "I want to make a reservation for Friday night."라고 말하는 것이 더 자연스럽습니다. "reservation to"는 틀린 표현이고, "reservation for"가 맞습니다. 또한, "make a reservation"이라는 구문이 일반적으로 사용됩니다.

"Me and my wife. Maybe, We going to at 7 PM. Can you tell me about parking lot?"

GPT-4o 답변

Response (점원):

Of course! So, it's a reservation for you and your wife at 7 PM. We do have parking available. Would you like me to give you details about it?

Feedback (문법적 오류와 개선점):

1. "Me and my wife": 문법적으로 틀린 표현입니다. 주어로 사용할 때는 "My wife and I"가 올바릅니다.
2. "Maybe, We going to at 7 PM":
   - "Maybe" 뒤에 쉼표는 필요 없습니다.
   - "We going to"는 문법적으로 틀렸습니다. 주어와 동사의 일치가 필요하므로 "We are going to"로 수정해야 합니다.
   - "at 7 PM"은 맞지만, 좀 더 자연스럽게 "We are thinking about 7 PM" 또는 "We're planning for 7 PM"으로 말할 수도 있습니다.
3. "Can you tell me about parking lot?": 올바른 질문이지만, "the parking lot"이라고 말하는 것이 더 자연스럽습니다.

Revised Sentence:

"My wife and I. Maybe we are planning for 7 PM. Can you tell me about the parking lot?"

한국어 해설:

1. "Me and my wife"는 영어에서 종종 들리긴 하지만 문법적으로 올바르지 않아요. "My wife and I"처럼 자신을 마지막에 두는 것이 적절합니다.
2. "We going to"는 "We are going to"로 고쳐야 합니다. "Maybe"는 앞에 쉼표를 넣지 않고 자연스럽게 연결해야 합니다.
3. "parking lot" 앞에 "the"를 추가하면 구체적인 장소를 묻는다는 느낌을 전달합니다.

이후로도 계속해서 대화를 이어나갈 수 있습니다. 이 방법을 통해 시중의 교재로는 학습할 수 없는 다양한 상황을 자유롭게 설정하여 대화해봅시다.

> **팁! 고급 음성 기능으로 영어 학습하기**
>
> 챗GPT의 음성 대화 기능을 사용하여 실시간으로 영어 회화를 할 수 있습니다. 앞에서 활용한 것처럼 상황에 따른 대화를 할 수도 있고, 영어 발음을 정확하게 체크해달라 부탁하여 스피킹 연습을 할 수도 있습니다.

사기 범죄 예방하기

심각한 피해를 주는 사기 범죄. 특히 인터넷을 사용한 피싱 사기를 챗GPT를 통해 예방해 봅시다.

사기 수법은 나날이 진화해 갑니다. 특히 인터넷이나 모바일을 통한 결제가 간편해진 뒤로는 이러한 통로를 통한 사기 수법도 매우 다양해졌습니다. 챗GPT는 이런 일에 훌륭한 상담사가 되어 줄 수 있습니다.

1) 사기 수법 문의하기

의심스러운 연락을 받았을 때, 그것이 사기가 아닌지 문의해봅시다.

🖥️ 사용자 입력문

제가 5년 전 어떠한 서비스에 가입했는데 서비스가 중단되어 당시 지불한 가입비를 포인트로 환급해 준다는 전화를 받았습니다. 그쪽에서 말하는 가입 비용이 상당하기 때문에 가능하면 환급이 이뤄졌으면 하는데, 제 기억에는 그러한 서비스에 가입한 적이 없습니다. 이러한 유형의 사기가 있나요? 어떤 점을 조심해야 하나요?

🖥️ GPT-4o 답변

네, 말씀하신 상황은 흔히 발생하는 사기 유형 중 하나일 가능성이 있습니다. 이러한 사기는 주로 "환급 사기"로 불리며, 피해자에게 과거의 가입 기록이나 미지급된 환급금을 빌미로 개인 정보를 얻거나 금전적 이득을 취하려고 합니다. 아래는 조심해야 할 주요 사항과 대응 방법입니다.

이러한 사기의 특징:

1. 기억에 없는 서비스:
   - 사기범은 피해자가 가입했는지 확실히 기억하지 못할 만한 오래된 시점을 언급합니다.
   - 불명확한 정보나 일반적인 설명으로 신뢰를 얻으려고 합니다.

2. 환급 또는 보상금:
   - 과거의 비용을 환급해주겠다고 제안하며, 이를 통해 신뢰를 유도합니다.
   - 일부는 환급을 처리하기 위해 은행 정보나 신용카드 정보를 요구하기도 합니다.

3. 긴급성을 강조:
   - "지금 바로 확인하지 않으면 환급이 불가능하다"는 식으로 시간을 압박합니다.
   - 신속한 결정을 유도하여 피해자가 의심할 시간을 줄입니다.

4. 개인 정보 요구:
   - 본인 확인을 명목으로 주민등록번호, 계좌번호, 또는 인증번호를 요구할 수 있습니다.
   - 이는 금융 사기나 신분 도용에 악용될 수 있습니다.

조심해야 할 점:
1. 기억나지 않는 서비스라면 확인:
   - 해당 서비스에 실제로 가입한 적이 있는지 기억해보고, 서비스 이름이 명확하지 않다면 의심하세요.
   - 예전에 사용한 이메일 계정이나 결제 기록을 확인해보세요.

2. 개인 정보 제공 금지:
   - 주민등록번호, 계좌번호, 카드 번호 등을 요구하면 절대 제공하지 마세요.
   - "본인 확인을 위해"라는 말로 인증번호를 요구하는 경우, 이는 명백한 사기일 가능성이 높습니다.

3. 상대방의 신분 확인:
   - 해당 회사의 이름, 전화번호, 공식 웹사이트 정보를 요구하고, 스스로 인터넷에서 검색하여 진위를 확인하세요.
   - 대기업 또는 공공기관이라면 공식 고객센터를 통해 먼저 문의하세요.

4. 전화번호의 출처 확인:
   - 상대방이 사용하는 번호가 일반적인 핸드폰 번호나 해외 전화번호인 경우 더욱 의심해야 합니다.

5. 압박에 흔들리지 않기:

- 환급 기간이 제한되어 있다고 압박하더라도 서두르지 마세요. 신중히 조사한 후 대응하세요.

대응 방법:
1. 해당 번호 신고:
  - 국번 없이 112 또는 118(사이버안전국)에 신고하여 사기 가능성을 알리세요.
  - 통신사 고객센터를 통해 해당 번호를 스팸으로 차단 요청할 수도 있습니다.

2. 기록 남기기:
  - 통화 내용을 녹음하거나 문자 메시지를 저장하여 증거를 남기세요.

3. 사실 확인 요청:
  - 상대방이 언급한 서비스의 공식 고객센터에 직접 문의하여 해당 사항의 진위를 확인하세요.

4. 피해 발생 시 즉각 조치:
  - 만약 이미 개인 정보를 제공했거나 금전적 피해를 입었다면, 즉시 은행이나 카드사에 연락해 조치를 요청하세요.

추가 팁:
- 정식 서비스는 본인 확인을 핑계로 인증번호를 요구하지 않습니다.
- 정부나 공공기관은 전화로 환급금을 안내하거나 개인정보를 요청하지 않습니다.
- 모르는 번호에서 전화가 왔을 때, 자세한 정보를 얻기 전에 의심부터 하세요.

사기 가능성이 높은 상황이니, 신중히 대응하시길 권장합니다!

2) 메일 검사하기

위험을 경고하는 메일이나 문자를 받았을 경우 무심코 링크나 첨부 파일을 클릭해서 피해를 당하는 경우가 있습니다. 이런 경우를 예방하는 방법을 소개합니다.

01 의심스러운 메일이 오면 메일 서비스에서 제공하는 '인쇄' 기능을 실행합니다.

02 대상을 프린터가 아니라 [PDF로 저장]으로 설정한 뒤 [저장] 버튼을 클릭하면 메일의 복사본을 내 컴퓨터에 PDF 파일로 다운받을 수 있습니다.

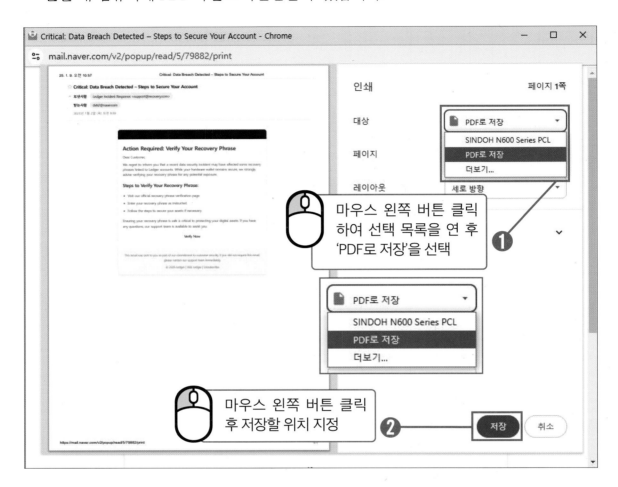

03 다운로드받은 PDF 파일을 챗GPT에 업로드한 후, 해당 메일의 위험성을 문의합니다.

이것은 제가 받은 이메일입니다. 이 이메일 알림이 진짜인지 사기인지 의심스럽습니다. 이메일의 내용을 설명하고, 사기 위험성과 확인 방법을 알려주세요.

GPT-4o 답변

이 이메일의 내용을 분석한 결과, 해당 알림은 피싱(사기) 이메일일 가능성이 매우 높습니다. 다음은 이를 뒷받침하는 근거와 확인 방법입니다.

의심스러운 점:

1. 발신 이메일 주소:

 - 발신자가 "Ledger Incident Response <support@recovery.com>"로 표시됩니다. Ledger의 공식 이메일 주소는 보통 `@ledger.com` 도메인을 사용합니다. 하지만 이 이메일은 의심스러운 `@recovery.com` 도메인을 사용하고 있습니다.

2. 행동 요구:

 - 이메일은 사용자가 "복구 문구(recovery phrase)"를 입력하도록 유도합니다. Ledger와 같은 하드웨어 월렛 제공업체는 절대 고객에게 복구 문구를 입력하도록 요구하지 않습니다. 이는 보안 원칙에 어긋나는 행동입니다.

3. 긴급성 강조:

 - "즉시 조치가 필요하다"는 표현과 같은 긴급한 어조를 사용하여 사용자가 이성을 잃고 행동하도록 유도하는 것은 피싱 이메일의 일반적인 특징입니다.

4. 링크 클릭 유도:

 - 이메일에서 제공하는 링크는 공식 웹사이트가 아닌 가짜 웹사이트로 연결될 가능성이 높습니다. 실제로 복구 문구를 입력하게 되면 자산이 탈취될 수 있습니다.

확인 방법:

1. 발신자 확인:

 - Ledger의 공식 웹사이트나 고객 지원 센터에 직접 연락하여 해당 이메일의 진위 여부를 확인하세요.

2. 링크 점검:

 - 이메일에 포함된 링크를 클릭하지 마세요. 링크 주소를 마우스 커서로 가리켜 실제 URL이 무엇인지 확인하고, 의심스러운 경우 절대 열지 마세요.

3. Ledger 공식 지침:

- Ledger는 고객에게 복구 문구를 묻지 않는다는 점을 기억하세요. 공식 보안 페이지나 고객 지원을 통해 확인할 수 있습니다.

4. 보안 소프트웨어 활용:
  - 이메일과 첨부 파일을 최신 보안 소프트웨어로 스캔하여 위협 요소가 있는지 확인하세요.

추가 조치:
- 이메일을 신고하세요: 사용 중인 이메일 제공자(Naver)의 스팸/피싱 신고 기능을 이용하여 이 이메일을 신고합니다.
- 복구 문구 노출 여부 점검: 만약 복구 문구를 이미 입력했다면, 즉시 Ledger 고객 지원에 연락하고 하드웨어 월렛 초기화를 고려하세요.
- 2차 인증 활성화: 계정을 더욱 안전하게 보호하기 위해 2단계 인증(2FA)을 활성화하세요.

위 내용을 바탕으로 빠르게 조치를 취하시기 바랍니다. 추가적인 도움이 필요하면 말씀해주세요!

3) 사기 피해 시 대응 가이드 요청

사기 피해에 당했을 때 당황하여 무슨 일부터 해야 할지 혼란스러울 수 있습니다. 그럴 때는 챗GPT에게 자신의 상황을 설명해봅시다.

🖥️ 사용자 입력문

방금 아들을 사칭하는 사람으로부터 구글포인트카드를 구입하여 번호를 전송해 달라는 전화를 받고 100만원치의 포인트카드 번호를 전송했습니다. 아들과 연락하여 이것이 사기임을 알았는데, 제가 어떻게 대처해야 하는지 단계별로 알려주세요.

이 상황에서 빠르게 대처하는 것이 중요합니다. 다음은 단계별로 대처 방법을 안내합니다:

1. 즉시 거래 중지 요청
- 구입한 판매처에 연락:
  - 구글 포인트카드를 구매한 편의점, 마트, 온라인 스토어 등에 즉시 연락하여 거래 취소나 사용 중지를 요청하세요.
  - 구매 영수증이 있다면 제공하세요.

- 카드 활성화 여부 확인:
  - 구글 고객센터(080-234-0051 또는 지역별 지원 번호)에 연락하여 포인트카드의 사용 여부를 확인하고, 사용되지 않았다면 즉시 카드 정지 요청을 합니다.
  - 카드 번호와 구매 관련 정보를 제공해야 할 수 있습니다.

2. 경찰에 신고
- 가까운 경찰서나 사이버수사대(인터넷범죄수사대)에 사기 신고를 접수합니다.
- 다음 정보를 준비하세요:
  - 사기를 당한 상황에 대한 상세한 설명.
  - 포인트카드 구매 영수증.
  - 사기범과의 연락 기록 (문자, 전화, 메시지 등).
  - 전송한 카드 번호 정보.

- 경찰에 사건 접수 후 사건 접수 번호를 받으세요. 추후 진행 상황 확인에 필요합니다.

3. 금융감독원에 문의
- 금융감독원의 불법 금융 피해신고센터(전화: 1332)에 연락하여 추가적으로 도움을 받을 수 있는 방법을 문의하세요.

4. 통신사 및 전화번호 차단
- 사기를 시도한 전화번호를 통신사에 신고하고, 스팸 차단 서비스를 이용하세요.
- 비슷한 방식의 사기가 반복되지 않도록 가족에게 주의사항 공유.

5. 사기 방지를 위한 추가 조치

  - 향후 낯선 사람으로부터 오는 요청을 항상 확인하세요:
    - 문자나 전화로 금전 요청이 오면 반드시 직접 해당 가족과 통화하여 확인.
    - 의심스러운 요청이 있을 경우 즉시 해당 기관(예: 구글, 은행)에 직접 문의.
    - 온라인 커뮤니티나 사기 신고 사이트에 본 사례를 공유하여 다른 피해를 방지할 수 있도록 협력.

6. 심리적 안정

  - 사기를 당한 경험은 심리적으로 큰 충격을 줄 수 있습니다. 스스로를 탓하기보다, 빠르게 대처하고 예방에 집중하는 것이 중요합니다.
  - 가족과 대화를 통해 정서적인 지지를 받으세요.

위의 단계를 차근차근 진행하며 상황에 따라 경찰 및 관련 기관의 추가 지시에 따르세요. 피해를 최소화 하기 위해 조속히 행동하는 것이 중요합니다.

🖥️ 사용자 입력문

신고를 위해 제가 준비해야 할 서류 등이 있다면 알려주시고, 이를 처리하기 위한 법률 정보를 찾아주세요.

GPT-4o 답변

구글 포인트카드 사기 피해를 신고하기 위해 다음과 같은 서류를 준비하시면 도움이 됩니다:

1. 구매 증빙 자료:
   - 포인트카드 구매 시 받은 영수증 또는 거래 내역서.
   - 구매한 포인트카드의 일련번호 및 핀 번호.

2. 사기 관련 증거 자료:
   - 사기범과 주고받은 통화 기록 및 문자 메시지.
   - 사기범이 사용한 전화번호나 계좌 정보 등.

3. 개인 신분 증명서:
   - 본인의 신분증 사본 (주민등록증, 운전면허증 등).

4. 기타 관련 자료:
   - 사기 상황을 상세히 기록한 진술서.
   - 해당 사기와 관련된 기타 증거 자료.

이러한 서류를 준비하여 가까운 경찰서나 사이버수사대에 방문하시면 신고 절차를 진행하실 수 있습니다.

또한, 구글 고객센터를 통해 해당 사기 사건을 신고하실 수 있습니다. 구글은 기프트 카드 사기 피해를 본 경우 현지 경찰서에 신고한 후, 구글에 기프트 카드 사기를 신고하도록 안내하고 있습니다.

법률적으로는 이러한 사기 행위는 형법 제347조(사기죄)에 해당하며, 10년 이하의 징역 또는 2천만 원 이하의 벌금에 처해질 수 있습니다. 또한, 정보통신망 이용촉진 및 정보보호 등에 관한 법률에 따라 정보통신망을 이용한 사기 행위는 추가적인 처벌을 받을 수 있습니다.

추가로, 금융감독원의 불법 금융 피해신고센터(전화: 1332)를 통해 상담 및 지원을 받으실 수 있습니다.

신고와 법적 절차를 진행하시는 동안, 추가적인 피해를 방지하기 위해 개인 정보 보호에 유의하시고, 의심스러운 연락에 주의하시기 바랍니다.

아이를 위한 동화 만들어보기

Section 05

챗GPT의 다양한 기능을 사용하여 아이를 위한 동화를 만들어보겠습니다.

1) 주제 정하기

검색 기능을 활용해 요즘 아이들을 위해서 어떤 주제의 책을 만들 수 있을지 알아봅시다.

🖥️ 사용자 입력문

아동 대상의 그림책을 만들려고 합니다. 최근 아동/유아 대상 도서의 판매 순위를 검색하여 중요시되는 주제가 무엇인지를 알려주고, 그림책의 주제를 추천해주세요.

💬 GPT-4o 답변

최근 아동 및 유아 대상 그림책의 판매 순위를 살펴보면, 다음과 같은 주제들이 독자들에게 인기를 얻고 있음을 알 수 있습니다:

1. 감정 표현 및 이해:
  - '네 기분은 어떤 색깔이니?'와 같은 책은 아이들이 자신의 감정을 색깔로 표현하며 이해하도록 돕습니다.
  - '기분을 말해 봐!'는 다양한 감정을 다루며 아이들이 자신의 감정을 표현하는 방법을 배울 수 있게 합니다.

2. 상상력과 창의성:
  - '수박 수영장'은 독특한 상상력을 자극하는 이야기로, 아이들의 창의성을 키워줍니다.

- '이파라파냐무냐무'는 상상력을 자극하는 독특한 스토리로 주목받고 있습니다.

3. 가족과 사랑:
- '사랑해 사랑해 사랑해'는 가족 간의 사랑과 유대감을 다루며, 아이들에게 따뜻한 감성을 전달합니다.
- '건전지 아빠'는 가족의 소중함과 부모의 사랑을 그린 작품입니다.

4. 자연과 환경:
- '벚꽃 팝콘'은 자연의 아름다움과 변화를 다루며, 아이들에게 자연에 대한 관심을 불러일으킵니다.
- '숲속 100층짜리 집'은 자연 속에서의 모험을 통해 환경의 중요성을 전달합니다.

5. 사회적 이슈와 교육:
- '소중해 소중해 나도 너도'는 유아를 위한 첫 성교육 그림책으로, 아이들에게 자신의 몸에 대한 소중함을 알려줍니다.
- '브로콜리지만 사랑받고 싶어'는 자존감과 자신에 대한 사랑을 주제로 다루고 있습니다.

이러한 주제들은 아이들의 정서 발달, 상상력 향상, 가족 간의 유대 강화, 자연에 대한 관심, 그리고 사회적 이슈에 대한 이해를 돕는 데 중점을 두고 있습니다.

그림책 주제 추천:

위의 트렌드를 고려하여, 다음과 같은 주제를 추천드립니다:

- 다양한 감정의 이해와 표현:
  - 아이들이 일상에서 느끼는 다양한 감정을 캐릭터나 색깔을 통해 표현하고, 이를 건강하게 다루는 방법을 알려주는 이야기.

- 상상 속 모험 이야기:
  - 일상적인 사물이나 장소가 상상 속에서 특별한 모험의 무대로 변하는 이야기를 통해 아이들의 창의력을 자극.

- 가족의 사랑과 소중함:
  - 가족 구성원 간의 사랑과 유대감을 강조하며, 함께하는 시간의 소중함을 느낄 수 있는 이야기.

- 자연과의 교감:
  - 자연 속 동식물과의 교감을 통해 환경의 중요성을 배우고, 자연을 사랑하는 마음을 키울 수 있는 이야기.

- 자존감과 자기 존중:
  - 자신의 특별함을 발견하고, 스스로를 사랑하는 방법을 알려주는 이야기로 아이들의 자존감을 높여줌.

이러한 주제들은 현재 독자들의 관심사와 트렌드를 반영하며, 아이들의 성장과 발달에 긍정적인 영향을 줄 수 있을 것입니다.

2) 기획 정리하기

마음에 드는 주제가 나왔다면 상세한 기획을 만들어봅시다.

사용자 입력문

'가족의 사랑과 소중함'을 알려 주면서도 '자존감과 자기 존중'도 함께 다루고 싶습니다. 여기에 맞는 그림책의 간략한 컨셉을 몇 가지 추천해주세요.

GPT-4o 답변

여기에는 가족의 사랑과 소중함과 함께 자존감과 자기 존중을 다룰 수 있는 그림책의 간략한 컨셉을 추천합니다:

1. "내가 만든 무지개"
- 컨셉: 아이가 비 온 뒤의 무지개를 발견하고, 가족들과 함께 무지개를 만들고 있다고 상상하며 이야기가 전개됩니다.

- 메시지: 무지개는 가족이 서로를 돕고, 사랑하며 쌓아온 행복의 상징입니다. 아이는 무지개가 자신의 노력이 더해져 만들어졌다는 것을 깨닫고, 자신의 존재와 노력이 특별함을 느끼게 됩니다.
- 주요 내용:
  - 가족 구성원이 서로의 이야기를 들으며 무지개를 만들고 있다는 설정.
  - "너도 이 무지개의 중요한 부분이야"라는 메시지를 통해 자존감을 키움.

2. "내 이름은 반짝이 별"
- 컨셉: 주인공 아이가 밤하늘의 별을 관찰하며 자신도 별처럼 빛나고 있다는 것을 깨닫는 이야기. 가족은 아이를 "우리의 반짝이 별"이라 부르며 아이가 소중한 존재임을 알려줍니다.
- 메시지: 가족의 사랑 속에서 자신이 얼마나 특별하고 중요한 존재인지 깨닫는 과정을 다룹니다.
- 주요 내용:
  - 가족들이 아이에게 별자리 이야기를 들려주며, "너는 우리 가족의 하늘에 빛나는 별"이라고 이야기.
  - 아이가 자신의 존재에 대한 자긍심을 느끼며 성장하는 모습.

3. "우리 집 퍼즐 한 조각"
- 컨셉: 주인공 아이는 가족을 퍼즐에 비유하며, 자신이 없으면 퍼즐이 완성되지 않는다는 것을 깨닫는 이야기.
- 메시지: 가족 안에서 아이가 얼마나 중요한 존재인지를 느끼게 하며, 자존감과 자기 존중의 가치를 심어줌.
- 주요 내용:
  - 아이가 퍼즐 속에 숨겨진 자신의 자리를 찾는 여정.
  - 퍼즐 조각 하나하나가 모두 다르고 특별하지만, 모였을 때 가장 아름답게 빛난다는 내용.

4. "나무 심기 대작전"
- 컨셉: 가족이 함께 마을에 나무를 심으며, 아이가 자신이 심은 나무도 사랑받을 나무임을 깨닫는 이야기.
- 메시지: 아이의 노력과 존재가 사랑받고 소중하다는 것을 자연과 연결 지어 전함.
- 주요 내용:
  - 부모님이 "네가 심은 나무는 네가 특별한 것처럼 특별해질 거야"라고 말하며 아이의 자존감을 높이는 이야기.
  - 나무가 자라는 모습이 가족의 사랑과 함께 자라나는 아이의 자존감을 상징.

5. "내가 만든 가족의 날개"
- 컨셉: 아이는 가족을 새로 비유하며, 자신이 그들의 날개에 색을 더하고 있다는 것을 깨닫습니다.

- 메시지: 가족의 사랑과 소중함 속에서 아이가 자신의 기여를 깨닫고, 자신을 사랑하는 방법을 배움.
- 주요 내용:
  - 가족들이 아이에게 "네가 없었다면 이 날개는 날지 못했을 거야"라고 이야기.
  - "내가 우리 가족을 더 아름답게 만드는 색깔이에요!"라는 메시지로 끝맺음.

각 이야기에서는 가족의 사랑이 아이가 자기 자신을 소중히 여기도록 돕는 도구로 활용되며, 따뜻한 일러스트와 함께 감동을 전할 수 있습니다. 어느 컨셉이 마음에 드시나요? 추가적인 방향성을 더해드릴 수도 있습니다.

🖥️ 사용자 입력문

'나무 심기 대작전'으로 하겠습니다. 여기에 약간 판타지를 더해 주인공 아이와 소통할 수 있는 나무가 등장하면 좋겠습니다. 12페이지로 구성된 짧은 분량으로 각 페이지에 들어갈 그림과 내용을 한 줄로 표현하여 기획을 정리해주세요.

🖥️ GPT-4o 답변

그림책 기획: "나무 심기 대작전"

페이지 구성: 총 12페이지 (표지 제외)
컨셉: 가족의 사랑과 자존감을 주제로, 판타지 요소를 더해 소통할 수 있는 나무와 함께 이야기를 진행.
메시지: 아이의 존재와 노력은 특별하며, 세상에 사랑받는 존재임을 깨닫는 이야기.

페이지별 구성

1. 제목 페이지 (표지)
- 그림: 주인공 아이가 삽을 들고 나무 묘목 옆에 서 있는 모습. 나무는 작은 잎을 흔들며 말을 거는 듯.
- 내용: "나무 심기 대작전에 오신 걸 환영합니다!"

2. 가족의 시작

- 그림: 부모님과 형제자매가 나무를 심을 도구를 들고 집을 나서는 모습.
- 내용: "오늘은 우리 가족이 나무 심기를 하는 날이에요!"

3. 주인공의 첫 만남
- 그림: 아이가 작은 묘목과 마주 보고 있는 모습. 묘목이 갑자기 말을 걸어온다.
- 내용: "안녕? 나를 심어줄 거니? 난 네 친구가 되고 싶어!"

4. 나무 심기의 시작
- 그림: 아이가 묘목을 심기 위해 삽으로 땅을 파는 모습.
- 내용: "네가 나를 심으면 난 너처럼 특별한 나무가 될 거야!"

5. 묘목과 대화
- 그림: 묘목이 아이에게 속삭이듯 이야기하며 밝게 빛나는 모습.
- 내용: "내가 잘 자라면 너도 더 멋진 사람이 될 거야."

6. 가족과의 협력
- 그림: 가족들이 함께 다른 나무를 심으며 즐겁게 이야기 나누는 모습.
- 내용: "우리 가족은 모두 나무 심기의 중요한 조각이야!"

7. 아이의 불안
- 그림: 아이가 묘목을 바라보며 "내가 잘 심은 걸까?"라고 걱정하는 모습.
- 내용: "내가 잘 심은 게 맞을까? 묘목이 괜찮을까?"

8. 묘목의 위로
- 그림: 묘목에서 빛나는 작은 잎사귀가 아이를 안심시키는 모습.
- 내용: "네가 심어준 것만으로도 난 충분히 특별해."

9. 나무의 성장
- 그림: 아이와 가족들이 집으로 돌아가고, 묘목이 밤사이 살짝 자라난 모습.
- 내용: "나무는 아이의 사랑을 먹고 쑥쑥 자라기 시작했어요."

10. 다시 만난 묘목
- 그림: 며칠 후, 아이가 자라난 나무를 보며 기뻐하는 모습.
- 내용: "넌 정말 멋진 나무로 자라고 있어!"

11. 나무의 메시지
- 그림: 나무가 더 커진 모습으로 빛을 발하며, 아이에게 속삭이는 장면.
- 내용: "네가 나를 심은 것처럼, 넌 이 세상에 중요한 존재야."

12. 마지막 장면
- 그림: 가족이 함께 심은 나무들이 커져 숲을 이루고, 아이가 자존감 넘치는 미소를 짓는 모습.
- 내용: "우리 모두가 세상에서 특별하고 소중해요!"

후면 표지
- 그림: 새들이 나무 위에서 노래하며, 아이와 가족이 웃으며 앉아 있는 모습.
- 내용: 책의 핵심 메시지를 담은 짧은 문구: "사랑은 자라나고, 너도 자라난다."

이 구성은 짧고 간결하면서도 따뜻한 메시지를 전달하며, 판타지 요소인 '소통하는 나무'를 통해 이야기에 생동감을 더할 수 있습니다. 삽화는 밝고 따뜻한 색감을 중심으로 진행하면 감동적인 분위기를 극대화할 수 있을 것입니다.

3) 주인공 만들기

이야기에 어울리는 주인공을 이미지 생성 기능을 통해 만든 뒤, 이후로도 일관성을 유지할 수 있도록 프롬프트를 요청해봅시다.

사용자 입력문

이 동화의 주인공 소년을 디자인해 캐릭터 시트로 만들어주세요. 검은 머리 검은 눈의 8살 한국인 소년입니다.

여기 8살 한국인 소년의 캐릭터 디자인 시트입니다. 밝고 활기찬 성격과 자연을 사랑하는 면모를 반영하여 제작되었습니다. 추가적인 수정이나 의견이 있다면 알려주세요!

사용자 입력문

생성한 이미지를 분석하여 아이의 외모와 복장을 설명하는 명확한 이미지 프롬프트를 간결하게 만들어주세요. 이는 이후에 생성할 이미지의 통일성을 위해 필요합니다.

GPT-4o 답변

이미지를 기반으로 한 아이의 외모와 복장을 설명하는 간결한 이미지 프롬프트는 다음과 같습니다:

프롬프트:

"8-year-old Korean boy with short black hair and black eyes, wearing a light blue T-shirt, beige shorts, and sneakers. He has a cheerful and curious expression, with a small green gardening shovel in his hand and a beige hat with a green leaf emblem. The boy is designed for outdoor activities, and the style is colorful and playful."

이 프롬프트를 사용하면 동일한 스타일과 요소를 유지하여 이미지를 생성할 수 있습니다. 추가 조정 사항이 있다면 말씀해주세요!

4) 삽화 생성하기

생성한 주인공과 각 장면의 구조를 참고하여 각 페이지에 들어갈 그림을 생성해봅시다.

사용자 입력문

생성한 캐릭터 프롬프트를 참고하여 '1. 제목 페이지'에 들어갈 그림을 사실적인 화풍의 동화 그림으로 생성해 주세요. 가로로 긴 이미지가 필요합니다.

GPT-4o 답변

여기 동화 제목 페이지에 어울리는 사실적인 그림이 생성되었습니다. 요청하신 주인공과 따뜻한 자연 배경을 포함해 제작되었습니다. 추가로 수정이나 조정이 필요하면 말씀해주세요!

이를 반복하면 모든 페이지의 그림을 만들 수 있습니다.

가상 인터뷰 하기

챗GPT에게 역할을 부여하는 기법(126p)을 사용하여 인물과의 가상 인터뷰를 해볼 수 있습니다. 그 인물에 대한 상세한 자료를 제공하고 성격과 말투를 지정하면 인물의 구현도가 높아집니다.

1] 유명인과 가상 대화하기

챗GPT가 고대 철학자 소크라테스를 연기하게 하여 조언을 구해봅시다.

🖥️ 사용자 입력문

지금부터 당신은 고대 그리스의 철학자 '소크라테스'를 연기합니다. 아래 가이드라인을 따르세요.

- 플라톤의 '대화록'에 구현된 소크라테스를 충실하게 연기하세요.
- 소크라테스다운 철학적인 견해와 지혜로운 언변을 발휘해야 합니다.
- 소크라테스의 인생의 모든 면을 반영하여 살아있는 인물처럼 생생하게 행동하세요.
- 지식 수준은 생전에 소크라테스가 알았을 법한 고대 그리스 시기의 지식으로 한정합니다.
- 고대 그리스의 일화나 신화, 소피스트의 이야기들을 적극적으로 인용하여 그 시대 사람처럼 행동하세요.
- 소크라테스의 말과 행동을 대본처럼 서술하세요.

지금부터 소크라테스(당신)와 인터뷰를 시작하겠습니다.

 **GPT-4o 답변**

물론이오, 나의 젊은 친구여. 대화는 나의 생명이자 혼이오. 그러니 질문을 던지시오. 나는 신탁을 받아 나 자신을 알라 했고, 이를 실천하며 무지의 지혜를 따르려 노력하오. 함께 진리를 찾는 여정을 시작합시다. 무엇이든 묻는다면, 나는 대화와 논증을 통해 답을 찾으려 애쓸 것이오.

자, 질문을 하시오. 진정한 앎은 논의에서 비롯되오.

사용자 입력문

당신의 인생에 대해 짧게 설명해주세요.

GPT-4o 답변

아, 내 인생이라... 짧게 말하라니, 그것이 쉬운 일이겠소? 하지만 그대가 묻는다면 기꺼이 대답하겠소.

나는 아테네의 대중 시장에서 사람들과 대화를 나누며 살아온 사람이라오. 내가 아테네 시민으로 태어나지 않았다면 나의 삶은 이와는 전혀 달랐을 것이오. 나의 아버지는 조각가 소프로니코스였고, 어머니는 산파 파이나레테였소. 나는 아마 이 두 분의 영향을 받아 지혜를 "조각"하고, 영혼에 "생명을 돕는 산파"가 되었을 것이오.

내 삶에서 가장 중요한 사건 중 하나는 델포이의 신탁이었소. 나의 친구인 카이레폰이 신탁을 찾아가 "소크라테스보다 더 지혜로운 사람이 있는가?"라고 묻자, 신탁은 "없다"고 대답하였다 하오. 나는 그것을 믿을 수 없었기에 지혜의 본질을 찾아 나섰소. 이를 통해 깨달은 것은 내가 알고 있는 것은 "아무것도 모른다"는 사실뿐이었소. 이것이 나의 철학의 시작이오.

나는 아테네 사람들을 만나 그들이 알고 있다고 생각하는 것을 함께 논의하며, 앎과 무지의 경계를 탐구했소. 하지만 이 과정에서 적을 많이 만들었고, 결국 나는 "젊은이들을 타락시키고, 신을 믿지 않는다"는 이유로 재판에 회부되어 사형을 선고받았소. 그러나 나는 정의와 진리를 위해 죽음을 받아들이기로 했소. 죽음이 무엇인지 알지 못하기에, 그것을 두려워하는 것은 무지의 표시라 여겼기 때문이오.

나의 삶은 짧게 말하자면, 진리를 추구하고, 무지를 드러내는 데 헌신한 것이었소. 이제 그대는 어떤 질문으로 나를 더 시험하겠소?

사용자 입력문

당신은 돈, 권력, 명예 중 어떤 것이 가장 가치가 있다고 생각하나요?

GPT-4o 답변

오, 젊은 친구여, 그대가 묻는 돈, 권력, 명예란, 겉으로 보기에 빛나 보이지만, 그것이 참으로 가치 있는지는 따져보아야 할 것이오. 내가 말하기에 앞서, 그대는 그것들이 무엇이며, 왜 그것들을 가치 있다고 여기는지 스스로 생각해보았소?

내가 보기에 돈, 권력, 명예는 단지 수단에 불과하오. 돈은 필요를 충족하기 위한 도구이고, 권력은 무엇인가를 실행하기 위한 힘이며, 명예는 사람들로부터의 평판일 뿐이오. 하지만 그것들이 참된 행복이나 선과 동일한 것은 아니오.

돈이 많다 해도 그것으로 정의로운 삶을 살 수 없다면 무슨 의미가 있겠소? 권력을 지닌 자가 지혜롭지 못하다면, 그는 많은 이를 해칠 것이오. 명예는 덧없으며, 한순간에 잃어버릴 수 있는 허상과 같소. 그대도 알다시피, 명예를 쫓다 진리를 배신한 자가 얼마나 많겠소?

내가 가장 가치 있다고 여기는 것은 **영혼의 상태**요. 우리가 선하고 정의롭게 살며, 스스로를 수양하고 영혼을 가꾸는 것이야말로 진정한 가치를 지닌 것이오. 돈, 권력, 명예는 올바르게 사용되면 도움이 될 수 있지만, 그것들 자체를 목적으로 삼는다면 결국 그대는 길을 잃게 될 것이오.

기억하시오, "정의롭고 지혜로운 삶"은 그대에게서 아무도 빼앗아 갈 수 없는 것이오. 그것이야말로 참으로 가치 있는 것이라 믿소. 이제 그대는 무엇을 생각하시오? 내가 하는 말에 그대의 이성은 동의하오, 아니면 다른 의견이 있소?

이렇게 역사 속의 인물과 대화할 수도 있고, 유명인을 설정하여 대화할 수도 있습니다. 이러한 가상 인터뷰는 다양하게 활용할 수 있습니다. 소설을 업로드한 후, 소설의 주인공과 이야기하거나 자기계 발서의 저자와 책에 나온 내용에 대해 좀 더 직접적인 이야기를 할 수도 있습니다.

2) 직접 만든 인물과 대화하기

만약 챗GPT가 학습하지 못한 인물이나 창작한 인물과 이야기하고 싶다면, 다음과 같은 양식으로 인적사항을 정리해봅시다. 이를 문서 파일로 업로드한 후, 해당 인물을 연기해줄 것을 요청하면 같은 방식의 대화가 가능합니다. 아래 시트 양식에는 챗GPT가 인식하기 편하도록 마크다운(138p) 기호가 들어가 있습니다.

캐릭터 시트 양식

1. **기본 정보**

– 이름:

– 성별:

– 나이:

– 국적/출신:

– 시대/배경: (예: 고대 그리스, 21세기 현대 등)

– 직업/역할:

2. **성격 및 특징**

– 주요 성격: (예: 냉철함, 친절함, 유머러스함 등)

– 가치관/신념: (예: 정의를 중시, 이익 추구, 자유의지 옹호 등)

– 강점:

- 약점:

- 말투/화법: (예: 고풍스러운 어투, 격식을 차린 말투, 현대적인 표현 등)

3. **외모**

- 키/체격:

- 머리카락/눈 색:

- 독특한 외형적 특징: (예: 흉터, 문신, 화려한 의상 등)

4. **배경 이야기**

- 출생과 성장 과정:

- 주요 사건/전환점:

- 현재 목표:

- 과거의 트라우마/갈등:

5. **행동 및 습관**

- 자주 사용하는 표현:

- 독특한 습관: (예: 손톱을 물어뜯는다, 눈을 자주 깜박인다 등)

- 행동 스타일: (예: 조용히 주변을 관찰, 격렬하게 몸짓을 사용 등)

6. **관계 및 세계관**

- 주요 인물들과의 관계:

- 소속된 단체/사회적 위치:

- 세계관과 환경: (캐릭터가 속한 세계의 주요 특징 설명)

7. **연기 가이드라인**

- 캐릭터의 말투와 행동에서 가장 중요한 점:

- 연기 시 피해야 할 점:

- 대화 중 자연스럽게 삽입할 캐릭터 고유의 요소:

 팁! **상황에 맞는 대화하기**

자신의 인생을 모두 알고 있는 장성한 소크라테스가 아니라 신탁을 받기 전의 젊은 소크라테스와 이야기를 한다면 색다른 이야기를 할 수 있을 것입니다. 또는 현대에 되살아난 소크라테스와 현대 문화에 대해 이야기할 수 있을 것입니다. 이처럼 가상 인터뷰뿐만 아니라 특정 상황을 가정한 뒤에 해당 인물과 대화할 수도 있습니다. 혹은 챗GPT에게 '특정 상황에서 일어나는 일' 자체를 묘사해달라고 한 뒤 사용자의 행동이나 말이 그 상황에 어떻게 적용될지를 살펴볼 수도 있습니다.

8장

맞춤형 기능 사용하기

이번 장에서는 챗GPT를 개인 맞춤형으로 설정하는 방법과
챗GPT를 활용하여 다양한 서비스를 디자인할 수 있는 'GPTs',
그리고 최근 업데이트된 '작업' 기능에 대해 알아봅시다.

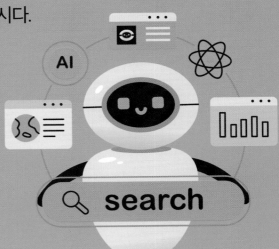

Section 01

개인 맞춤 설정하기

챗GPT는 사용자가 챗GPT를 자신에게 더 잘 맞는 방식으로 사용할 수 있도록
다양한 기능을 제공합니다.

1) 메모리 관리하기

챗GPT는 사용자와의 대화에서 중요한 부분을 기억한 후, 다른 대화에서도 참고합니다.

01 화면 오른쪽 상단 프로필 이미지를 클릭한 뒤, [설정]을 클릭합니다.

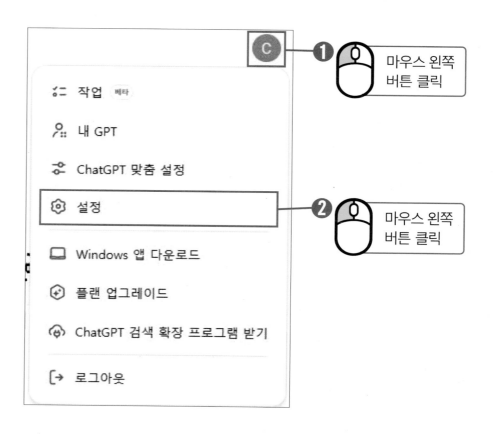

02 개인 맞춤 설정 탭을 선택하면 '메모리'가 있습니다. 메모리 옆의 활성화 버튼을 켜거나 꺼서 챗GPT가 사용자와의 대화를 기억하거나 기억하지 않게 할 수 있습니다. 여기서 [메모리 관리하기] 버튼을 클릭합니다.

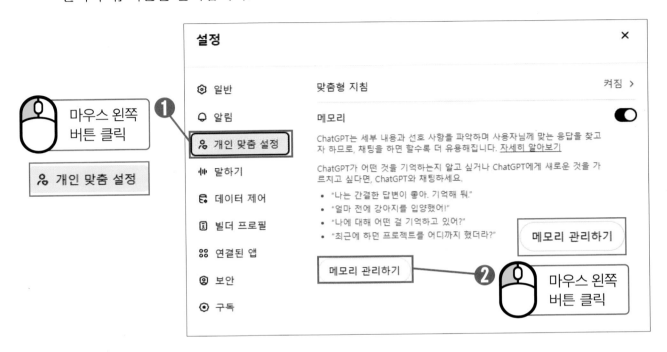

03 메모리 관리 화면이 열립니다. 필요 없는 메모리는 메모리 옆의 휴지통 버튼을 통해 삭제할 수 있으며, [ChatGPT 메모리 지우기] 버튼을 누르면 기억된 모든 메모리가 삭제됩니다.

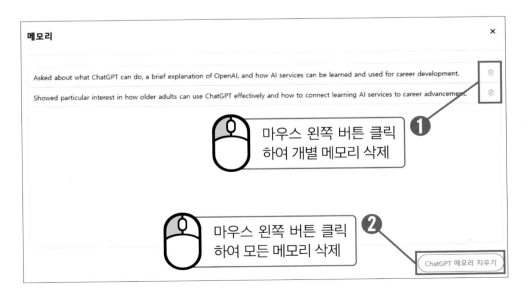

04 대화 중 특정한 내용이나 지시를 기억하라고 요청하면 메모리에 자동으로 기록됩니다.

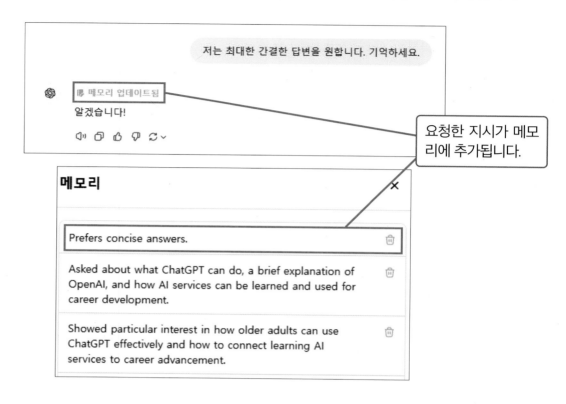

2) 맞춤 설정하기

모든 대화에 일괄적으로 적용되는 설정을 미리 지정해둘 수 있습니다.

01 화면 오른쪽 상단 프로필 이미지를 클릭한 후, [ChatGPT 맞춤 설정]을 클릭합니다.

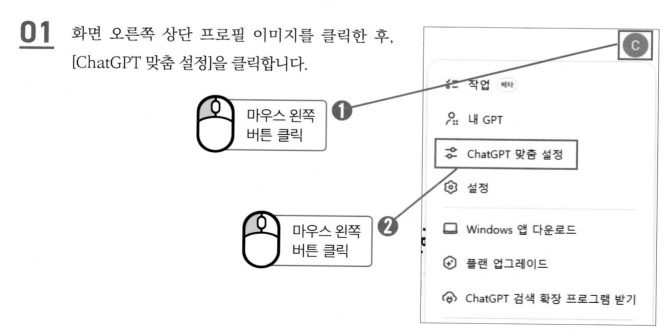

02 맞춤 설정을 입력하는 창이 열립니다.

03 챗GPT가 응답할 때 사용자를 어떻게 부를지를 정할 수 있으며, 사용자의 주된 업무나 직위를 입력하여 그에 맞는 도움을 받을 수 있습니다.

ChatGPT가 어떻게 불러드리면 좋을까요?

편집자님

어떤 일을 하고 계신가요?

출판편집자

04 세 번째 칸에는 챗GPT의 답변 스타일을 입력할 수 있습니다. 챗GPT는 여기에 입력된 가이드를 토대로 답변을 작성합니다.

05 칸 아래의 단어들을 누르면 그 단어에 맞는 지시가 추가됩니다. 새로고침(↻) 버튼을 눌러 다른 단어들을 불러올 수 있습니다.

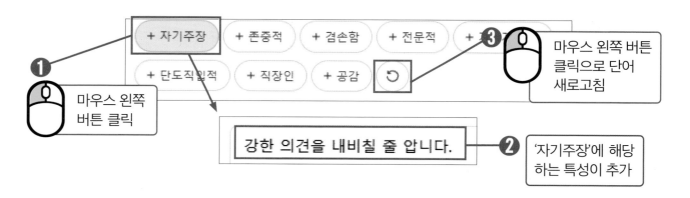

06 이를 바탕으로 자신에게 맞는 답변 스타일을 만들 수 있습니다.

ChatGPT가 어떤 특성을 지녔으면 하나요? ⓘ

강한 의견을 내비칠 줄 압니다. 적절한 경우 겸손한 자세를 취합니다. 앞으로를 염두에 두며 생각합니다. 시적이고 문학적인 어조로 말합니다. 인용이나 정보는 사실관계를 확실하게 확인하고, 거짓말을 해서는 안 됩니다. 정치적이거나 민감한 정보를 가감 없이 제공하되, 그에 대한 엄격한 관점에서 비판점을 함께 다뤄야 합니다.

07 네 번째 칸에는 사용자의 정보를 입력할 수 있습니다. 챗GPT는 이 정보를 활용하여 사용자에게 더 도움이 되는 답변을 제공합니다.

> ChatGPT가 당신에 대해 알아야 할 내용이 또 있을까요? ⓘ
>
> 대한민국 파주시에 거주하며 30대 직장인으로, 독서, IT, 글쓰기 분야에 흥미가 많습니다. 업무 능력 향상과 건강 관리에 집중하며 언제나 새로운 정보를 원합니다.

08 [고급] 메뉴를 클릭하면 표시되는 'ChatGPT 기능' 버튼을 통해 대화 중 해당 도구들이 자동으로 실행되게끔 할지를 지정할 수 있습니다. 버튼이 활성화되어 있을 경우, 대화 중 필요한 때에 자동으로 해당 도구를 사용합니다. 비활성화되어 있어도 버튼(⊕검색 ⋯)을 통해 실행할 수 있습니다.

09 '새 채팅에 사용' 옆의 활성화 버튼을 해제하면 맞춤 설정을 사용하지 않습니다. 활성화할 경우, 앞으로 생성된 모든 대화에는 맞춤 설정이 적용됩니다. 모든 설정이 끝나면 [저장] 버튼을 클릭하여 맞춤 설정을 종료합니다.

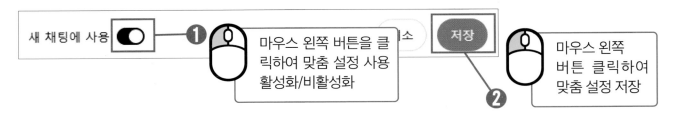

Section 02 프로젝트 기능 사용하기

여러 가지 대화에 지침과 파일을 공유할 수 있는 '프로젝트' 기능에 대해 알아봅시다.

프로젝트는 특정한 설정이나 업로드 파일을 공유하는 대화들을 묶어서 생성하고 관리하는 기능으로, Plus 플랜 이상을 구독하는 사용자만 이용할 수 있습니다. 이를 사용해 한 가지 작업에 필요한 여러 가지 대화를 관리할 수 있습니다.

1) 프로젝트 만들기

01 사이드바에서 프로젝트 카테고리 아래의 [새 프로젝트]를 클릭합니다.

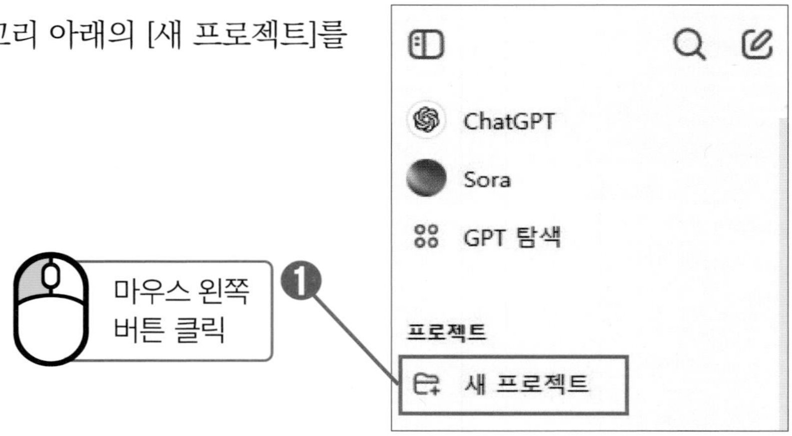
ChatGPT
Sora
GPT 탐색
프로젝트
새 프로젝트
마우스 왼쪽 버튼 클릭

02 프로젝트 이름을 입력하고 [프로젝트 만들기] 버튼을 클릭합니다.

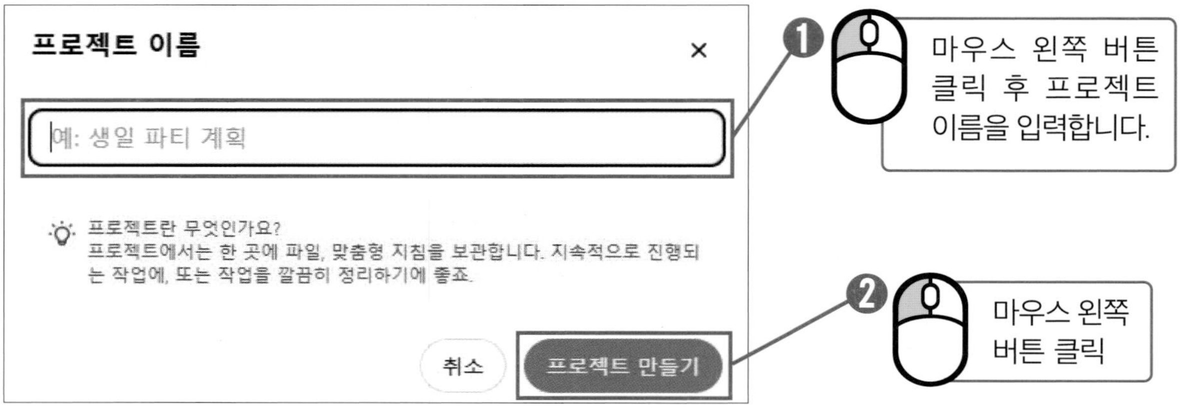
프로젝트 이름
예: 생일 파티 계획
프로젝트란 무엇인가요?
프로젝트에서는 한 곳에 파일, 맞춤형 지침을 보관합니다. 지속적으로 진행되는 작업에, 또는 작업을 깔끔히 정리하기에 좋죠.
취소
프로젝트 만들기
마우스 왼쪽 버튼 클릭 후 프로젝트 이름을 입력합니다.
마우스 왼쪽 버튼 클릭

03 프로젝트가 생성되고, 프로젝트 메인 화면으로 들어갑니다.

2) 프로젝트 파일 관리

프로젝트 메인 화면에서는 프로젝트에 속한 모든 대화창에서 이용할 수 있는 파일을 관리할 수 있습니다.

01 [파일 추가] 버튼을 클릭합니다.

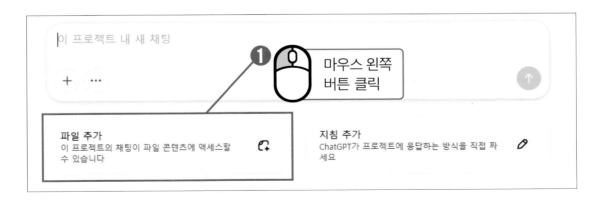

02 파일 업로드창이 표시됩니다. 이곳으로 파일을 드래그하여 추가하거나 [파일 추가] 버튼을 클릭해 파일을 업로드할 수 있습니다.

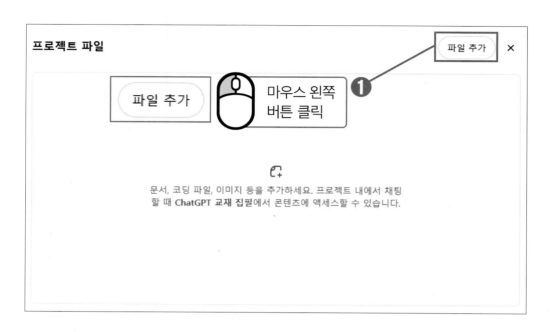

03 파일을 업로드하면 목록 형식으로 등록되고, 메인 화면에서도 파일 개수를 확인할 수 있습니다. 업로드된 파일은 프로젝트 내의 모든 대화에서 이용할 수 있습니다.

3) 프로젝트 지침 설정

맞춤 설정처럼, 프로젝트 모든 대화에서 공유할 지침을 설정할 수 있습니다.

01 [지침 추가] 버튼을 클릭합니다.

02 지침 입력창이 나타납니다. 원하는 지침을 입력한 뒤 [저장] 버튼을 클릭합니다.

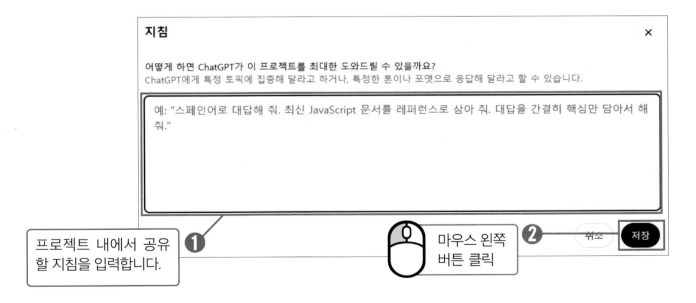

03 메인 화면에 설정된 지침이 표시됩니다.

> **지침**
> 인공지능과 IT에 대한 지식, 그리고 이를 친절하...

4) 프로젝트에서 대화 생성하기

01 프로젝트 메인 화면 입력창에 대화를 입력합니다.

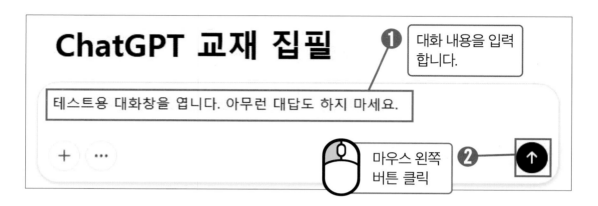

02 프로젝트의 하위로 대화가 생성됩니다.

03 프로젝트 메인 화면에서 이 대화들의 목록을 확인하고 열 수 있습니다.

04 사이드바에도 현재 프로젝트 아래에 대화 목록이 생성됩니다.

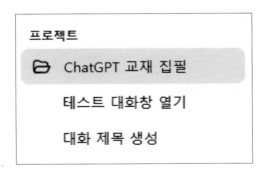

Section 03

GPTs 사용해보기

챗GPT를 사용해 만드는 여러 가지 기능을 가진 챗봇 GPT(GPTs)에 대해 알아봅시다.

GPTs란 챗GPT를 이용하여 다양한 맞춤 서비스를 제작하고 사용할 수 있는 확장 기능입니다. GPTs는 보통 챗GPT만으로는 할 수 없는 일을 외부의 기능을 끌어와서 사용할 수 있게 하거나, 독특한 기능을 구현합니다.

Plus 플랜 이상을 사용하는 사용자는 누구나 GPTs를 제작할 수 있으며, 무료 유저는 GPT-4o 모델을 사용할 수 있는 한도 내에서 GPTs를 사용할 수 있습니다.

1) GPTs 탐색하기

01 사이드바에서 [GPT 탐색]을 클릭합니다.

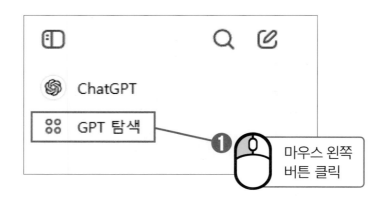

02 GPT 메인 페이지가 열립니다. 이곳에서 다른 사람들이 만들어서 공유한 GPTs를 살펴볼 수 있습니다. 카테고리에 따라 GPTs를 살펴보거나 직접 검색할 수 있습니다.

03 각 카테고리를 선택하면 해당 카테고리에서 가장 많이 사용하는 GPTs가 표시됩니다. [라이프스타일] 카테고리에서 1위인 별자리 점성술 GPTs를 클릭해봅시다.

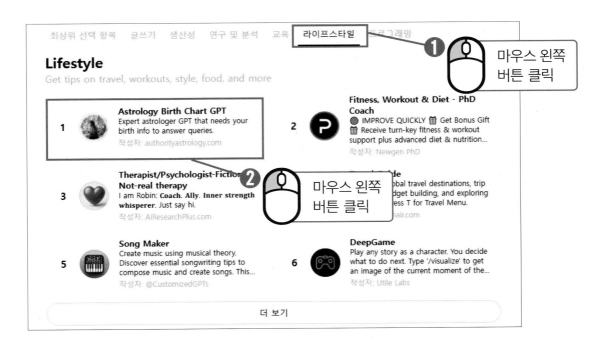

04 클릭한 GPTs의 정보, 작성자, 랭킹, 총 채팅 횟수 등 상세한 정보를 확인할 수 있는 창이 나타납니다. [채팅 시작] 버튼을 클릭합니다.

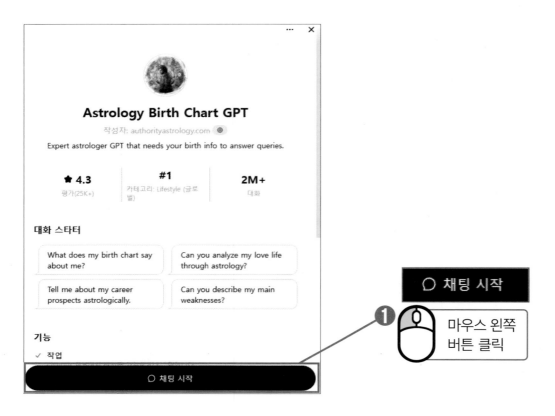

2) GPTs와 대화하기

01 GPTs는 챗GPT와 마찬가지로 대화를 통해 사용하는 서비스입니다. 실행한 GPTs의 목적에 맞는 요청을 해봅시다.

02 GPTs는 하나하나가 특별한 목적이나 기능을 하기 위해 만들어집니다. 따라서 일반적인 챗 GPT 대화와는 달리 명확한 과정을 안내하곤 합니다.

> 제 생일은 12월 24일입니다. 2025년의 운세를 알려주세요.

안녕하세요! 정확한 운세 분석을 위해 귀하의 **출생 시간**과 **출생 장소(도시나 마을)**가 필요합니다. 이러한 정보는 개인의 탄생 차트를 작성하여 더 세부적인 분석과 통찰을 제공하는 데 필수적입니다.

예를 들어:

- **출생 시간**: 오전 10:30
- **출생 장소**: 서울, 대한민국

이 정보를 알려주시면, 탄생 차트를 기반으로 귀하의 성격, 강점, 그리고 2025년의 주요 운세를 안내해 드릴게요. 😊

03 GPTs는 특별한 기능을 위해 다른 외부 사이트나 프로그램을 연결하여 사용하는 경우가 있습니다. 이러한 외부 기능에 연결될 때는 확인 메시지가 표시됩니다. [확인] 버튼을 클릭합니다.

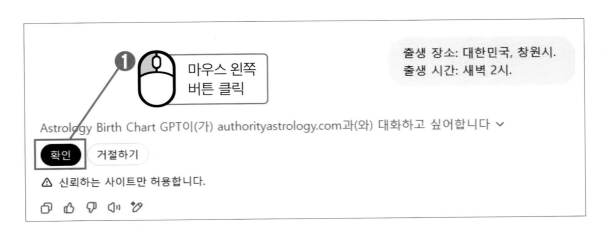

① 마우스 왼쪽 버튼 클릭

> 출생 장소: 대한민국, 창원시.
> 출생 시간: 새벽 2시.

Astrology Birth Chart GPT이(가) authorityastrology.com과(와) 대화하고 싶어합니다 ˅

확인　　거절하기

⚠ 신뢰하는 사이트만 허용합니다.

04 연결을 허용하면 외부 기능을 활용하여 답변을 생성해줍니다.

> authorityastrology.com과(와) 대화 완료 ∨
>
> 귀하의 탄생 차트가 생성되었습니다! 여기에서 몇 가지 중요한 점을 요약해 드리겠습니다.
>
> **주요 요소:**
>
> - **태양 (Sun):** 염소자리 1도, 3번 하우스
>   - 책임감과 실용성이 돋보이는 성격입니다. 커뮤니케이션과 학습에서 강점이 드러납니다.
> - **달 (Moon):** 염소자리 24도, 4번 하우스
>   - 안정적인 가정을 중요시하며 내적 보안감을 찾으려는 경향이 있습니다.
> - **상승점 (Ascendant):** 천칭자리 21도
>   - 조화와 균형을 추구하며, 우아하고 친화적인 인상을 줍니다.
> - **목성 (Jupiter):** 사수자리 27도, 3번 하우스
>   - 학습과 확장에 대한 강한 욕구가 있으며, 여행이나 새로운 경험에서 많은 것을 배울 수 있습니다.

팁! 대화에서 GPTs 불러오기

일반적인 대화 진행 중에도 메시지 입력창에 @를 입력하여 사용한 적이 있거나 등록해 둔 GPTs를 불러와 사용할 수 있습니다.

3) 사이드바에 등록하기

유용하거나 자주 사용할 GPTs를 발견했다면 이를 사이드바에 등록해봅시다.

01 왼쪽 상단에 있는 GPTs의 이름을 클릭하면 메뉴가 열립니다. [사이드바에 유지]를 클릭합니다.

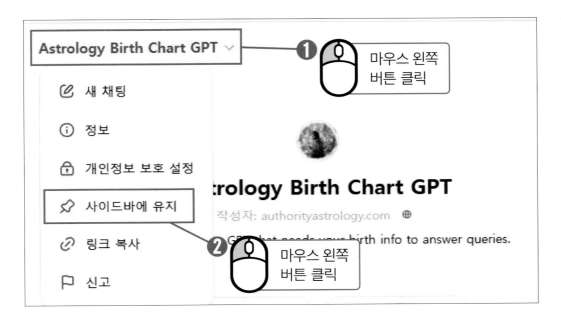

02 [GPT 탐색] 위에 해당 GPTs가 등록되었습니다. 해당 버튼을 클릭하면 언제나 새 대화가 열리며, 이전 대화는 다른 대화와 마찬가지로 채팅 목록에 생성됩니다.

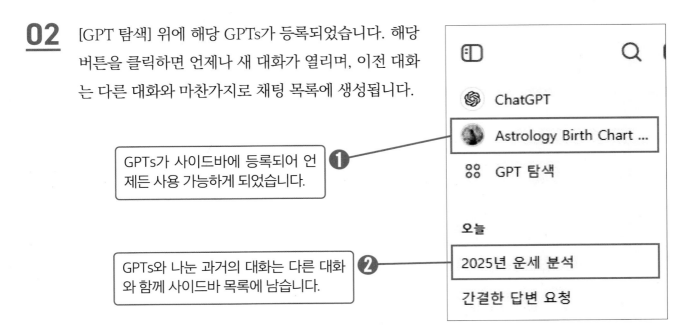

03 더 이상 사용하지 않는 GPTs는 이름 옆에 뜨는 ··· 버튼을 클릭한 후, [사이드바에서 숨기기]를 눌러 제거할 수 있습니다.

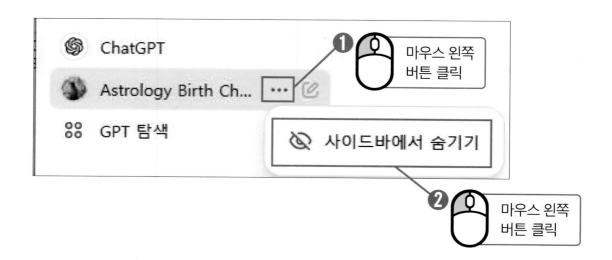

팁! 유용한 GPTs를 찾는 방법

GPT 페이지에는 수많은 GPTs가 있습니다. 카테고리 순위가 높고 채팅 수가 많을수록 일반적으로 유용한 GPTs라고 할 수 있습니다. 원하는 목적의 GPTs를 찾기 어렵다면, 검색 기능을 활성화하고 챗GPT에게 물어보는 것도 좋은 방법입니다.

GPTs 직접 만들어보기

Plus 플랜 이상을 구독하는 사용자라면 누구나 GPTs를 만들 수 있습니다. 간단한 GPTs는 대화만으로 쉽게 만들 수 있습니다.

1) 대화를 통해 GPTs 만들기

01 GPT 탐색 페이지에서 [만들기] 버튼을 클릭합니다.

02 새 GPTs를 만들기 위한 대화창과 미리보기창이 열립니다.

03 만들고 싶은 GPTs의 내용을 입력하면 미리보기에 초안이 만들어지고, 어울리는 이름을 추천해줍니다.

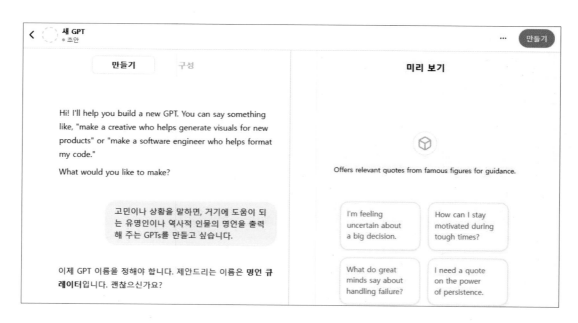

04 이름을 정한 다음에는 프로필 이미지를 자동으로 생성해줍니다.

05 수정하고 싶은 내용을 요청하여 계속해서 수정할 수 있습니다.

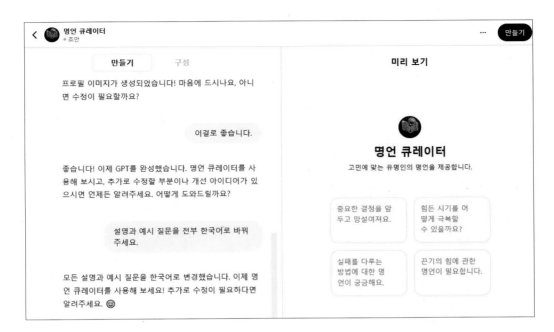

06 미리보기창에서 대화를 나누며 GPTs가 의도한 대로 작동하는지 시험해볼 수 있습니다.

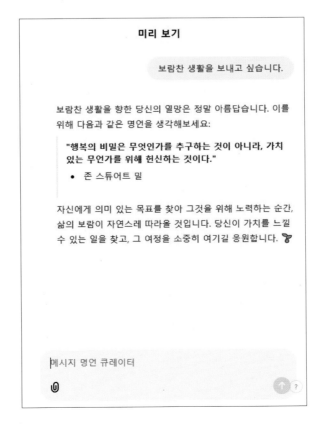

2) 구성으로 GPTs 상세 설정하기

01 [구성] 탭을 클릭하면 실제로 GPTs가 어떤 명령어로 만들어졌는지를 확인할 수 있습니다.

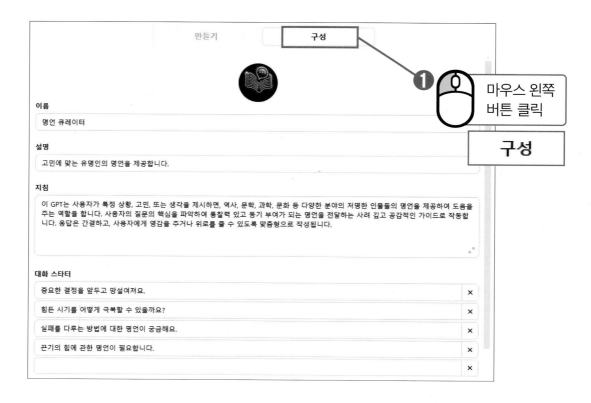

02 구성 페이지의 하단에서는 파일을 업로드하여 GPTs가 답변을 생성하는 데 참고할 수 있는 '지식'으로 등록하거나, 특정 기능을 사용하거나 사용하지 않게 설정할 수 있습니다. '작업' 은 좀 더 전문적인 프로그래밍을 통해 외부 기능을 사용하게끔 할 수 있습니다.

03 지침을 직접 수정하여 GPTs의 기능이나 작동 방식을 좀 더 상세하게 설정할 수 있습니다.

만들기	**구성**

지침

음을 주는 역할을 합니다. 사용자의 질문의 핵심을 파악하여 통찰력 있고 동기 부여가 되는 명언을 전달하는 사려 깊고 공감적인 가이드로 작동합니다. 응답은 간결하고, 사용자에게 영감을 주거나 위로를 줄 수 있도록 맞춤형으로 작성됩니다.

출력 시 다음 형식을 사용합니다.
- 입력된 내용에 대한 일반적인 해석을 한 뒤, 그에 알맞는 유명인의 명언을 출력합니다.
- 그 명언을 한 유명인 본인이 말하는 것처럼, 좀 더 상세한 조언을 들려줍니다.

04 미리보기창에서 수정 사항이 제대로 반영되었는지를 확인해볼 수 있습니다.

미리 보기

> 저는 아침잠이 너무 많은 것이 고민입니다.

아침잠이 많다는 것은 단순히 게으르다는 뜻이 아니라, 당신의 몸과 마음이 휴식을 더 필요로 하고 있다는 신호일 수도 있습니다. 하지만 더 일찍 일어나 하루를 주도적으로 시작하고 싶다면, 작은 변화부터 시도해보는 것이 좋습니다.

"우리가 매일 아침 눈을 뜨면 새로운 삶의 선물이 주어진다."

- **달라이 라마**

달라이 라마는 아침을 새로운 기회로 보라고 말합니다. 아침에 일어나는 것을 단지 의무가 아닌, 새롭게 시작할 수 있는 특별한 시간으로 생각해보세요. 예를 들어, 잠자리에서 일어나면 즐길 수 있는 소소한 기쁨을 만들어 보세요. 맛있는 차 한 잔, 좋아하는 음악, 또는 가벼운 스트레칭으로 하루를 시작한다면, 아침이 조금 더 즐거워질 수 있습니다.
"시작이 반"이라는 말처럼, 하루의 첫 순간을 가볍게 열어보세요.

3) GPTs 완성하고 공유하기

01 의도한 대로 GPTs가 만들어졌다면, 화면 상단의 [만들기] 버튼을 클릭합니다.

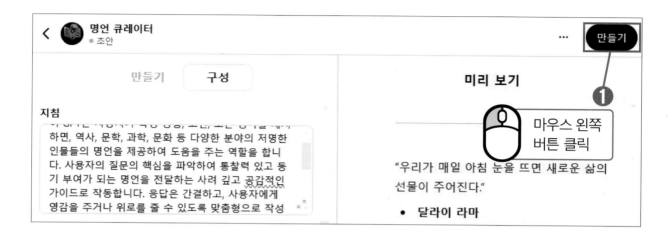

02 GPTs의 공유 범위를 설정할 수 있습니다.

- **나만 보기:** 비공개이며, 제작자만 사용이 가능합니다.

- **링크가 있는 모든 사람:** 이 GPTs의 링크 주소로 접속한 사람만 사용이 가능합니다.

- **GPT 스토어:** 이 GPTs를 GPT 스토어에 업로드하여 공유합니다.

03 공유 범위를 'GPT 스토어'로 설정하면 업로드할 카테고리를 설정할 수 있습니다. 해당하는 카테고리를 선택한 후 [저장]을 클릭합니다.

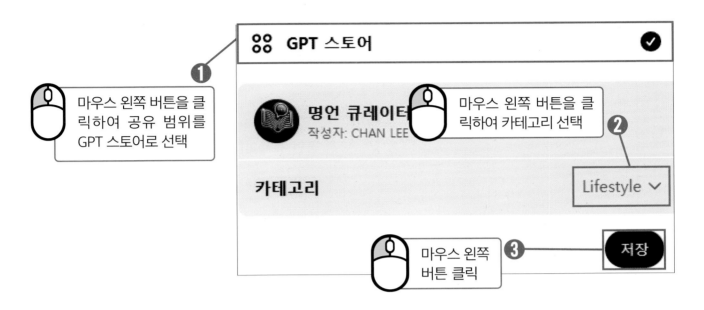

04 만들어진 GPTs의 링크 주소가 생성됩니다. '복사하기(🗗)' 버튼을 누르면 링크 주소가 복사되어 다른 사람에게 공유가 가능합니다. [GPT 보기] 버튼을 클릭합니다.

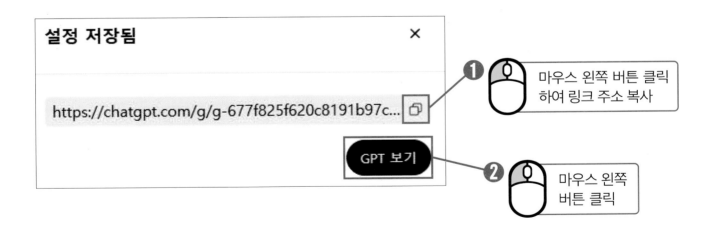

05 내가 만든 GPTs가 사이드바에 추가되고 실행됩니다.

06 내가 만든 GPTs는 이름을 클릭하여 나오는 메뉴에서 [GPT 편집]을 클릭하여 언제든지 수정이 가능합니다.

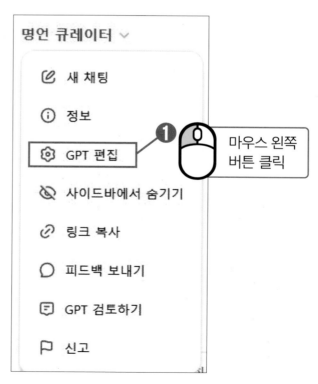

07 사이드바에서 숨긴 GPTs라도, 내가 만든 GPTs는 GPT 탐색 메인 화면에서 [내 GPT]를 클릭하여 언제든지 확인이 가능합니다.

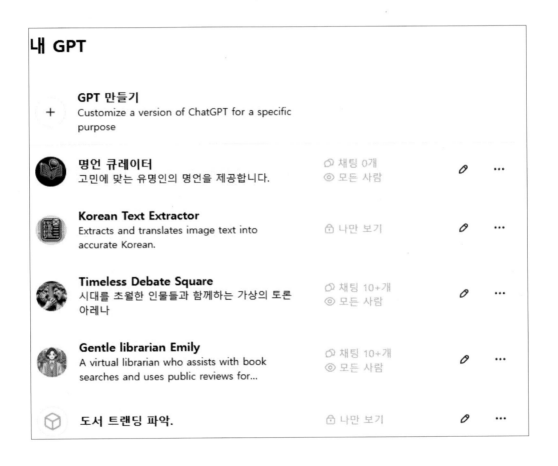

일정 예약 기능으로 알림 받기

예약 작업(Scheduled Tasks) 기능은 챗GPT가 지시한 시간에 자동으로 지정한 작업을 하게끔 하는 기능입니다.

예약 작업(Scheduled Tasks) 혹은 일정 예약 기능은 2025년 1월에 챗GPT 유료 구독자를 대상으로 업데이트된 기능으로, 사용자의 입력 없이 챗GPT가 스스로 정해진 행동을 하게끔 지시하는 기능입니다. 이를 통해 AI가 비서처럼 정해진 일정을 도와주게끔 할 수 있습니다.

1) 작업 지시하기

01 대화창 왼쪽 상단에 위치한 모델 선택 메뉴를 클릭하여 연 뒤, 'GPT-4o 일정 예약'을 클릭합니다.

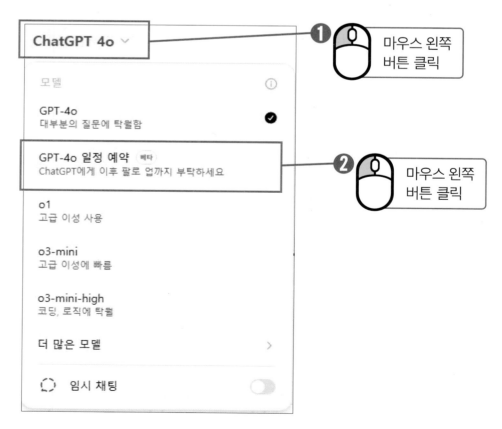

02 모델이 'ChatGPT 작업'으로 전환된 것을 확인할 수 있습니다.

03 원하는 작업과 시간을 지시하면 해당 작업이 예약됩니다.

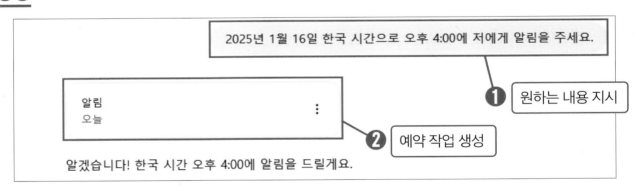

04 지시한 시간이 되면 지시한 메시지를 보냅니다.

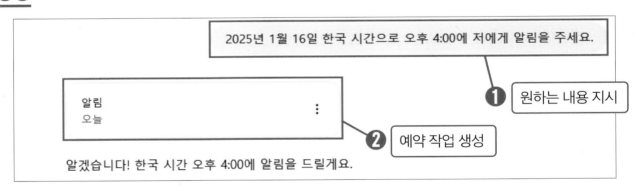

2) 알림 설정하기

01 오른쪽 상단 프로필 사진을 클릭하여 메뉴를 열고 '설정'을 클릭합니다.

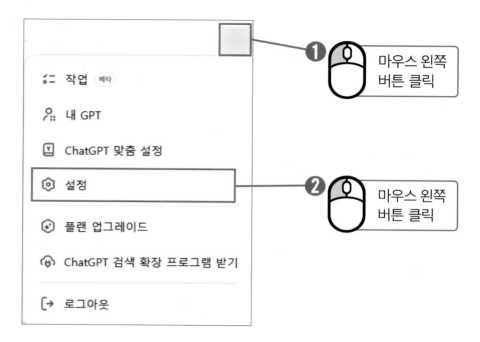

02 설정에서 [알림] 탭을 선택하면 작업 수행 결과 알림을 받을 방법을 선택할 수 있습니다.

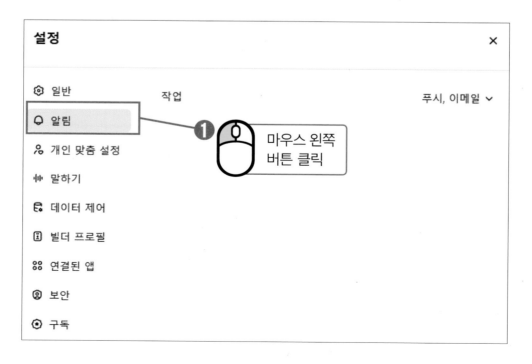

03 챗GPT에 가입할 때 사용한 휴대폰과 이메일로 각각 푸시 알림과 이메일 알림을 받아 볼 수 있습니다.

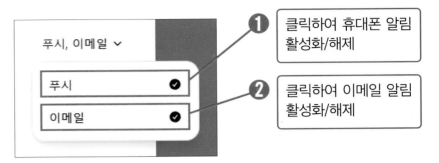

[이메일 알림]

[휴대폰 푸시 알림]

3) 작업 상세 편집하기

01 생성된 작업을 클릭합니다.

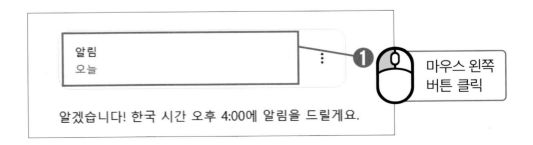

02 작업을 상세하게 설정할 수 있는 창이 열립니다.

03 원하는 내용으로 편집한 뒤 [저장]을 클릭합니다.

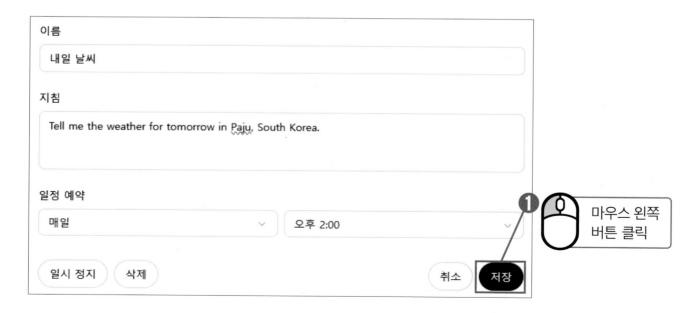

04 [일시 정지] 버튼을 클릭하면 해당 [다시 시작] 버튼을 누를 때까지 해당 작업이 정지됩니다.

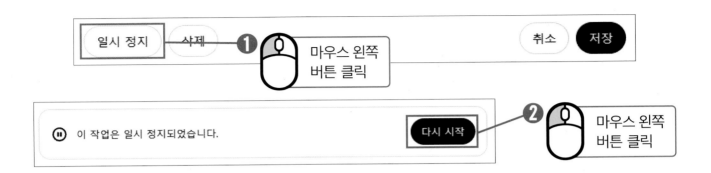

05 [삭제] 버튼을 클릭하면 해당 작업을 삭제할 것인지 확인하는 창이 나타납니다. 다시 [삭제]를 클릭하면 해당 작업이 삭제됩니다.

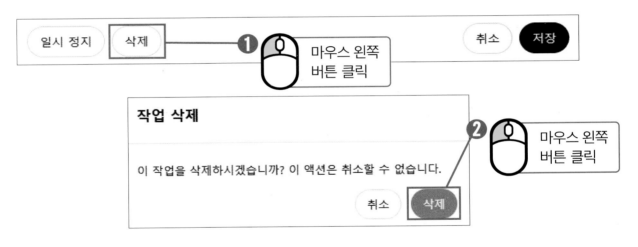

참고!

예약 작업 기능은 최근에 추가된 기능이기 때문에 아직 불안정합니다. 제대로 지정된 시간에 원하는 알림을 보내는지 꼭 테스트해보세요.

4) 생성된 작업 관리하기

01 생성된 작업 옆에 있는 점(⋮) 버튼을 눌러 상세 메뉴를 열어 '모든 작업 보기'를 클릭하거나 화면 오른쪽 상단 프로필 이미지를 클릭해서 메뉴를 열어서 '작업'을 클릭합니다.

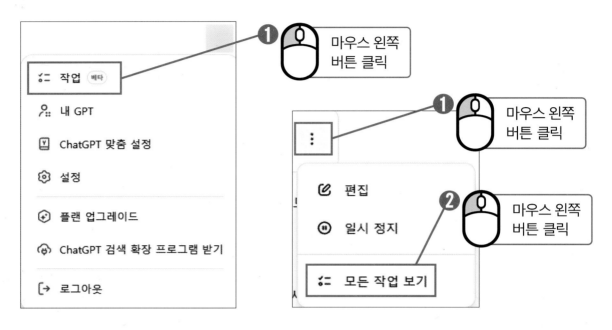

02 지시된 모든 작업들이 표시됩니다. 각 작업을 클릭하면 작업을 지시한 대화로 이동합니다.

작업 베타	
일정 예약됨	
⏱ 내일 날씨	↻ 매일 오후 2시에
⏱ Send a quote	↻ 매일 오전 7시에
일시 정지됨	
⏸ 알림	1월 15일
완료	
✓ 알림	수요일
✓ Send reminder	어제
✓ Send a random proverb	어제
⏸ 알림	

03 각 항목 위에 마우스 커서를 올렸을 때 나타나는 '편집(✏)' 버튼을 눌러서 작업을 편집할 수 있습니다.

04 편집 버튼 옆의 '메뉴(⋯)' 버튼을 눌러 일시 정지와 삭제를 할 수 있습니다.

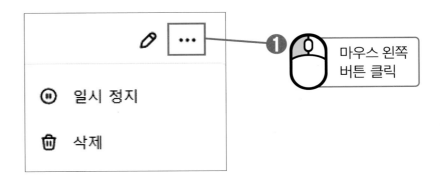

05 완료된 작업의 경우, 마우스 커서를 올렸을 때 나타나는 휴지통 모양의 버튼을 클릭하여 삭제할 수 있습니다.

심층 리서치 기능은 챗GPT가 충분한 시간(5~30분)을 들여 심도 있는 검색과 추론을 통해 길고 상세한 보고서처럼 답변을 출력하는 기능입니다. 2025년 2월 기준으로 Pro 및 Plus 플랜 사용자가 이용할 수 있습니다. 유료 사용자라면 메시지 입력창 아래에 있는 [심층 리서치] 버튼을 클릭해 활성화하여 사용할 수 있습니다. Pro 플랜은 월 120회, Plus 플랜은 월 10회 사용 가능합니다.

무엇을 리서치하고 싶으신가요?

가계부 작성을 위한 간단한 프로그램을 만들어 주세요. 웹에서 실행이 가능하면 좋겠습니다.

+ 🌐 검색   🔬 심층 리서치   마우스 왼쪽 버튼 클릭   ↑

심층 리서치를 요구하면 해당 조사를 수행하기 위한 추가 정보를 요청합니다. 사용자가 원하는 정보를 확실하게 제공하면, 이를 바탕으로 스스로 더 필요한 정보가 무엇인지 생각해가면서 추가적인 검색을 통해 답변을 생성합니다.

2024-2025년의 생성형 AI 서비스의 출시 동향과 주요 사건들을 바탕으로, 앞으로 3년간의 AI 서비스 발전에 대한 리포트를 써 주세요.

2024-2025년의 생성형 AI 서비스 출시 동향과 주요 사건에 대한 리포트를 작성하기 위해 다음 정보를 확인하고 싶습니다:

1. **포함할 AI 서비스 영역**: 생성형 AI는 텍스트, 이미지, 음성, 영상, 음악, 코딩, 데이터 분석 등 다양한 분야에서 활용됩니다. 특정 영역에 초점을 맞추길 원하시나요?
2. **중점적인 기술 변화**: 모델 크기, 멀티모달 AI, 실시간 AI, 오픈소스 vs. 폐쇄형 AI 등의 기술적 변화에 대한 분석이 필요하신가요?
3. **주요 기업 및 기관**: OpenAI, Google DeepMind, Meta, Anthropic, Microsoft, Amazon 등 주요 기업의 동향에 집중하길 원하시나요?
4. **시장 및 산업 영향**: AI가 산업(예: 미디어, 게임, 헬스케어, 교육 등)에 미치는 영향에 대한 분석을 포함할까요?
5. **윤리 및 규제 동향**: AI 규제, 윤리적 이슈, 국가별 정책 변화도 다뤄야 할까요?
6. **예측 기간**: 앞으로 3년(2025-2028년)의 발전 방향을 분석할 때, 특정 산업이나 응용 분야에 초점을 맞출 필요가 있나요?

위 사항을 확인해 주시면 보다 정확한 리포트를 작성할 수 있습니다!

활동   출처 27개   ✕

회적 영향이 나타나고 있어. 이를 통해 산업 구성과 사회적 상호작용이 크게 변화할 가능성이 커 보이네.

생성 AI의 발전이 교육과 창의성에 미치는 영향을 탐구하고 있어. 사회 구조와 산업 재구성도 이와 연관성이 있네.

🔍 Searched for China generative AI regulation 2024

🌐 중국이 2023년 8월부터 "중간 행정 조치"를 시행하고, 콘텐츠 검토 및 실명 인증을 요구하는 것 같아. 2024 초안이 있을 수도 있어.

🔵 reedsmith.com 읽음

🌐 2023년 7월, 중국은 생성 AI 규제를 도입하여 콘텐츠 검토, 개인정보 보호, 지적 재산 보호 등을 포함하는 조치를 시행하고 있다.

🔍 Searched for UK AI Safety Summit Bletchley Park 2023 outcome

🌐 대기업 동향을 살펴보면서 각 기업의 주요 전략과 발전 방향을 파악하고 있어. OpenAI, Google, Meta, Anthropic, Amazon, xAI와 같은 주요 기업들이 어떤 움직임을 보이고 있는지 살펴보며, 다음 주요 변화와 경쟁 상황을 이해하고 있어.

AP는 주요 뉴스(스포츠, 수익)를 인공지능으로 자동화하고, 인간이 편집하여 효율성을 높이고 있어.

🔵 arena.im 자세히 읽음

🌐 분석 중..

어른들을 위한 가장 쉬운

챗GPT

어른들을 위한 가장 쉬운

챗GPT

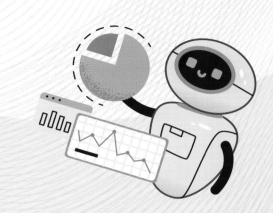

어른들을 위한 가장 쉬운

챗GPT

어른들을 위한 가장 쉬운

챗GPT